研究存在的基本问题。基于问题,结合国际学科教育研究的趋势与我国小学教育实际,提出解决问题的对策、方略,展望未来学科教育研究的发展路径与方向。通过70年学科教育研究的历史回顾、成就梳理、问题检讨,力图勾勒70年小学各个学科教育研究的轨迹、脉络与画卷,为未来我国小学学科教育发展与研究提供必要借鉴,为深化、拓展小学学科教育研究尽微薄之力。

该项研究是团队成员持续5年辛勤工作的成果。5年来,由于沉重的课务、繁多的杂务,研究者们常常力不从心,难以投身其中,研究工作时续时断,进展缓慢。同时,由于70年研究资料有限,特别是1980年前的资料十分匮乏,搜寻的困难也影响了研究的进度。感谢扬州大学课程与教学论专业、小学教育专业部分研究生的协助,他们通过当当等图书售卖平台、中国知网、学校图书馆,收集、整理文献资料。感谢扬州大学教育科学学院两届领导持续关注研究进展,督促、指导相关研究工作,为研究工作的顺利展开提供人力、物力、财力支持与协助,并资助丛书的出版。

70年研究需要大量文献的支撑,为了完成该项工作,研究者们不辞辛劳,从各个渠道、多种途径寻找研究资料。在原始资料的基础上爬梳、概括、提炼。5年来,围绕70年学科教育研究系列问题,我们先后召开研讨会、交流会20余次,反复讨论、推敲,数易其稿,真可谓"焚膏油以继晷,恒兀兀以穷年",力图以简明的语言、浓缩的文字,在有限的篇幅内概要性地展示70年学科教育研究的主要成果,帮助读者鸟瞰70年小学学科教育研究成就,同时,夯实研究地基,为后续研究提供出发的新起点。凡直接或间接引用的专题文献资料,均在文中括号标注。需要提及的是,近年来,部分研究生围绕小学学科教育研究领域相关主题,如课程标准比较、教材研究、教学设计,撰写出一批较高质量的学位论文,丰富了小学学科教育研究成果,为小学学科教育研究注入了新的活力。本系列研究引用了他们的研究成果,由于篇幅的限制,参考文献未能细列,仅仅在正文中括号注明,读者可上中国知网查阅。感谢他们对小学学科教育研究做出的贡献。

由于小学学科教育研究70年之研究工作涉及面广,时间跨度大,研究周期长,尽管我们广泛地搜索研究资料,但可能还是挂一漏万,对研究文献观点的概

图书在版编目（CIP）数据

小学社会教育研究. 1949—2019 / 潘洪建，刘久成主编；栾慧敏，葛春，翟楠著. -- 兰州：甘肃教育出版社，2024.10. -- （小学学科教育研究丛书）. -- ISBN 978-7-5423-5852-3

I. G623.102

中国国家版本馆CIP数据核字第2024SQ8857号

小学社会教育研究（1949—2019）

栾慧敏 葛 春 翟 楠 著

策　　划	薛英昭　孙宝岩
项目负责	谢　璟
责任编辑	张　静
封面设计	杨　楠

出　版　甘肃教育出版社
社　址　兰州市读者大道568号　730030
电　话　0931-8773136（编辑部）　0931-8773056（发行部）
传　真　0931-8435009

发　行　甘肃教育出版社　印　刷　兰州人民印刷厂
开　本　787毫米×1092毫米　1/16　印张16　插页3　字数228千
版　次　2024年10月第1版
印　次　2024年10月第1次印刷
书　号　ISBN 978-7-5423-5852-3　　定价　56.00元

图书若有破损、缺页可随时与印厂联系：0931-7365634
本书所有内容经作者同意授权，并许可使用
未经同意，不得以任何形式复制转载

总　序

中华人民共和国成立至今，已走过70余年的岁月，风风雨雨，历尽沧桑。为了继往开来，我们有必要对以往的成就作以总结。"前事不忘，后事之师"，人们期盼从成长的经验中吸取智慧和力量，迈向自信和成熟。小学教育研究是教育科学研究的一个基本领域，经过70余年的发展，成就斐然，留下了深刻的印记，但也存在一些有待检视的问题。梳理成果，总结经验，讨论问题，能为小学教育持续发展及其研究夯实地基，提供思想资源。

无论是学科教育还是学科教育研究都需要历史的积淀，需要在原有地基上开拓前行，这样方能有所突破，有所创造。根基缺乏，难以行远。该系列研究定位于学术史研究，以区别于一般意义上的对小学学科教育的研究，它侧重对学科教育研究之研究，更关注理论的进步、思想的发展、学术的演进。本系列研究包括小学语文、小学数学、小学科学、小学社会、小学艺术5个科目，涵盖1949—2019年各个科目课程、教材、教学、学习、评价、教师成长等主题，涉及文献包括著作、教材、期刊、辑刊、报纸等，尽可能充分地展示70年来各学科教育研究的成果。各个主题的成果展示的结构一般为三大部分："研究历程""主要成就""反思与展望"。"研究历程"分阶段介绍阶段背景、主要内容、阶段特征，概貌性描绘不同阶段学科教育研究的基本图景。"主要成就"包括学术观点、成果及其争论，展示不同领域学科教育研究的主要成就。"反思与展望"部分审视各个领域研究存在的问题，诸如研究主题、研究内容、研究方法、研究视角、研究队伍等，总结70年学科教育括及其评价可能不够准确,还望读者批评指正。

丛书出版得到扬州大学出版基金、扬州大学教育科学学院国家一流专业小学教育专业建设经费的资助,特表感谢。

丛书可供高校师范专业本科生、研究生,中小学教师、教研员,学科教育研究人员阅读,亦可作为中小学教师在职培训读物。

《小学学科教育研究丛书》编委会
2023 年 1 月

目 录

前 言 …………………………………………………………… 1

第一章 社会科教育概述 ………………………………………… 1
    一、社会与社会科教育 ……………………………………… 1
    二、小学社会科教育发展研究 ……………………………… 11
    三、小学社会科教育学的研究 ……………………………… 18
    四、社会科教育研究领域重要人物介绍 …………………… 20

第二章 小学社会科课程研究 ………………………………… 23
    第一节 研究历程 …………………………………………… 23
        一、1949—1977 年的小学社会科课程研究 ……………… 24
        二、1978—1999 年的小学社会科课程研究 ……………… 26
        三、2000—2019 年的小学社会科课程研究 ……………… 31
    第二节 主要成就 …………………………………………… 37
        一、小学社会科课程演进的研究 …………………………… 37
        二、小学社会科课程标准研究 ……………………………… 41
        三、小学社会科教材的研究 ………………………………… 59
        四、小学社会科课程实施的研究 …………………………… 78

第三节　反思与展望 …………………………………………… 84
　　一、研究反思 …………………………………………………… 84
　　二、未来展望 …………………………………………………… 86

第三章　小学社会科教学研究 …………………………………… 88

第一节　研究历程 ………………………………………………… 88
　　一、1949—1977 年的小学社会科教学研究 …………………… 89
　　二、1978—1999 年的小学社会科教学研究 …………………… 91
　　三、2000—2019 年的小学社会科教学研究 …………………… 95

第二节　主要成就 ……………………………………………… 100
　　一、小学社会科教学目的、任务与功能的研究 ……………… 100
　　二、小学社会科教学内容的研究 ……………………………… 104
　　三、小学社会科教学原则、方法与模式的研究 ……………… 112
　　四、小学社会科教学设计研究 ………………………………… 128
　　五、小学社会科学习研究 ……………………………………… 137

第三节　反思与展望 …………………………………………… 140
　　一、研究反思 …………………………………………………… 140
　　二、未来展望 …………………………………………………… 142

第四章　小学社会科评价研究 …………………………………… 144

第一节　研究历程 ……………………………………………… 144
　　一、1949—1977 年的小学社会科评价研究 ………………… 144
　　二、1978—1999 年的小学社会科评价研究 ………………… 146
　　三、2000—2019 年的小学社会科评价研究 ………………… 153

第二节　主要成就 ……………………………………………… 158
　　一、小学社会科评价理论基础的研究 ………………………… 158
　　二、小学社会科评价指导思想与原则的研究 ………………… 159
　　三、小学社会科评价类型与方法的研究 ……………………… 162
　　四、小学社会科学习评价的研究 ……………………………… 167

五、小学社会科课堂教学评价的研究 …………………………… 170
　　六、小学社会科评价的比较研究 ……………………………… 181
　第三节　反思与展望 …………………………………………… 183
　　一、研究反思 …………………………………………………… 183
　　二、未来展望 …………………………………………………… 185

第五章　小学社会科教师发展研究 ………………………………… 187
　第一节　研究历程 ……………………………………………… 187
　　一、1949—1977 年的小学社会科教师研究 ………………… 187
　　二、1978—1999 年的小学社会科教师研究 ………………… 189
　　三、2000—2019 年的小学社会科教师研究 ………………… 191
　第二节　主要成就 ……………………………………………… 195
　　一、小学社会科教师专业素养的研究 ………………………… 195
　　二、小学社会科教师专业发展途径研究 ……………………… 201
　　三、小学社会科教师队伍及专业发展现状的研究 …………… 207
　　四、小学社会科教师专业发展的比较研究 …………………… 208
　第三节　反思与展望 …………………………………………… 210
　　一、研究反思 …………………………………………………… 210
　　二、未来展望 …………………………………………………… 212

参考文献 ……………………………………………………………… 215

前　言

　　社会科是世界各国在中小学普遍开设的一门课程,对促进青少年社会认知发展、培养社会合格公民具有重要价值。自19世纪末我国创办近代学校以来,中小学社会科课程几经变化,分则为历史、地理、政治、思想品德,合则为社会、品德与生活(品德与社会)、道德与法治。

　　1986年末,洋务派官僚创办的南洋公学,设有国文、算数、英文、舆地、史学和体操六门课程,是为我国近代学校开设史、地学科之始。20世纪20年代初,受"五四运动"和新文化运动影响,西方思想和学说被大量翻译、介绍到中国,对教育改革产生了深刻影响。1923年刊布的《新学制课程标准纲要》,要求在初级小学合并卫生、公民、历史和地理为社会科,高级小学开设历史、地理等课程,"社会科"这一称谓在我国首次出现。

　　新中国成立初期,社会科采用分科课程的形式,主要开设的课程为历史和地理。1950年,教育部印发了《小学课程暂行标准初稿》,提出五、六年级的历史、地理课与自然课单独开设,不再融于常识课程。党的十一届三中全会以后,我国的教育界开始拨乱反正,教育工作得到恢复和调整。1981年,教育部颁发了《全日制五年制小学教学计划(修订草案)》,恢复了历史课和地理课的教学,地理课在四年级开设,历史课在五年级开设,同时取消了政治课,在各年级开设思想品德课。这一时期,小学社会科仍以分科的形式设置,即思想品德和历史、地理学科并列或兼顾。20世纪80年代后期,国家教委与上海制定的课程计划设有综合社会科课程,浙江制定的教学计划开设常识课,我国再次开设综合型社会科课程。

2001年6月,教育部颁发了《基础教育课程改革纲要(试行)》,明确提出小学应以综合课程为主。课程的综合化既是当时世界课程改革的总体趋势,也是解决我国课程设置中内容交叉重复问题的现实需求。在这样的背景下,进行了新一轮基础教育课程改革,在低年级开设品德与生活,中高年级开设品德与社会。品德与生活、品德与社会课程的诞生结束了新中国成立以来社会课程分科、综合不断交替或并存的局面,将儿童品德与社会性的培养整合为完整的课程形式。2016年,教育部将义务教育小学和初中起始年级《品德与生活》《品德与社会》《思想品德》教材名称统一更改为《道德与法治》,到2019年,小学全部年级更改完成。至此,小学社会科又一次经历蜕变,不再是传统意义上的品德课或者社会课,而是在高度整合之后兼具了品德教育、社会教育、生活教育和法治教育等多重价值,"社会"的内涵与色彩完全融入进了综合型的道德与法治课程之中。

在不同时期,我国的社会科教育研究呈现出不同的特征。新中国成立初期,我国小学历史、地理学科教育研究受到苏联经验的影响,苏联教育研究成果、教学方法和模式等被翻译并引进我国。21世纪初,我国进行基础教育课程改革以来,研究者从我国国情出发,在借鉴美国、日本等国社会科研究的基础上,开展符合我国教育需求的社会科教育研究。本书研究者系统梳理了新中国成立70年以来小学社会科教育发展脉络,总结了小学社会科教育研究成果。在搜集、整理了大量文献资料后,研究者将70年来小学社会科教育研究成果划分为四个方面:课程研究、教学研究、评价研究和教师专业发展研究。首先概述其研究历程,接着分专题综述70年来小学社会科主要研究成果,对已有研究成果进行总结、评价,最后反思研究历程,并对未来研究作出展望。

全书共分五章。其中第一章为"社会科教育概述",主要说明社会科教育的概念、发展历程、经验以及对未来的展望,介绍小学社会科教育研究的对象、任务、方法以及社会科教育研究领域的重要人物。

第二章为"小学社会科课程研究",主要包括:小学社会科课程演进的研究、小学社会科课程标准研究、小学社会科教材的研究、小学社会科课程实施的研究。

第三章为"小学社会科教学研究"，主要包括：小学社会科教学目的、任务与功能的研究，小学社会科教学内容的研究，小学社会科教学原则、方法与模式的研究，小学社会科教学设计研究，小学社会科学习研究。

第四章为"小学社会科评价研究"，主要包括：小学社会科评价理论基础的研究，小学社会科评价指导思想与原则的研究，小学社会科评价类型与方法的研究，小学社会科学习评价的研究，小学社会科课堂教学评价的研究，小学社会科评价的比较研究。

第五章为"小学社会科教师发展研究"，主要包括：小学社会科教师专业素养的研究，小学社会科教师专业发展途径研究，小学社会科教师队伍及专业发展现状的研究，小学社会科教师专业发展的比较研究。

需要说明的是，"社会科"在我国也常常被称为社会课、社会教育，本书为了与丛书名称保持一致，书名使用"社会教育"这一说法，采用《小学社会教育研究(1949—2019)》作为书名。

本书第一、四、五章由栾慧敏撰写，第二章由葛春撰写，第三章由翟楠撰写。该书在编写过程中得到了丛书主编潘洪建的指导与支持，该书的出版得到了扬州大学出版基金的资助，在此一并表示衷心感谢。

尽管我们利用多种途径，努力搜集相关资料，但由于水平和经验有限，对小学社会科教育研究成果的梳理尚存在不足和欠妥之处，恳请读者批评指正。

作者

2023 年 1 月

第一章 社会科教育概述

一、社会与社会科教育

（一）关于"社会"概念的研究

社会是人类生活的共同体。阐明什么是社会科的问题，首先要从"社会"的概念说起。关于社会的本质，西方社会学以及马克思主义理论有着不同的解释。

1. "社会"的词源

在中国，最初"社"和"会"是分开使用的。关于"社"字，《说文解字》原文表述为："社，地主也。从示、土。"《春秋传》曰："共工之子句龙为社神。"《周礼》曰："二十五家为社，各树其土所宜之木。"其中，"社"与"土"相同，后土为社，即社神；"社"字古文从木，乡村中立土地祠，择有大树处祀之，皆源出此义；有"二十五家为社"之说（常建华，2016）。"会"有集合众采之义，故古人饰皮弁以玉，亦谓之会，后多取用其引申之意"集合"（张舜徽，2009）。据考证，我国文献中最早使用"社会"一词的是《旧唐书·玄宗上》，其中记载："礼部奏请千秋节休假三日，及村间社会，并就千秋节先赛白帝，报田祖，然后坐饮散之。"这里的社会已有村民集会之义。此后，"社会"的概念逐渐指一些人为了共同目的而聚集在一个地方进行某种活动，这基本上已是我们今天所理解的"社会"之义。在西方，英文 society 源于拉丁语 socius，意为"伙伴"。大约在明治维新期间，日本学者最早将英文中的 society 一词译成日文中的"社会"，随后流传到中国，成为当时的流行词语之一。我国学者严复曾用"群"一词翻译"society"，但后来"社会"一词在与"群"一词的竞争中脱颖而出，并被沿用至今。

2.西方社会学对社会本质的认识

关于社会的本质，人们作出过许多思考和解释，在西方近代思想史上主要有两类具有代表性的观点：社会唯名论和社会唯实论。

社会唯名论认为，社会是具有同样特征的许多人的集合的名称，是单纯的空名，而非实体，只有个人才是实际存在的。因此，对社会本质的探讨应当归结到个人本性上来，研究个人行为及其细节。这一学说来源于中世纪欧洲经验哲学的非正统派唯名论。唯名论认为只有个别事物才是真实存在的，而一般事物（概念共相）不过是人们用来表示个别的东西的名称，否认一般客观实在性。用唯名论的哲学思想来看待社会就形成了社会唯名论（程继隆，1995）。社会唯名论主要代表人物有法国的卢梭、英国的霍布斯和洛克以及美国的吉丁斯、德国的马克斯·韦伯等人。

社会唯实论又称作社会实在论或社会现实主义，来源于中世纪欧洲经验哲学的正统派唯实论。早期的社会唯实论依据柏拉图的理念论，主张一般脱离个别、先于个别而存在。后期的温和唯实论则以亚里士多德的"形式"学说为依据，主张一般作为从个别事物中抽象形成的概念存在于人的思想中（程继隆，1995）。亚里士多德在《政治学》中指出："城邦（虽在发生程序上后于个人和家庭），在本性上则先于个人和家庭。就本性来说，全体必然先于部分……我们确认自然生成的城邦先于个人，就因为每一个隔离的个人都不足以自给其生活，必须共同集合于城邦。"（中国人民大学出版社，2003）唯实论的这种哲学思想体现在社会学中就是社会唯实论。社会唯实论认为，社会是一个由各种制度和规范构成的有机整体，社会外在于个人，并对个人具有强制性。社会唯实论的主要代表人物有英国的斯宾塞、法国的杜尔凯姆和孔德、德国的齐美尔和美国的斯莫尔等人。例如，斯宾塞认为社会只不过是一个类似生物体的有机体；杜尔凯姆认为社会是集体意识，是建立在个人意识之上的独立实体，社会高于个人，社会事实必须用社会学的方法和观点解释，而不能用研究个体的方法来解释（易益典，2007）。

3.马克思主义的社会本质观

"社会"的概念在马克思思想中居于"基石性地位"（卞绍斌，2010）。马克思主义的社会本质观具体体现在以下几个方面：

（1）社会生活在本质上是实践的

马克思对社会概念的认识与其他思想家的区别之处在于，后者只是解释世界，而前者是把解释世界与改变世界有机结合起来（孙民，2014）。用马克思的社会概念解释世界的目的是改变世界，这体现了马克思的社会概念也是马克思主义哲学的根本特征——实践。马克思主义认为，实践是指人类能动地改造客观世界的物质活动。马克思在《关于费尔巴哈的提纲》中指出，实践是感性的、对象性的物质活动，全部社会生活在本质上是实践的，强调哲学的重要使命在于指导实践改造世界（《马克思恩格斯文集》，第1卷，2009）。

首先，人和人类社会是在劳动实践中形成的。马克思主义认为，劳动是实践的最初始和最基本的形式，也正是劳动使古猿逐渐向类人猿、猿人和人进化，并形成了人类社会。劳动不仅创造和体现着人和自然之间的社会关系，也促成了人与人之间社会关系的形成。这种社会关系既包括人类在生产过程中形成的生产关系，也包括在生产关系基础上形成的政治的和思想的关系。人类的社会关系正是在实践基础上构建起来的。

其次，实践构成了社会生活的基本领域。人们通过实践活动改造自然、改造社会和改造人自身，从而形成了人类社会生活的基本领域，即社会的物质生活、政治生活和文化社会生活。这些人类生活的基本领域本质上都是实践的，是人类改造自然和改造社会的不同方式，都是根源于和服务于人类征服自然和改造社会的实践。

最后，实践构成了社会动力的基础。马克思指出："我们首先应当确定一切人类生存的第一个前提，也就是一切历史的第一个前提，这个前提是：人们为了能够'创造历史'，必须能够生活。但是为了生活，首先就需要吃穿住喝以及其他一些东西。因此，第一个历史活动就是生产满足这些需要的资料，即生产物质生活本身，而且，这是人们从几千年前直到今天单是为了维持生活就必须每日每时从事的历史活动，是一切历史的基本条件。"（《马克思恩格斯文集》，第3卷，2009）

总之，全部社会生活本质上都是实践的。实践促成了人类社会的形成，促成了人与人之间社会关系的形成，也是推动社会运动发展的力量。

(2) 社会是不断自我更新的有机体

社会有机体这一概念借用自生物学的有机体概念，指社会具有某些有机体的特征，在马克思之前，很多研究者已经关注到社会具有"有机体"特征。孔德和斯宾塞是社会有机体学派的典型代表。例如，斯宾塞明确地提出"社会就是一个有机体，也有营养器官、循环器官、协调器官和生殖器官"。斯宾塞认为，社会有机体与个体有机体有相似的基本特征，如社会有机体在不断增长，越生长变得越复杂，在总体日趋复杂的同时，其组成部分之间的相互依赖性也随之不断增长……学者威尔·杜兰特在《探索的思想（下卷）》中也总结了斯宾塞关于社会的观点，认为社会有机体有不同于生命有机体的地方，如生命有机体的各部分构成一个具体的整体，而社会有机体的各部分构成一个抽象的整体；生物有机体的活体单位固结在一起，联系紧密，而社会有机体的成员是自由的，或多或少是自由的（文化艺术出版社，1990）。

社会有机体理论是马克思唯物史观和剩余价值理论两大发现的方法论前提，在马克思主义理论体系中具有重要地位（马俊峰、陈海欧，2023）。马克思主义经典作家在揭示社会的本质时，把社会称为"发展着的活的有机体"。马克思关于社会有机体理论的经典表述出自《资本论》第一卷序言，他指出："现在的社会不是坚实的结晶体，而是一个能够变化并且经常处于变化过程中的有机体"（《马克思恩格斯文集》，第5卷，2009）。在生产过程的各个环节的关系方面，马克思认为"我们得到的结论并不是说，生产、分配、交换、消费是同一的东西，而是说，他们构成一个总体的各个环节，一个统一体内部的差别。生产既支配着与其他要素相对而言的生产自身，也支配着其他要素……不同要素之间存在着相互作用。每一个有机整体都是这样。"（《马克思恩格斯文集》，第8卷，2009）马克思关于社会有机体的论述较为零散，但是从这些论述中我们可以看到社会有机体理论具有丰富的内涵。我国学者马俊峰、陈海欧认为马克思社会有机体理论的内涵包括：社会是一个活的发展着的有机体，根本原因在于社会是人的活动的总和；作为社会活动主体的人既是历史的前提又是历史的产物，其创造历史的活动总是在以往形成的既有条件下进行的；社会越是发展，有层次、纵横交错的诸系统之间的联系就越是复杂和紧密，社会的有机性特征就越是明显和突出；各个民族、族群、社会作为有机体都有自己产生、成熟、灭亡的生命周期，这是一个新陈代谢、自我否定、自我扬弃的过程；在世界历史时期，各个民族、国家通过交往密切联系在一起，一切发明都成了世界性的、人类的共同财富，同时，各个民族、国家又都被放在同一个平台上进行竞争（马俊峰、陈海欧，2023）。社会是一个不断自我更新的有机体，就要求对个别社会现象、领域或过程的研究要上升到社会总体的研究。社会有机体理论作为马克思创立的新世界观的重要内容之一，对于认识世界、理解历史、改造不合理现实的实践活动，具有重要的指导意义。

4.我国学者的社会本质观

我国学者对社会概念的认识深受马克思主义社会本质观的影响。一些学者受到马克思主义社会有机体理论的影响，认为"社会由人群组成，它是人们相互交往、相互作用的产物，它是以共同的物质生产活动为基础而相互联系的人们的有机总体"（徐祥运、刘杰，2018），或认为"社会指的是由有一定联系、相互依存的人们组成的超乎个人的、有机的整体，它是人们的社会生活的体系"（许建兵等，2016）。还有研究者受到马克思"社会生活在本质上是实践的"观点的影响，认为"社会就是以特定的物质资料的生产活动为基础，以一定数量和质量的人口为主体相互交往而建立的自我运动、发展的社会关系体系"。（白以娟、刘嘉瑜，2010）此外，我国还有一些学者认为，社会的概念有广义和狭义之分。社会一般是指由具有自我生产能力的个体聚合而成的群体，这个群体占据一定的物理空间，并且发展出自身独特的文化和风俗习惯。广义的社会包括的范围很广，小到一个村落、一个市镇，大到一个省、一个国家、一个洲甚至一个文化圈，比如我们经常称呼的区域社会、英国社会、东方社会或西方世界，均可作为对社会的广义解释；狭义的社会，也被称为"社群"，一般指一个小的人类群体活动和聚居的范围，比如村、镇、城市、聚居点等（董敬畏，2012）。

（二）社会科教育概念的研究

什么是社会科教育？这实际上是对社会科课程内涵和本质的追问。社会科是世界各国在中小学普遍开设的课程，但在不同国家社会科课程的名称及内涵有所不同，比如我国有"品德与生活（社会）""历史与社会""道德与法治"等，美国有"社会研究"（Social Studies），法国有"公民、法律与社会教育"，日本有"小学社会"和"现代社会"，澳大利亚有"社会和环境教育"等。但是，仅仅列举社会科课程的不同名称是不够的，界定社会科教育的概念需要进一步厘清社会科教育的目的和基本性质。目前，国内外学者已就社会科教育的目的和性质等本质问题展开了丰富的讨论。

在社会科教育目的方面，许多研究者认可"培养学生作为合格公民所具备的素养"这一观点。例如，美国"全国社会科委员会"（National Council for the Social Studies）于1994年制定的《社会科课程标准：卓越的期望》（*Expectations of Excellence: Curriculum Standards for Social Studies*）将社会科界定为："社会科的目的是促进公民素养的提升。社会科通过系统协调人类学、考古学、经济学、地理学、历史学、法学、哲学、政治学、心理学、宗教和社会学等学科的相关知识并汲取人文学科、数学和自然科学的适当内容，帮助年轻一代在相互依存的世界中，作为文化多元的民主社会中的公民，为了公共利益能够作出明智、理性的决定。"我国学者孙邦正认为社会科能够"扩充儿童社会生活的经验，使他们认识社会生活的环境，了解社会生活的方式，养成服务社会的热诚，以期成为健全的公民"(丁尧清,2005)。高峡认为,社会科是"世界各国在中小学普遍开设的,以培养青少年作为社会成员应具备的社会认知能力,积极地适应和参与社会生活的态度,以及形成符合社会发展方向的价值观和行为规范为目标的一类综合性课程"(高峡,2002)。日本教育课程审议会,将社会科界定为:"带着对日本和世界各种事物、现象的关心,进行多方面的考察,养成公正判断的能力和态度,理解并热爱日本国土和历史,具有国际合作、国际协调精神等,培养作为日本人的意识以及在国际社会中作为主体生存的素质和能力(丁尧清,2005)。"社会科是使学生获得有关"社会"的整体性、框架性的认识（刘淑梅,1997；吴康宁,2001),帮助未来公民为社会、为自己解决所面临的社会课题和人生课题（沈晓敏,2002)。还有一些学者对社会科的目的和功能作出了更广泛的解释。例如美国社会科课程学者巴尔（Robert D. Barr)、巴斯（Jams L. Barth）和舍米斯（S. Samuel Shermis）认为社会科有三种功能,即公民资质的养成、社会科学知识的传授、反思能力的培养；杰西·加西亚（Jesus Garcia）和约翰·麦克利斯（Jhon U. Michaelis）认为,社会科是探讨在民主社会中如何培养负责任公民的学科；杜威（John Dewey）认为,社会科的目的在于帮助儿童理解他们自己以及他们所处的社会和世界,以便于他们作出理性的负责任的行为（肖振南,2018)。

在社会科教育内容方面,研究者们认为社会科是一门跨学科的、综合性课程。《加拿大西部协议》（*The Western Canadian Protocol*）指出,社会科是一门采用历史、地理、经济、法律、政治、科学及其他学科对人与人、人与世界之间的关系进行研究的跨学科课程（郑璐,2020)。我国学者沈晓敏认为,"社会课程作为一门综合性的课程,其内容涉及诸多社会科学领域,如地理学、历史学、政治学、经济学、法律学、人类学、社会学等,但各门社会科学的汇总并不就是社会科。社会科不是依据某一学科体系构建的课程,它应是对多个学科领域的内容进行整合,融合儿童的生活经验构建的综合性课程。特别是作为小学阶段的课程,它具有更明显的非学科的特征"（沈晓敏,2003)。我国现行的《义务教育道德与法治课程标准》强调道德与法治课程是以社会发展和学生生活为基础构建的综合性课程,其综合性表现在三个方面:一是内容上,有机整合了道德、心理健康、法治和国情教育等多方面的学习内容;二是在基础上,以学生生活为基础,设计学生家庭生活、学校生活和社会生活,内容极为丰富;三是目标上,既重视情感态度的培养、知识的学习、能力的提高,又注重思想方法、思维方式的掌握。

在社会科性质方面,国内外的学者由于文化背景、教育认识的不同,往往有着不同的认识。美国社会科课程学者巴尔(Robert D. Barr)、巴斯(Jams L. Barth)和舍米斯(S. Samuel Shermis)对社会科课程性质的理解基本上已经形成三个主要的传统思路:(1)社会科课程是公民责任和义务的传递;(2)社会科课程是对社会科学的教学;(3)社会科课程是一种研究性的社会调查(严书宇,2016)。萨维奇(Savage)和阿姆斯特朗(Armstrong)持有相似的观点,认为社会科的本质包括三个方面:公民教育、社会科学和问题解决(肖振南,2018)。我国学者对社会科性质的认识由早期的社会常识的认知逐步转向以人文社会科学知识为基础的学生社会性的培养。我国《全日制义务教育品德与生活课程标准(实验稿)》规定:"品德与生活课程是以儿童的生活为基础,以培养品德良好、乐于探究、热爱生活的儿童为目标的活动型综合课程。"我国2022年制定的《义务教育道德与法治课程标准》规定,思政课是落实立德树人根本任务的关键课程,道德与法治课程是义务教育阶段的思政课,旨在提升学生的思想政治素质、道德修养、法治素养和人格素养等。课程具有政治性、思想性和综合性、实践性。

值得一提的是,我国学者对品德与生活、品德与社会以及道德与法治课程是否属于社会科课程这一问题存在争议。一方面,我国相当一部分学者认为品德与生活、品德与社会以及道德与法治课程均属于社会科课程,例如李稚勇和方明生的《社会科教育展望》、丁尧清的《学校社会课程的演变与分析》、沈晓敏的《社会课程与教学论》等著作均将品德与生活、品德与社会等课程列为社会科课程(社会科或社会课)。另一方面,也有少部分学者认为思想品德、品德与生活、品德与社会等课程不属于社会科。例如,赵亚夫明确指出，我国品德与社会课在严格意义上不是社会科，理由有三点：第一，品德（原思想品德）与社会是两个在课程价值取向上不同的课程，品德课的着眼点在儿童的品行或品性形成上，社会科的道德教育则是通过社会认识渗透进去的，道德性要建立在宽厚的社会认识与理解基础上。第二，思想品德和社会科虽然在公民教育这点上突出了课程的政治性，但两课的"公民性"内涵与外延并不相同，社会科的公民教育在强调政治性的道德教育的同时，更强调社会性的道德教育，社会性发展是第一性的，即道德性是在社会性发展基础上建立和成熟起来的，而思想品德课则是把道德性或政治性放在第一位的。第三，从课程形态上说，思想品德课与社会科虽然都属于精神领域课程，但是思想品德课的根本属性是德育课或政治课，社会科的根本属性是文化课。此外，高德胜在《美国社会研究课程述评》一文中也阐述了类似的观点。赵亚夫等人虽然认为我国品德与社会科在严格意义上不是社会科，但可把其当作社会科来研究，比如在其著作《新课程与新教学的探索》、文章《试论社会课程的基本理念与知识整合原理》中，都是从社会科的角度谈品德与社会课。

（三）社会科教育价值的研究

小学社会科作为一门综合性课程，统整了历史、地理、政治、品德等学科的多种知识和经验，对社会发展以及个人发展具有重要价值和意义。一些研究者讨论了小学社会科教育的价值。

关于小学社会科教育的价值，国内外研究者普遍认可社会科在培养合格公民方面的重要价值。美国社会科委员会1936年提出，社会科的基本目标是培养合格的公民，应当做到：给予学生有关现实生活中的实际知识；促进个人、集体、国家之间的协作；培养追求真善美的品格、提高运用知识的兴趣；培养学生掌握社会生活中不可缺少的社会认知技能（高峡，2002）。美国"全国社会科委员会"（National Council for the Social Studies）在1984年刊布的文章"In Search of a Scope and Sequence for Social Studies"中指出，社会科的目的在于培养民主社会中的公民，使其与世界上其他国家和国民密切合作。日本研究者木户保先生认为，社会科教学是"促使日本国实现民主主义教育的最重要内容之一","使青少年们对社会生活有所了解,进而养成良好的学习态度,提高各方面能力,丰富青少年们的社会经验"(程健教,1991)。

有研究者认为,于个体而言,社会科教育在帮助学生适应社会、促进学生社会化方面具有重要价值。孙邦正教授认为,社会科教学在于扩充儿童社会生活的经验,使他们认识社会生活的环境,了解社会生活的方式,养成服务社会的热诚,以期成为健全的公民(司琦,1981)。还有研究者认为社会科教育可以从知识学习、能力发展、品德形成等多方面促进学生发展。例如,李绪武认为社会科的功能主要包括:传授知识;培养正确的推理能力和判断力;训练独立研究能力;养成良好的习惯;培养理想行为模式;改善态度和气质等六个方面(李绪武、苏惠悯,1990)。赵亚夫认为,社会科课程具有如下意义:①培养良好的德行,学会做人;②学习和领会先进文化;③提高公民的行动能力;④满足不断开放的社会要求;⑤帮助公民理解社会、适应社会、参与社会(赵亚夫,2004)。张秉平和程振禄认为,小学社会科教育的意义包括:①使学生从小获得必要的社会常识知识;②有利于发展小学生适应社会的本领和技能;③有利于培养学生的创新意识和实践能力;④有利于学生受到思想教育。(张秉平、程振禄,2000)我国小学社会科是思想品德课与社会课的综合,在社会科的教育价值上,很多研究者更为关注社会科的德育价值。有研究者认为我国曾经开设的品德与生活、品德与社会课程有利于重建小学课程结构,完善基础教育课程体系;有利于增强德育的针对性、实效性;有利于帮助和促进学生的发展,全面推进素质教育(湖南省教育厅组织编写,2009)。2011年,我国颁布的《义务教育品德与社会课程标准(2011年版)》强调:帮助学生参与社会、学会做人是课程的核心;学生的生活及其社会化需求是课程的基础;提升德育的实效性是课程的追求(中华人民共和国教育部,2011)。

此外,还有研究者从课程改革实践、社会需求、学生发展需要三方面综合考察了社会科教育的价值功能,认为社会科教育是我国课程改革实践的迫切需要,是社会发展对培养新型人才的需求,也是学生学会学习、学会生存的个性发展需求（李稚勇，2005）。

二、小学社会科教育发展研究

国外学者萨克斯（David Warren Saxe）在 1992 年发表的文章"Framing a Theory for Social Studies Foundations"中指出，了解社会科的起源具有重要意义："在一个没有认同的领域里，我认为实践者和理论家由于缺乏对社会科历史起源的基本了解而不能形成有关社会科目的、理论和实践的清晰认识"（韩雪，2002）。

（一）小学社会科教育发展历程

1.关于西方社会科教育改革与发展

美国是世界上最早开展社会科教育的国家，但在社会科课程的起源问题上，学界存在着争议。国内学者主要有两种看法：一是认为美国社会科从殖民地时期就存在于学校中，至今已有两百多年的历史（郑三元、庞丽娟，2000）。这种观点是从广义的角度理解社会科，把基础教育中相关的人文学科和社会学科课程开设看作社会科的起源；二是认为美国社会科始于 1860 年以后开设的公民课（韩雪，2002）。关于美国社会科的起源问题，国外学者主要有四种不同观点：（1）社会科起源于历史课程。学者韦恩·罗斯（E. Wagne Ross）在 2001 年的著作 *The Social Studies Curriculum* 中指出，历史课程是社会科产生的"土壤"，认同 1905 年托马斯·琼斯（Thomas Jesse Jones）首次在文章中使用"社会科"（Social Studies）指称由历史和相关学科所构成的这一领域；（2）社会科产生于 1916 年的《中学社会科教育》报告，学者谢弗（J. P.Shaver）在其 1991 年的著作 *Handbook of Research on Social Studies Teaching and Learning* 中提到"在一定程度上可以说，1916 年的《中学社会科教育》标志着社会科正式进入了中学课程"；（3）还有研究者认为，社会科始于杜威和一些呼吁外来移民"美国化"的学者们；（4）社会科的起源应从 19 世纪社会福利运动和公民教育的发展历程来考察，"Social Studies"一词最早出现于与社会福利运动相关的著作 *Social Studies in England* 中。关于美国社会科的发展历程，我国研究者沈晓敏认为：1921—1937年，是美国社会科的初步成型期；1937—1947年，是独具特色的战时社会科教育；1947—1968年，是战后社会科的转折期；1968—1982年，是社会科的重建期；20世纪80年代至20世纪末是美国课程标准运动与美国社会科课程标准的颁布阶段（沈晓敏，2003）。李稚勇认为，美国社会科发展有三个标志性阶段：19世纪末至20世纪初是美国社会科的创设时期；20世纪60年代是美国"新社会科教育运动"时期；20世纪80年代开始是美国课程标准运动与美国社会科课程标准颁布的社会科发展时期（李稚勇，2010）。

英国的社会科教育早期由历史和地理两门学科组成，不设置公民科、社会科之类的综合课程。但由于英国新社会科的动向和政治学、经济学等公民科知识的重要性，有关社会科、公民科的学科也出现了（钟启泉，1996）。我国学者沈晓敏认为，英国综合性质的社会科产生于20世纪40年代末至50年代初，主要是为了打破第一次世界大战以来"学科间的屏障"。当时的社会科是由历史、地理和公民或者时事问题、公民素质、科学、国语组成的广域性质的学科。1988年，英国开始实施全国统一的课程，并开设"个人、社会、健康和财经教育"课程（Personal, Social, Health and Economic Education，以下简称PSHE课程）以及"公民"（Citizenship）课程。有研究者对英国社会科PSHE课程的发展历程进行了回顾，认为PSHE课程的发展可以分为四个阶段：孕育期（1988年）、上升期（1988—2010年）、平台期（2010—2019年）、制度化时期（2019年至今）（于淼，2022）。

有研究者分析了加拿大社会科的发展历程，认为加拿大社会科教育的发展路径是由初期的全面照搬美国经验到逐步走向本土化（高益民、郑璐，2017）。20世纪20年代美国的进步主义教育运动和20世纪60年代的学科结构化时期，加拿大社会科课程全面照搬、借用美国的经验；20世纪60年代末，随着加拿大社会问题的激增以及对美国文化霸权的警惕，"加拿大研究"兴起，加拿大社会科内容逐渐本土化；20世纪八九十年代，加拿大价值观教育、公民议题等内容引起人们的关注，加拿大社会科课程的本土特征进一步强化（高益民、郑璐，2017）。

日本社会科开设于二战结束后不久，是为清除军国主义和国家主义的流毒，用民主主义思想重建日本而开设，是为新教育的核心学科而起步的新学科。研究者沈晓敏认为，日本小学社会科自1947年设立以来经历了多个发展阶段：第一个阶段为1947年至20世纪50年代初，是经验主义社会科的诞生时期。1947年，日本第一个社会科教学纲要（试行）诞生，同年9月开始在日本全国中小学实施。这一时期日本社会科的任务是让儿童正确理解社会生活。第二个阶段为1955年至20世纪70年代初，是走向学科主义的社会科。这一时期日本的社会科关注公民素质的培养，注重对科学知识和科学研究能力的系统掌握。第三个阶段为1977年至今，是指向个性化、终身化、国际化的社会科（沈晓敏，2003）。

2.我国小学社会科课程改革与发展的研究

自19世纪末我国创办近代学校系统以来，小学阶段的社会科分则为历史、地理、政治、公民、思想品德，合则有社会、品德与生活（社会）、道德与法治。有的研究者认为只有社会、品德与生活（社会）等课程属于社会科课程，分科阶段的历史、地理等课程并非社会科；有的研究者则认为小学阶段无论是分科的历史、地理、政治和思想品德等课程，还是合科的社会、品德与生活（社会）、道德与法治均属于社会科课程。正是对社会科课程认识的不同，导致人们对我国小学社会科课程改革与发展的阶段存在争论。

关于我国近代小学社会科课程发展的研究，有研究者认为，近代是我国小学社会科课程发展的起步阶段，并把这一阶段分为两个时期：第一个时期是从清末至20世纪20年代，我国于1923年颁布《新学制课程标准纲要》，规定在初级小学阶段，把卫生、公民、历史、地理合并为社会科，是我国小学社会科课程的开端；第二个时期是从20世纪20年代至40年代，这一时期社会科课程几经变化，如1936年的《小学课程标准总纲》规定初级小学的社会、自然两课合并为常识课；高级小学的社会科课程分为公民、历史、地理三课（李稚勇，2006；沈晓敏，2003）。还有研究者指出我国社会科的发展历程可以分为三个阶段：第一个阶段从 1923 年到 1949 年，以 1923 年的《新学制课程标准纲要》为标志；第二个阶段从 1988 年到 2005 年，以 1988 年的《九年制义务教育全日制小学社会教学大纲（初审稿）》为标志；第三个阶段从 2001 年开始至今，以 2001 年《全日制义务教育历史与社会课程标准（实验稿）》为标志（赵亚夫，2004）。研究者严书宇认为，我国的社会科课程设置可分为两个阶段：20 世纪 20 年代，综合社会科课程首次出现在学校课程体系中，是"社会科"名称的源头；新中国成立后直至 20 世纪 90 年代初，小学高年级设置社会科课程，社会科发展进入第二个阶段（严书宇，2016）。可见，许多研究者认可 20 世纪 20 年代是我国社会科课程发展的起步阶段。

关于新中国成立以来我国小学社会科课程发展的研究，有研究者认为主要分为三个阶段。赵明玉、翟楠回顾小学社会科发展历程，将其分为三个阶段：①新中国成立至 20 世纪 70 年代，是小学社会科课程的分科阶段；②20 世纪 80 至 90 年代，是综合化小学社会科课程的复兴阶段；③21 世纪之交，是综合化小学社会科课程的重组阶段（赵明玉、翟楠，2017）。沈晓敏认为新中国成立以来社会科课程发展的三个阶段分别为：新中国成立至 20 世纪 80 年代的分科阶段、20 世纪 90 年代的社会科综合阶段、21 世纪之交的社会科课程重组阶段。有研究者（李稚勇，2006）认为我国社会科主要经历两个大的发展阶段，即 20 世纪 50 至 80 年代，是历史、地理分科设课阶段；20 世纪 90 年代以后，是社会科的普遍开设阶段。还有研究者（段俊霞，2009）认为新中国成立以来社会科的发展主要是从 1988 年至 2002 年，为社会科的重建阶段。

（二）小学社会科教育改革的历史经验与反思展望

1.有关历史及经验

关于国际社会科教育改革，有研究者（段俊霞，2009）指出，世界范围内社会科课程改革体现的主要特点有：课程总体目标是培养学生公民素养；课程核心是价值；课程基础是社会认识；课程特征是突出综合性、实践性、区域性，强调开阔视野，重视解决问题。有研究者总结了日本和美国社会科教育的共同点：①让学生通过具体的社会现象和社会事物去探究社会生活的本质特点，认识社会生活中互相依存的关系；②认识社会各种机构和部门的功能与运作体制及其变革，引发学生思考如何改进各种社会体制，使社会更加合理发展；③让学生直面社会生活中的种种矛盾、利益冲突和问题，学会从多视角认识社会，思考如何基于不同价值取向的需求作出更合理的决策；④把学习历史和地理作为培养公民的重要内容贯穿于各个年级，培养认识社会所必需的思维方式和各种技能（沈晓敏，2006）。事实上，小学社会科的发展受到社会学科本身的科学研究状况与科研水平的影响。有研究者认为，目前对社会科的研究基本上是分科进行的，跨学科的研究成果非常缺乏，社会学科跨学科的研究还不足以支撑开设体系结构严密和知识范畴周全的成熟的综合课程（沈晓敏，2003）。

美国作为较早开设社会科的国家，其社会科教育改革的经验受到许多研究者的关注。有研究者总结了美国小学社会科课程的主要特点：目标上，不仅重视知识的获得，更注重情感、价值观的培养和技能的养成；内容上，体现了全球化趋势下的多元文化特色；教学方法及实施上，尽量使课堂贴近生活，强调学生通过亲身实践来感知社会科课程中的概念、理论、原则，并积极引导学生，从亲自参与和体悟中了解并关注历史、文化和社会（谢竹艳，2013）。有研究者认为，美国社会科发展至今，其内容整合程度越来越高，但有两个突出特点一直存在：一是社会科是"有关人类的社会性、社会组织及社会发展的学习与认识"；二是社会科是"有关社会中各种人际关系的学习与认识"（赵亚夫，2020）。唐汉卫等人总结了美国目前社会科课程统整的四种模式：科内统整、科际统整、跨学科统整和超学科统整（唐汉卫、倪羽佳，2021）。还有研究者总结了美国社会科发展有待完善的方面：减少削弱学科界限，增强社会科学科群体的联系；消除现存教育面临的关键问题，如教育评价、课程内容等；加强教师的理论修养，以教学理论指导实践（沈晓敏，2006）。

一些研究者总结了我国小学社会科课程改革的成就与经验。有研究者回顾我国社会科课程的发展轨迹，总结了取得的进步，包括社会科课程内容的进一步整合、学科教学方法论进一步整合（赵明玉、翟楠，2017）。有研究者总结了百余年来我国小学社会科课程结构演变的三大特点：分则为历史、地理、公民等，合则为"社会"；小学开设综合性社会课程已成为人们的共识，代表了课程改革的方向；从学美国、学苏联到独立自主地创设符合我国实际情况的社会科课程体系（汪景丽，2009）。还有研究者总结了我国品德与社会课程结构的特点，包括学生本位的课程建构观、综合性的课程形态、非课程化的课程内容组织、德育为先的课程价值取向、同心圆扩大的课程基础框架、螺旋上升的课程态势（武宜娟，2013）。

2.有关反思与展望

在介绍、分析、比较国外小学社会科教育改革与发展历程、经验的基础上，一些研究者关注到我国小学社会科教育改革与发展过程中存在的问题，并提出了诸多的发展对策。

研究者汪景丽认为，我国小学社会科教学存在三大现实问题：学校、家庭、社会，特别是教育行政部门没有给社会科以足够的重视；小学社会科的教材、教法尚不成熟；小学社会科专业教师相对匮乏（汪景丽，2009）。还有研究者认为，社会科理论研究的滞后让社会科课程改革失去重心，我国社会科建设与发展中存在以下问题：对公民教育的认识过于狭窄，关于人类文化的观念不够进步，课程观念中对"成长着的人"的理解存在着空泛而狭义的弊端（赵亚夫，2004）。郭雯霞对品德与生活（社会）课程中道德教学中存在的问题进行了分析：教师尚不能正确解读教材；不少教师不能创造性地使用教材开发教学资源；教师没有充分关注儿童个体在教学中的变化和成长；教师没有充分将学生的直接体验和认识能力相结合；没有将体验活动、探究活动和表达活动视为一个整体，往往强调体验而忽视学生的表达互动（郭雯霞，2005）。

我国诸多研究者从宏观层面提出我国小学社会科教育改革的对策建议。例如，李稚勇、方明生提出我国社会科课程综合化改革的基本思路：（1）继承与发展，课程改革应具有延续性，继承课程实践中的一切有益经验，并随着时代的发展而不断发展；（2）吸取世界各国课程改革的经验教训，积极借鉴成功的经验；（3）整体性构架与通盘性思考，并在此基础上提出三种类型的课程方案构想：第一，以历史为主干进行课程综合；第二，以时间为经，以空间为纬，以人类社会问题尤其是中国社会问题为主轴，构建综合性社会科课程体系；第三，以人类社会为主题组成主题轴，进行跨学科综合（李稚勇、方明生，2001）。还有学者从宏观层面提出我国社会科发展的建议：社会科必须反对"学问化"倾向的知识学习，尤其反对将大学社会学、政治学、经济学、法学等学科体系，直接移植到基础教育的做法；"理论先行"在课程建设中不容忽视，必须在针对社会发展需要和转变教师教育观念两方面，发挥实际的作用；认识、理解、关心社会与生活是社会科学习内容的中心，参与、适应社会及解决实际问题是最重要的学习目标（赵亚夫，2020）。

还有研究者从中观或微观层面提出我国小学社会科发展的建议或对策。在社会科课程结构统整方面，唐汉卫和倪羽佳认为，应借鉴美国社会科课程统整的经验，我国社会科课程统整应当在正确的课程观指导下开展课程统整的实践，尽可能在"应然追求"和"现实可能"之间把握合适分寸；避免社会科课程统整的工具主义倾向；树立社会科课程统整的系统观（唐汉卫、倪羽佳，2021）。在社会科教学方面，我国学者提出品德与社会课堂教学生活应当重建，强调建立课堂教学与学生生活世界之间的联系；强调课堂教学从学生的生活实践经验出发，以课堂教学的生活化为载体，生成为学生的学习智慧；强调课堂教学的拓展要回归学生的生活世界，从而构建起以学生生活重建为背景的开放性课堂教学大系统。还有研究者认为，我国品德与社会（生活）课程存在重品德教育，弱化社会化教育功能的倾向，改变这一现状可以采取的具体路径包括实现对课程的准确解读和表达，加强县级教育行政部门对课程的管理和学校社会化教育活动的创新，在教师素质提升、课堂教学改革、教师配备与培训、教育评价等多个角度上给予保障（杨今宁，2012）。

三、小学社会科教育学的研究

从新中国成立至 20 世纪 80 年代中期，我国小学社会科课程主要采用分科课程的形式，主要开设有政治、地理、历史等课程。1986 年我国进行课程教材改革，小学开始开设综合性社会科课程。2001 年，我国将思想品德课和社会课综合，设置品德与生活和品德与社会课程。2016 年，我国开始开设道德与法治课程。随着小学社会科课程形式和名称的变化，小学社会科教育研究也在一定程度上发生着变化。新中国成立之初，由于社会科分科设置，研究也是分科进行的，出版了不少分科的历史教学法、地理教学法等研究专著。20 世纪 80 年代以来，随着小学社会科综合课程的设置，社会科教育学成为一门独立的学科，出现了许多社会科教育学著作和论文。

（一）小学社会科教育研究的对象

正如毛泽东在《矛盾论》中所说："科学研究的区分，就是根据科学对象所具有的特殊的矛盾性。因此，对于某一现象的领域所特有的某一种矛盾的研究，就构成某一门科学的对象。"那么社会科教育研究的对象是什么呢？有研究者认为，小学社会科教育是小学教育学所属的一门学科教育学，不仅受普通教育学和小学教育学的规律、原理和方法制约，还必须反映小学社会教育和教学规律、原理和方法的具体要求，主要以小学社会的教育和教学活动及其本质规律为研究对象（吴玉琦、陈旭远，1998）。还有研究者认为，社会科教育是多层次的、多渠道的，社会科教育现象贯穿人的一生，社会科教育学的研究对象是社会科教育的理论与实践，是社会科教育教学的全过程，尤其是这个过程中存在的诸种矛盾和内在的本质联系及规律（阳光宁，2006）。

（二）小学社会科教育研究的任务

关于小学社会科教育的主要任务，有研究者指出主要包括三点：第一，研究小学社会教育和教学基础理论，掌握小学社会教育和教学的规律；第二，研究和学习小学社会教育和教学理论，有效地进行小学社会的教育和教学活动；第三，学习和研究小学社会教育教学的基本理论，对深化教育和教学改革具有重要现实意义（吴玉琦、陈旭远，1998）。

由于社会科课程是一门综合课程，涉及历史学、地理学、社会学、法学、政治学等诸多学科，社会科教育学的研究内容也涉及多方面的问题，主要包括：第一，为什么教、为什么学的元理论研究，包括社会科教育基本原理、社会科教育史、社会科概念和性质、社会科教育功能等；第二，教什么、学什么的课程问题研究，包括社会科课程目标、课程内容、课程标准、教材等；第三，怎么教、怎么学的教学问题研究，包括社会科教学过程、教学原则、教学方法、教学模式、学习心理等；第四，教得怎么样、学得怎么样的社会科教育评价问题，包括社会科教学评价、课程评价等（阳光宁，2006）。此外，还包括社会科教育谁来教，即社会科教师研究，包括社会科教师素养、专业发展、专业标准等问题。总的来说，社会科教育研究既要从宏观上研究社会科教育的现象、规律、原理等，又要从微观上探索社会科教育教学中的实际问题。

（三）小学社会科教育研究的方法

有研究者认为小学社会教育学是一门社会科学，应同其他社会科学研究一样，以马克思主义基本原理为指导，包括辩证历史唯物主义、科学社会主义和马克思主义教育思想（吴玉琦、陈旭远，1998）。小学社会科教育研究的具体方法方面，有研究者提出不仅要采用文献法、观察法、调查法等常规的研究方法，还要重视实验研究法在教育和教学改革中的作用（吴玉琦、陈旭远，1998）。还有研究者认为社会科教育学研究方法采用的传统教学论中的观察法、调查法、座谈会、实验法、个案法等注重从一般教学原理出发诠释学科教育问题，但不是从学科具体问题出发，不利于解决学科教学实际问题，社会科教育学研究应当采用新的研究方法，如教育日志、教育案例分析、教学课例、教育叙事研究和行动研究、教育反思等（阳光宁，2006）。此外，还有研究者认为，"理解"作为人文社会科学的方法论，作为当今世界"意义寻求"的途径，也是实现社会科课程目标的必由之路，主张采用叙事研究法对社会科课程教学层面进行研究（严书宇，2016）。总体来说，小学社会科教育研究的方法日益多样化。

四、社会科教育研究领域重要人物介绍

新中国成立70年来，小学社会科几经变化，从新中国成立之初的分科课程，到21世纪初的品德与生活（社会）课程，再到如今偏重德育的道德与法治课程，社会科教育研究也随之变化。从最初的历史、地理、政治学科教学法研究，到第八次课程改革中大量涌现出的社会科相关研究成果，再到如今，专门的社会科研究甚少见之。总体上来说，小学社会科研究最为人们关注的时期是2001—2017年，这一时期我国将思想品德与社会科合并为综合社会科，并在课程名称中明确出现"社会"二字，许多社会科研究者就社会科课程性质、课程结构、教学理论和实践、国际社会科比较等方面展开研究。在此，我们简单介绍几位有代表性的社会科教育专家及其著述。

1.鲁洁（1930—2020），生于四川省南充市阆中市。鲁洁先生是当代中国著名教育家、教育学家，南京师范大学资深教育学教授、博士生导师。鲁洁先生是"我国当代少数几位具有思想原创的教育学家"之一，曾获国家级有突出贡献中青年专家、首届中国杰出社会科学家、全国教育科学研究突出成就奖、当代教育名家等荣誉称号或奖项。鲁洁先生长期致力于教育基本理论、德育学等方面的研究，提出了许多具有原创性的中国特色教育理论。进入21世纪，鲁洁先生受教育部委托，主持了第八次基础教育课程改革小学品德与生活、品德与社会国家课程标准制定与教材编写工作，后担任国家统编道德与法治教材总主编。鲁洁先生晚年先后发表了《回归生活——"品德与生活""品德与社会"课程与教材探寻》（2003）、《再论"品德与生活""品德与社会"向生活世界的回归》（2004）、《道德教育的根本作为：引导生活的建构》（2010）等文章，论述了"生活是人之存在的方式"，"生活是道德存在的根据"，"道德教育的根本作为就在于引导生活的建构"等观点，并提出了"回归生活"的德育理念，实现了极具影响力的生活德育论的理论建构。

2.沈晓敏（1965— ），上海人，华东师范大学教师教育学院教授、博士

生导师。沈晓敏教授主要研究领域包括德育与社会类学科课堂教学设计与分析、道德与法治课程与教学、社会科教育比较研究等。沈晓敏教授是国内较早从事社会科教育研究的学者之一，1998年在《全球教育展望》期刊发表论文《追求"自我深化"的社会科教育——日本社会科问题解决学习的理论》，此后出版多本社会科教育相关著作，包括《社会课程与教学论》（2003）、《在社会中成长——基于社会主题的研究性学习》（2006），翻译了《社会科的使命与魅力——日本社会科教育文选》（2006），发表了《日本小学社会科教科书述评》（2000）、《从教科书看美日社会科教育的共同特点——兼论我国人文社会课程的问题》（2002）、《韩国小学社会科教科书中的"传统与文化"》（2012）、《在深度的自主探究中认识社会——日本小学社会科核心素养的培养》（2017）等多篇相关论文，曾担任义务教育课程标准实验教科书《品德与社会》（辽海出版社）、义务教育课本《品德与社会》（上海科技教育出版社）全套教材副主编（钟启泉任主编）。

3.李稚勇（1950— ），上海人，上海师范大学人文与传播学院教授。曾任教育部小学社会教师继续教育课程教材建设课题组负责人，国家基础教育历史与社会课程标准研制组核心成员，上海市中小学教材审查委员（品德与社会科组长）。李稚勇教授是国内较早从事社会科教育研究的学者，曾出版我国大陆地区第一本中小学社会科国际比较学术著作《社会科教育展望》（2001）。此外，还出版了《历史与社会课堂教学设计》《小学社会课程概论》《社会科教育概论》《历史教育学》等著作，发表了《关于法国学校历史~人文社会科课程结构变革的思考——兼评"哈比改革"》（1996）、《分科型·联合型·综合型——中小学社会学科课程结构的比较研究》（1997）、《美国中小学社会科课程的百年之争——美国社会课程发展的生机与活力》（2008）等论文。李稚勇教授对全球中小学社会科课程改革进行比较研究，例如对法国"哈比改革"中社会科课程改革得失展开研究，并在国际比较的基础上提出了对我国中小学社会科课程改革的构想。

4.赵亚夫（1959— ），山东济南人，首都师范大学历史学院教授，博士生导师，主要从事历史教育理论与方法研究，亦是国内较早从事社会科课程研究的学者之一。赵亚夫教授曾出版一系列社会科教育相关著作，包括《日本学校社会科教育研究》（2001）、《新课程与新教学的探索——〈品德与社会〉66问》（2003）、《学会行动：社会科课程公民教育的理论与实践》（2004）、《品德与社会课程标准解读》（2011）、《新版课程标准解析与教学指导：品德与社会》（2011）、《中小学历史教育百年简史》（2020）；曾发表《试论社会课程的基本理念与知识整合原理》（2002）、《论我国社会课的终结与再生》（2004）、《现代教学理论在社会科课程中的应用》（2005）等相关论文。赵亚夫在社会科课程结构、课程性质、学科发展方面的研究和见解深刻全面。他认为社会科理论滞后让社会科课程改革失去重心，呼吁加强对社会科课程理论的研究，促进我国社会科课程的再生。

第二章 小学社会科课程研究

　　课程是实现教育影响的重要载体，也是教育变革中最活跃的部分，因此课程研究始终是教育科学研究中的重要主题。新中国成立 70 年来，我国小学社会科课程历经多次变革，围绕这些变革，研究者们在小学社会科课程标准、社会科教材、社会科课程实施、社会科课程评价等领域取得诸多研究成果，极大地促进了我国小学社会科学科发展。本章在回顾新中国成立 70 年来小学社会科课程的研究历程、主要成就的基础上，反思研究中存在的问题并对未来的研究趋势作出展望。

第一节　研究历程

　　小学社会科课程是引导小学生由自我认知向社会认知发展的一门综合性启蒙课程，由于社会科课程具有与国家历史文化传统、政治意识形态等密切相关的学科特性而备受国家重视，因此在当今世界各国的小学教育中，社会科课程都属于小学生的必修科目。我国自近代开始设置小学社会科课程以来，其授课形式并不固定——或分科教学，或多科综合；从其课程名称来看，分则为历史、地理、公民或思想品德等，合则为社会、品德与社会等。2001 年，我国教育部颁布的《基础教育课程改革纲要（试行）》中正式推出了品德与社会这一门新的社会课程，小学社会科课程亦随之进入新一轮课程改革中。纵向回顾这 70 年的小学社会科课程研究,可以将它大致分为 1949—1977 年、1978—1999 年、2000—2019 年三个时段,本节将介绍上述各个阶段的社会政治文化背景,梳理每个阶段研究的主要内容、阶段特征,线条式地勾勒出小学社会科课程研究的历史轮廓。

一、1949—1977 年的小学社会科课程研究

(一) 阶段背景

1949 年新中国成立后,我国教育面临对旧有教育制度的改造与革新的历史使命,同时受苏联教育模式的深刻影响,我国的小学社会科课程采用了分科的形式,主要包括政治、思想品德、历史、地理。其中历史、地理两门课程虽依然被作为主要社会课程,但是由于受到当时的政治时局影响,政治与思想品德课程的优势地位明显。

1950 年 7 月教育部印发了《小学课程暂行标准初稿》,规定小学一、二年级不单独设常识课,通过语文及其他科目进行常识教学;三、四年级每周开设三节常识课,向学生讲授社会常识和自然常识基础;五、六年级的常识课进行分科教学,开设历史、地理、自然三科。1952 年 3 月教育部颁发的《小学暂行规程(草案)》,规定开设历史和地理课。1953 年开始我国实行第一个五年计划,为了适应经济发展需要,教学计划在 1953 年、1956 年、1957 年接连被修订、调整。1966 至 1976 年"文化大革命"期间,常识课程被取消。1967 年 2 月 4 日,中共中央发出《关于小学无产阶级"文化大革命"的通知(草案)》,这个《通知》明确取消了小学高年级的自然、历史、地理课程(田正平,1996)。后来各地学校陆续复课,但这一时期的常识课教学内容是为政治运动服务的。1978 年 1 月教育部颁布《全日制十年制中小学教学计划试行草案》,恢复了基础教育阶段课程体系中学术性科目的主体地位。这些不同时期课程文件的颁布,逐步奠定了我国小学社会科课程的基本框架,对本学科课程与教学产生了规范与指导的作用。

(二) 主要研究内容

1.对小学社会科教学大纲的研究

此时的研究主要是对国家颁布的小学社会科教学大纲的解读或学习体会。如查全勤 1957 年在《如何通过具体事实的叙述，启发学生的积极思维——学习小学历史教学大纲（草案）的一点体会》、盛平 1957 年在《怎样在一课时内教完一课历史课文——学习小学历史教学大纲（草案）的一点体会》中对 1956 年《小学历史教学大纲（草案）》的解读与学习体会；吕本太 1957 年在《在贯彻小学地理教学大纲（草案）中的点滴体会》、刘国光 1957 年在《学习小学地理教学大纲（草案）的几点心得》中阐述自己对 1956 年《小学地理教学大纲（草案）》的学习心得与个人理解。

2.对小学社会科教材的研究

主要对小学历史、地理教材进行分析、研讨，旨在促进相应教材在小学学科教学中的更好使用；也有部分研究者开始关注学科间的教育渗透和小学地理（历史）乡土教材的编写与开发。如刘伟傅 1954 年在《关于小学历史教材教学时间安排的商榷》中提出小学历史教材中具体历史内容和教学时间有调整优化的空间；1957 年《江苏教育》发表的《小学历史教材有它的优点，也有严重的缺点——南京市部分教师座谈历史教材问题》，认为教材有系统性较好等优点，但是也存在课文长、分量重、头绪多、词句深等不足；江苏教育学院小学历史教材编写组 1958 年在《关于改编高级小学历史课本第一册的几点说明》、季轶群等 1959 年在《小学历史课本第三册的初步分析》中对小学历史课本进行分析与使用说明；教育部小学教育司教学指导科 1957 年的《关于精简小学语文、历史、地理教材的问题解答》、江苏省小学地理教材编写小组 1959 年的《介绍新编小学地理课本第二册》；1959—1960 年四川省教育厅在《关于改编小学地理课本初二、高二册的几点说明》《关于改编小学地理课本初小一册，高小一、三册的几点说明》《关于今年秋季小学五年级地理第一册省编第一版教材使用意见》中对四川省省编地理教材的说明，对新编教材的编写意图等进行系统的解读，也提出地方开发乡土教材的建议；

朱美芳1965年在《通过小学历史课进行政治思想教育的几点体会》中强调历史课要加强阶级与阶级斗争教育。

（三）本阶段的特征

本阶段小学社会科课程研究主要呈现出以下特征：课程研究主要是聚焦各分科教学大纲以及教材的介绍、解读，其研究的目的是介绍教学大纲或教材的基本内容、编写精神以及使用建议等，文字主要是介绍与论述，理论研究、深度研究、系统性研究较少。课程研究的主题较为单一，对课程或教材设计的元理论、课程或教材资源开发、课程或教材实施的模式、课程内容选择、课程评价等很少涉及。课程研究的视野不够开阔，既不太关注欧美西方国家的课程与教材研究，也较少研究苏联或其他社会主义国家的课程与教材发展情况。

二、1978—1999年的小学社会科课程研究

（一）阶段背景

进入20世纪80年代，伴随着改革开放的步伐不断加快，中国社会的发展日新月异，原有的高度整齐划一的全国教学计划、教学大纲与课程越来越不适应社会主义建设与学生的发展。特别是社会科课程因其与国家社会发展的紧密关系而亟待改革。1981年教育部颁发《全日制五年制小学教学计划（修订草案）》，其中规定，小学一至五年级均开设思想品德课程，四年级开设地理课程，五年级开设历史课程。1982年教育部制定《全日制五年制小学思想品德课教学大纲（试行草案）》，这是新中国第一部小学思想品德课教学大纲。1985年《中共中央关于教育体制改革的决定》、1986年《中华人民共和国义务教育法》先后颁布，以此为制度基础和法律框架，我国进行了课程教材改革。这一轮课程改革使得教材制度发生了显著变化，由全国使用一套统编教材的格局改为多套教材并存，小学社会、思想品德教材也随之改革，既有供全国大多数地区使用的一套教材，同时也赋予各地教材开发权。1986年国家教委颁布修订后的《全日制小学思想品德课教学大纲》，是新中国第一部

正式确立的小学思想品德课教学大纲。依据 1986 年 12 月《九年制义务教育教学计划》，国家教委 1988 年颁布了《九年制义务教育全日制小学社会教学大纲（初审稿）》，1992 年颁布了大纲试用稿，从制度上确立了"一纲多本"并规定小学四、五、六年级（五年制学校三、四、五年级）开设社会科课程，不再开设历史、地理课。小学社会科的教学内容包括社会生活、历史、地理、法律常识四部分，小学社会科课程再度走向综合化。同年，在 1990 年《九年义务教育全日制小学思想品德课教学大纲（初审稿）》基础上，国家颁布《九年义务教育全日制小学思想品德课教学大纲》，此后我国小学德育走上了依纲育人、依纲管理、依纲考评的科学化、规范化的道路。此后，国家教委在 1997 年和 2001 年先后颁布《九年义务教育小学思想品德课和初中思想政治课课程标准（试行）》和《九年义务教育小学思想品德课和初中思想政治课课程标准（修订）》。2002 年，国家正式出台了供小学使用的两套新课程标准，思想品德课被纳入品德与生活、品德与社会。

（二）主要研究内容

1.对小学社会科教学大纲（课程标准）的研究

这个时期的研究者主要关注对小学社会科教学大纲（课程标准）的解读，介绍教学大纲（课程标准）的编写精神、基本特性、审查说明等，此时也有部分研究者开始关注国外的社会科课程标准并开展相关研究。如未坚 1982 年在《正确贯彻〈小学思想品德课教学大纲〉》一文中对 1982 年版大纲进行解读，宋殿宽和徐斌在 1986 年的《学习〈全日制小学思想品德课教学大纲〉的几点体会》《小学思想品德课的性质、地位和作用——学习〈全日制小学思想品德课教学大纲〉的体会》两篇论文中对 1986 年版大纲进行分析，吴履平 1989 年在《小学社会教学大纲浅谈》中对 1988 年版小学社会教学大纲的解读，宋殿宽 1990 年在《突出思想品德课更加符合实际——对小学思想品德课教学大纲的几点认识》中对 1990 年的《九年义务教育全日制小学思想品德课教学大纲（初审稿）》的解读，吴履平和刘淑梅 1992 年在《谈谈义务教育小学社会教学大纲的基本精神》中对 1992 年版大纲基本精神进行阐述，姬君式

1993年在《认真贯彻实施〈义务教育全日制小学思想品德课教学大纲〉》中对小学思想品德课开设的情况和1992年版大纲修订作了官方说明，李维枢1997年在《〈小学社会教学大纲〉的基本特征》中对1992年版大纲特征的分析，李丽兰1998年的《小学思想品德课〈课程标准〉的几个特点》和杨印斌2000年的《小学思想品德课〈课程标准〉的特点》对1997年版思想品德课课程标准进行分析，陈光全2002年在《思品课要注重实践活动——学习小学思想品德课〈课程标准（修订）〉的体会》中对2002年版小学思想品德课课程标准进行阐释与分析，以及沈晓敏1995年的《战后日本中小学社会科教学大纲的演变》、张丹华和缴润凯1998年的《俄罗斯小学人文社会课程教育标准介评》、黄燕1999年的《从美国历史科国家课程标准看小学综合社会课程》等论文对国外课程标准进行了研究。

2.对小学社会科教材的研究

研究者主要聚焦教材的内容说明、特点分析、教材使用或教学建议等方面，这个时期由于"一纲多本"的实施，对地方自编教材的解读与分析成为重要的研究主题，部分研究者开始关注国外小学社会科教材并展开研究。如四川省小学思想品德课教材编写组1981年的《小学思想品德课试用教材的说明》、陈昌勋等人1983年的《省编小学思想品德课教材的一些特点》、刘克明等人1995年的《省编小学〈社会〉教材的教学建议》等论文，他们都以本省社会科教材作为研究对象并进行教材解读或说明。宋殿宽1987年的《谈谈新编小学思想品德课教材》和《关于小学思想品德教材使用情况的调查》、宋殿宽等人1989年的《小学思想品德教材简介》、刘淑梅1993年的《以认识社会为主线，密切联系学生的生活实际——义务教育小学社会教材介绍》、王宗健1996年的《小学〈社会〉课第一册教材使用说明》、缪伟1998年的《把握学科特点，遵循教学原则——小学〈社会〉课教材特点浅析》等论文，大多聚焦社会科教材的解读、特点说明、使用现状及建议。洪光磊1993年的《学会在社会中生存——美国小学"社会科"的课程、教材与教学》、赵亚夫1999年的《日本小学社会科的学习形态与教材观念》等论文开始将社会科教材研究的视野扩展到国外。徐斌、岳慧珍、赵昕等人在1995—1999年间发表多篇论文对九年义务教育小学思想品德（试用本）十二册教材进行分册介绍与解读。陈光全、张光富、胡以明等人在1999—2000年间发表多篇论文对小学思想品德（鄂教版）十二册教材进行分册介绍与解读。

3.对小学社会科课程设计的研究

研究者开始关注小学社会科课程目标、结构、内容、设计理念以及教材编写等，不再仅仅停留在对教学大纲、教科书的解释或说明。如徐斌1985年的《怎样编写好小学思想品德课教材》、刘淑梅1991年的《社会课的目的·要求·内容》和1993年的《义务教育小学社会课程、教材建设初探》、吴履平1999年的《关于小学社会教科书编写的几个问题》等论文，讨论了小学社会科课程开设的必要性、教材编写的指导思想、审查小学社会科教科书应当关注的问题等；李丽兰等人1990年的《小学思想品德课教材的内容与形式应儿童化》、满小螺1996年的《小学社会课德育内容剖析》、刘克明1999年的《关于小学社会课中历史知识社会性的探讨》，都分别论及社会科教材内容的德育与社会属性或呈现形式等。

4.对设置小学社会科综合课程的研究与实验

研究者对于设置小学社会科综合课程的科学性、必要性以及价值性进行了研究与实验。如1987年以来，中央教科所多次主持召开了中小学综合课程学术研讨会，确认综合性的社会课是社会发展的需要，具有诸多教育价值；张国民1998年在《小学社会学科综合教材与分科教材应用测试报告》中通过比较实验的方法论证了小学社会综合性课程开设的必要性与实际价值；张肇丰1999年在《中小学社会学科综合课程研究》中对社会学科综合课程进行专题研究。

（三）本阶段的特征

本阶段小学社会科课程研究主要呈现出以下特征：（1）课程研究的旨趣依然以教学大纲和教材的解读、介绍以及使用建议为主，但是也开始关注课程或教材的建设问题以及社会科课程综合与分科的优劣比较问题，研究的思辨性、理论性以及实证性都有所增强。（2）课程研究的领域开始扩大，伴随着中西方教育交流的逐渐展开，一些研究者们开始有意识地介绍西方国家社会科课程或教材，其中同处东亚的日本以及美国成为最早被我国研究者关注的国家，如司荫贞1986年的《日本小学将开设"生活科"》、李稚勇1996年的《加利福尼亚州与上海中小学社会学科课程比较研究》、赵亚夫1998年的《日本小学社会科的学科概念和特性》和1999年的《日本小学社会科的学习指导内容与方法》、沈晓敏2000年的《日本小学社会科教科书述评——东京书籍版、大阪书籍版、光村图书版的比较》等论文。（3）社会科课程研究中小学德育课程渐成热点，关于小学思想品德课课程标准（教学大纲）、教材编写或使用说明等方面的论文较多且逐渐体系化、层次化，研究者以专业的课程开发者和地方教研人员为主，研究成果的理论水平和学术造诣较高，显示出德育课程在社会科课程中的高地位与高关注度。（4）小学社会科课程研究的深度在逐渐加深，国外或我国港澳台地区社会科课程理论著作、现行课程标准开始被研究者们关注，如沈晓敏1995年的《战后日本中小学社会科教学大纲的演变》、张丹华1998年的《俄罗斯小学人文社会课程教育标准介评》、黄燕1999年的《从美国历史科国家课程标准看小学综合社会课程》、我国台湾学者张玉成的《英国小学社会科课程之分析》、英国学者琼·所罗门（Joan Solomon）的《国外中小学教育面面观：科学—技术—社会教育》（海南出版社，2000）。同期，随着我国大陆与台湾地区教育交流的逐渐密切，台湾社会科教材、课程标准等被大陆高校研究者作为研究材料收集与保存，拓展了大陆社会科课程理论研究的视野，陆续出版了一批小学社会学科的课程与教学论专著或教材，如李稚勇2001年在《小学社会课程概论》中对小学社会的学科地位、教育任务、课程目标、课程结构、课程内容、课程评价以及教科书撰写等问题开展系统论述。

三、2000—2019 年的小学社会科课程研究

（一）阶段背景

2001 年中国加入世界贸易组织，标志着我国改革开放进入新阶段，中外经济、社会、文化、教育等方面的交流与合作日益密切，一场面向未来、旨在全面推动素质教育的课程变革呼之欲出。1999 年 6 月，《中共中央、国务院关于深化教育改革全面推进素质教育的决定》明确指出"以提高国民素质为根本宗旨，以培养学生的创新精神和实践能力为重点"的总目标，要求"针对新形势下青少年成长的特点，加强学生的心理健康教育，培养学生坚韧不拔的意志，艰苦奋斗的精神，增强青少年适应社会生活的能力"，"进一步改进德育工作的方式方法，寓德育于各学科教学之中，加强学校德育与学生生活和社会实践的联系，讲究实际效果，克服形式主义倾向"。2001 年 6 月，教育部颁布了《基础教育课程改革实施纲要（试行）》，正式启动了新中国成立以来的第八次基础教育课程改革。此次课程改革，重新整体设置义务教育阶段的课程，品德与生活、品德与社会作为新型综合课程被正式推出。2002年，教育部颁布了小学《全日制义务教育品德与生活课程标准（实验稿）》（1—2 年级）和《全日制义务教育品德与社会课程标准（实验稿）》（3—6 年级）。标准指出，品德与生活课程是以儿童的生活为基础，以培养品德良好、乐于探究、热爱生活的儿童为目标的活动性综合课程；品德与社会课程是在小学中高年级开设的一门以儿童社会生活为基础，促进学生良好品德形成和社会性发展的综合课程（陈光全，2003）。为了贯彻《国家中长期教育改革和发展规划纲要（2010—2020 年）》中坚持德育为先、立德树人的理念，2011年，《全日制义务教育品德与生活课程标准》（1—2 年级）和《全日制义务教育品德与社会课程标准》（3—6 年级）完成了修订。2014 年 11 月《中共中央关于全面推进依法治国若干重大问题的决定》提出把法治教育纳入国民教育体系，在中小学设立法治课程。2016 年，小学德育类教材名称统一更名为道德与法治。2017 年 9 月 1 日，统编版道德与法治教材正式使用，并逐渐

取代现行的"人教版""粤教版""苏教版""北京版"等版本的教材,这是新课改以来课程开发与管理领域的一次较大调整。

(二)主要研究内容

1.对课程标准的研究

这个时期,对小学社会科课程标准的研究文献较过去有了较为明显的增加,研究的领域和选题也较过去有了新的拓展。一方面研究者非常重视对国内社会科课程标准的解读以及如何具体应用等的研究。如张茂聪等人2002—2003年连续发表的《〈品德与社会〉倡导哪些新的课程理念——学习〈义务教育品德与社会课程标准(实验稿)〉的体会》系列文章;贾美华2004年的《品德与社会课程标准与教材编写的思考》、陈光全等2012年的《生活德育理念的三维解读——2011年版〈义务教育品德与生活(社会)课程标准〉学习体会》、高峡2012年的《品德与社会课程标准修订要点简述》、范敏等2013年的《品德与社会课程标准(2011年版)目标修订解读》、靳玉乐等2017年的《从小学社会科课程标准看法治教育》、杨士永2019年的《小学品德与社会课程标准的应用探索》等论文;林治金、张茂聪2005年主编的《小学品德与社会课程标准研究与实施》,方晓波等2003年主编的《全日制义务教育品德与生活课程标准教师读本》等著作。这些研究主要是侧重于对小学社会科课程标准的编写精神、目的、要求等方面进行解读,同时关注课程标准在实践中如何去使用和最终落地。

另一方面,研究者也比较重视介绍国外小学社会科课程标准以及对中外小学社会科课程标准的比较研究,具有较为明显的国际视野。如于康平2008年的《中国〈品德与社会〉与俄亥俄〈社会研究〉课程标准之比较》、谢欧和陈时见2015年的《加拿大安大略省小学社会课程标准(2013修订版)述评》等论文;吴岳2013年的学位论文《中日两国小学社会课程标准比较研究——以中日现行小学中高年级社会课程标准为对象》,张梅2014年的学位论文《中新小学公民与道德教育课程标准比较研究》、李欢2015年的学位论文《中美小学社会科课程标准比较研究——以加利福尼亚州为例》、黄伟2015年的学位论文《中印现行小学社会科课程标准的比较研究》等，这些学位论文主要关注中外社会科课程标准的特点与异同，讨论国外各版本的小学社会科课程标准对我国的启示；2018年，扬州大学赵明玉、翟楠将多年来指导的系列社会科课程标准比较的学位论文进行整理编撰，出版《中外小学社会课程标准比较研究》一书，形成了较有影响力的研究成果。

2.对小学社会科课程设计的研究

研究者主要围绕小学社会科的课程目标与课程内容设计、隐性课程设计等方面开展研究。对于课程目标设计与内容设计的研究，如陆勤2010年的《小学德育课程教学目标制定例谈》、吴仲烨2018年的《课程内容与学生生活的美妙链接——品德课延伸性活动的设计与思考》等论文。对于小学社会科隐性课程的设计研究，如冯钰2007年的《小学隐性德育课程的设计研究》、马文敏2008年的《浅谈小学隐性德育课程设计与开发》等，这些文献对小学社会科的课程目标、内容设计以及隐性德育课程设计与开发进行了一定范围的讨论与研究，但是研究的广度、深度等还是存在着明显的不足，缺少专职研究者对该领域的关注与研究。

3.对小学社会科教材的研究

这个时期，研究者们对小学社会科教材的研究主要包括小学社会教材编写、教材的使用、教材的特点、国内各版本教材比较、国外教材的介绍或研究以及中外教材比较研究。

对于小学社会科教材编写及内容文本的研究，如李莉2002年的《对人教版小学社会教科书的分析与思考》、郭雯霞2004年的《"间接经验"在小学〈品德与社会〉课程教科书中呈现的突破》、乔芳等2013年的《何种勇气——小学德育教科书中勇气概念的错位》、吴迪2015年的《浅析小学品德与社会教科书内容的二次开发》、闫闯等人2015年的《小学德育教科书中传统文化教育的嬗变——以四套人教版小学德育教科书为文本》、沈善堂2018年的《试论小学品德与社会教材资源的开发利用》等论文，以及王世伟2005年的《小学德育教科书功能性模块设计研究》、谭静2007年的《解读与透视：小学社会教科书中知识观的变革》、王莉2011年的学位论文《回归儿童生活：小学〈品德与社会〉教科书的插图研究》、李复梅2014年的学位论文《小学〈品德与社会〉教科书德育内容编排研究》、王淼2019年的学位论文《小学德育教科书中道德故事的编排研究》、王世光2019年的《家乡观念的建构——以小学德育教科书为中心的考察》等学位论文，研究者们对小学社会科教科书的研究广度、深度都明显增加，知识论、课程论等理论对研究的支撑、指导作用大大强化，研究体现出了较高的理论水平与学术造诣。

对于小学社会科教科书的价值取向的研究，如傅彩霞2010年的《基于小学〈品德与社会〉教科书课程内容价值取向的探讨》、沈嘉祺等人2011年的《中美小学社会科教科书价值取向比较研究——以人教版〈品德与社会〉和哈特·米福林版〈社会学科〉为例》、王小鹤2012年的《小学品德与社会教科书城乡价值取向探究》等论文，以及姚璐2008年的《社会课课程内容的价值取向研究——基于北师版小学〈品德与社会〉教科书的文本分析》、王晗2012年的《小学六年级德育教科书的价值取向探究》、李玉蛟2018年的《小学德育教科书人教版、教科版〈品德与社会〉，台湾翰林版〈社会〉编写者的价值取向比较研究》等学位论文。这些研究或采取文本分析，或采取比较研究，共同聚焦于小学社会科教科书中的价值取向问题，积极从教育哲学、教育社会学等学科视角审视这一主要研究主题，极大地丰富了我国小学社会科教科书研究的内容，实现了对教科书的深度研究，为教科书开发者提供了重要启示。

对于国内各版本教材的比较研究，如王世铎2014年的《我国小学〈品德与生活〉〈品德与社会〉教材中农村文化呈现特征分析研究——以人教版和北师大版教材为例》、李莉2015年的《承前启后的新中国小学社会教科书——以人教版小学社会课为例》等论文，以及刘淑霞2004年的《小学〈品德与生活〉教科书的比较研究》、李艳辉2010年的《小学〈品德与社会〉教科书的比较研究——以人教版和鄂教版为例》、年静妹2013年的《小学〈品德与社会〉教科书的比较研究》、於佳君2016年的《海峡两岸小学"社会课"

教科书的比较研究——以人教版和康轩版为例》、崔跃华 2019 年的《改革开放以来小学品德教科书中责任教育内容的比较研究——以人民教育出版社四个版本的小学三年级品德教科书为例》等学位论文。这些研究一般选取国内两个或多个版本的教科书，通过比较分析，探索小学社会科教科书的特点、异同及编写者的编写理念等，找出各个版本教科书的优势与不足，进而希望既丰富教科书比较研究的内涵，又为国内的教材开发提供工作借鉴。

对于国外教材的研究或中外小学社会科教材的比较研究，如沈晓敏 2000 年的《日本小学社会科教科书述评——东京书籍版、大阪书籍版、光村图书版的比较》、李茜 2008 年的《美国社会科教科书中的多元文化教育视角——以美国哈特·米福林版小学社会科教科书为例》、姚冬琳 2012 年的《多元文化教育视域下穗港台小学社会科教科书内容比较研究》、蔡芙蓉等 2018 年的《小学德育（社会）教材融入传统文化教育的比较分析——以"人教版""康轩版"和"东京书籍版"为例》等论文，以及徐娜 2010 年的《中美小学社会科教科书比较研究》等学位论文。这些文献对国外社会科教材的编制、特色、内容、教材比较等作了较深入的介绍与分析，开阔了我国教材研究的国际视野。

4.对小学社会科课程实施、课程开发的研究

研究者主要关注小学社会科课程资源的开发与利用、校本（班本）德育课程开发与实施、小学社会科（德育）课程实施现状与对策研究、小学社会科课程实施中的教师实践探索或课程实施能力的研究等。第一，对于小学社会科课程资源的开发与利用的研究，如周吉群 2003 年的《浅谈小学社会课程资源的开发和利用》、刘碧蓉 2003 年的《立足农村小学实际，发掘社会科课程资源》、黄长发 2006 年的《小学〈品德与社会〉课程资源的多元化开发》、姚丽丽 2011 年的《践行小学社会科课程资源开发》、卢有林 2012 年的《如何开发和利用小学品德与社会课程资源》、黄智明 2015 年的《小学品德与社会课程电子书包资源的开发与利用》、赵丽 2016 年的《小学品德与社会课程资源的合理挖掘》、杨嘉丽 2016 年的《小学校本德育资源开发的有效策略》、王

建霞 2017 年的《从生活中探寻小学品德课程资源》、刘希花 2017 年的《农村小学乡土德育课程资源开发研究》等论文，这些研究的深度、广度都有了明显提高，一线教育者逐渐成为研究的主体。第二，对于小学社会（德育）课程实施、现状的研究，如林言刚 2009 年的《当前农村小学〈品德与社会〉课程实施的现状与对策》、周娟娟等人 2011 年的《咸安区小学〈品德与社会〉课程实施状况调查报告》、庄妍等人 2015 年《论中小学德育课程实施的两个基本问题》、严国勇 2018 年的《基于教育剧的小学体验式德育课程实施流程及策略探讨》、柳晓琳等人 2018 年的《传统文化教育下的小学德育课程的实施》、孙晓明 2021 年的《小学德育课程实施研究（1999—2019 年）——基于 Cite Space 的可视化分析》等论文；同期也有诸如金正姬 2011 年的《延吉市小学品德与社会课程实施现状调查研究》、林竹梅 2014 年的《小学〈品德与社会〉课程实施现状调查分析》、吕芳 2016 年的《浮梁县乡村小学〈品德与社会〉课程实施现状的调查》等学位论文。第三，对于小学社会科课程实施中的教师实践探索或课程实施能力的研究，如徐生梅 2006 年的《小学德育新课程实施中的教师适应性探究》、郑璐 2019 年的《生命历程法下社会科课程实施的个体探索——对一位加拿大小学教师的教学实践研究》、2011 年周云的学位论文《综合课程实施中教师多学科知识整合能力研究——以上海市小学〈品德与社会〉为例》。第四，对于校本（班本）德育课程开发与实施研究，如余明等 2007 年的《小学网络德育校本课程构建与实施》、廖光华 2012 年的《品德与社会课程校本化实施的特征与策略》、王昭舒 2013 年的《小学〈品德与社会〉校本课程实施的个案研究》、林型娟等 2013 年的《游戏德育：小学德育校本课程的设计与实施》、梁金彩 2016 年的《小学德育校本课程建设的必要性与实施》、李守峰等人 2017 年的《基于红色文化教育的农村小学德育课程开发与实施——以沂南县马牧池乡中心小学为例》、宋其超 2018 年的《品德与社会课程校本化问题的探讨》等论文，研究者对小学社会科校本课程开发的策略、个案、乡村校本课程开发的独特性等开展研究，德育课程中的红色教育开始进入德育课程开发的视野。

（三）本阶段的特征

随着小学品德与生活、品德与社会、道德与法治课程的开设，本阶段小学社会科课程研究呈现出以下特征：(1)这个时期对于小学社会科课程标准的研究数量、深度、广度等都有了明显的进步。研究者们普遍不再满足于对课程标准的一般性解读或与前版标准的异同等方面的比较，开始将课程标准如何与教育现实问题的匹配等作为研究重点。同时，随着新课程的推进，研究者也更加重视介绍国外小学社会科课程标准以及对中外小学社会科课程标准开展比较研究，具有了较为清晰的国际视野。(2)从更多的维度对小学社会科教科书开展研究。比如对小学社会科教科书的知识观、价值观、内容模块、功能定位等维度全方位透析教科书的开发与设计。对于中外、国内不同版本社会科教科书的比较研究也更为深刻，得出的研究结论对我国教科书的编写与改进也更具有针对性和可操作性。(3)对小学社会科课程实施的研究，研究的主题更加碎片化、实践化。研究者以基础教育一线工作人员为主，乡村小学社会科课程实施、社会科课程实施与信息技术结合、社会科课程实施的校本化等研究主题被研究者广泛关注，但是这时期的一线人员研究内容的重复性、低层次性等问题逐渐凸显。

第二节　主要成就

回顾70年来我国小学社会科课程研究，其内容主要涉及小学社会科课程演进、课程标准、教科书、课程设计与开发、课程实施等多个方面，在每个领域都产生了一些研究成果。本节将梳理不同领域的研究成果，以期较为真实、客观地呈现小学社会科课程研究的基本成就。

一、小学社会科课程演进的研究

有研究者认为我国小学社会科课程演进中，其课程样态呈现出多变的特点，时而以综合课程示人，时而以分科课程出现，显示出"分科—综合—分科—综合"的螺旋式发展过程。对于小学社会科课程演进的特点及其背后的教育、社会背景，研究者对此做了大量的专题研究。

（一）不同时期小学社会科课程设置的背景研究

新中国成立至20世纪70年代，我国小学社会科处于分科设置的阶段，它包括政治、思想品德、历史、地理。历史、地理两门课程是小学社会科主体学科，政治与思想品德受当时时局的影响，学科优势地位明显，这个阶段的小学社会科课程设置基本照搬了苏联模式，带有浓厚的苏联教育制度的影子。

20世纪80—90年代，小学社会科出现了课程设置综合化的趋势，1992年国家教委颁布了《九年制义务教育全日制小学社会教学大纲（试用）》，这是新中国成立后第一次开设综合性社会科课程。对于这一变化，研究者们对其背景进行了多角度解读。有研究者从知识发展方面进行解读，认为20世纪后半个世纪，科学技术高速发展，学科间的交叉综合不断深化，各学科间的界限日趋模糊与融合，新的综合性知识不断生成，这必然要求学校课程设置的综合化。有研究者从社会需求层面解读，认为传统的分科知识和视野越来越难以解释、解决复杂的综合性社会问题，为了应对这种新情况，越来越呼唤新的综合性学科的生成，社会科课程作为直面现实社会问题的学科必然要求综合化的发展与演进。有研究者从学生发展方面进行解读，认为传统的分科课程主要适应了学生认知分析的需要，在发展学生认知综合能力方面存在不足，因此学校开设综合课程有利于学生更快地将知识纳入自己的认知结构，提高综合运用各学科知识解决问题的能力（孙宽宁，2003）。有研究者认为20世纪70年代开始流行的人本主义课程思潮，对于小学社会科的课程综合化起到了理论支持的作用。人本主义课程思潮的重要特征之一就是注重统合，提倡设置着眼于人的全部能力发展的综合课程。20世纪80年代的新学科主义课程思潮，主张重视学科结构，强调综合研究（赵明玉，2012）。

1987年，我国中央教育科学研究所多次开展专项研讨会，对开设综合课程问题进行理论探讨，此后设置综合性小学社会科课程问题被广泛讨论，并逐步明确了开设综合性小学社会科课程的背景与必要性。研究者认为设置社会科课程是社会发展的需要、是解决现实问题的需要、是培养学生形成整体认识观的需要。此外，设置综合性小学社会科课程有助于激发儿童的学习兴趣，促进儿童学习积极性；可帮助儿童吸收新知识，淘汰旧知识；发展儿童个性；帮助学生养成良好的社会责任意识；有助于减少学科门类，减轻学生的学习负担（李稚勇，2001）。

世纪之交的新课程改革重新整体设置义务教育阶段的课程，构建了分科课程与综合课程相结合的课程结构，小学阶段以综合课程为主。在小学课程中，品德与社会作为一门新型综合课程被正式推出。2002年，教育部颁布了《全日制义务教育品德与生活课程标准（实验稿）》（1—2年级）和《全日制义务教育品德与社会课程标准（实验稿）》（3—6年级）。为了贯彻《国家中长期教育改革和发展规划纲要（2010—2020年）》中坚持德育为先、立德树人的理念，2011年，《义务教育品德与生活课程标准》（1—2年级）和《义务教育品德与社会课程标准》（3—6年级）完成了修订。2014年11月，十八届中央委员会第四次全体会议拟定了《中共中央关于全面推进依法治国若干重大问题的决定》，提出把法治教育纳入国民教育体系，在中小学设立法治课程。2016年，小学德育教材名称统一更名为《道德与法治》。2017年9月1日，统编版《道德与法治》教材正式使用，至此小学社会科课程重组的阶段性目标基本完成。有研究者认为促成小学社会科课程重组的背景和原因主要可以归纳为以下三点：首先是基于国家基础教育课程改革对课程体系的整体规划，同时这种做法是符合自20世纪80年代开始的世界课程改革潮流与趋势的；其次是为了使学生在课程中所学习的知识与他们实际生活之间建立起联系，提高德育的针对性、主动性、实效性；最后是为了减少学习内容的交叉与重复，减轻学生课业负担（沈晓敏，2003）。

（二）我国小学社会科课程演变特点的研究

纵览新中国成立以来小学社会科课程设置的演变，有研究者认为我国小学社会科课程设置演变呈现出四大特点。

第一个特点是我国小学社会科课程设置从学美国、学苏联，到独立自主创设。1949年新中国成立前，我国的社会科课程深受美国教育的影响；1949

年新中国成立后，国家开始对旧有小学社会科课程进行改造与重置，参照苏联教育模式，在小学开设历史、地理等分科型课程。进入20世纪80年代，为了推行义务教育，我国开始借鉴世界各国的成功经验，独立自主地创设我国小学社会科课程体系，在小学普遍开设综合性社会科课程。世纪之交，小学社会科课程改革在借鉴世界各国课程改革的理论与成功经验的基础上，积极开展本土化的探索，最终走出自己的小学社会科课程综合化道路，在整合道德教育与社会认识教育、历史教育与社会认识教育、法治教育与社会认识教育方面作出了有益的探索。

第二个特点是我国小学社会科课程设置经历了"综合—分科—综合"的螺旋式发展过程。20世纪20年代到1949年，受美国教育的影响，我国小学社会科课程以综合性课程的面貌呈现；1949年至20世纪80年代，我国的小学社会科课程以历史、地理等分科的形式存在；到了20世纪80年代末，小学社会科课程再次走向综合；21世纪初，伴随着新课程改革的推进，开发出综合化水平更高的社会科课程——品德与生活、品德与社会。2016年，小学德育教材名称统一更名为道德与法治。2017年9月1日，统编版《道德与法治》教材正式使用，至此小学社会科课程的第三次综合得以完成。研究者将我国小学社会科课程的演进总结为"在不断地分化与整合的过程中螺旋式向前发展"。如20世纪20年代创设的社会科课程，虽然已具备了综合性与社会活动性的特点，但其整体结构线索不甚清晰。而20世纪90年代重设的社会科课程，课程的知识系统按"由近及远"的原则排列，整体结构的基本线索清晰，并且也具备了综合性与社会活动性的特点。21世纪初开始的中小学社会科课程则比20世纪90年代的社会科课程更具综合性和社会活动性，并强调了学生在学习中的主体性和研究性学习方式。小学课程结构也不只是按照单一的由远及近的顺序编排，课程结构更趋多元化（沈晓敏，2003）。

第三个特点是历史与地理知识在各个时期的综合性社会科课程中始终占有重要地位。无论是20世纪20年代至1949年的综合性社会科课程，还是20世纪80年代后的综合性社会科课程，历史与地理知识在小学社会的教学内容中占很大的比重。如 2002 年颁布的《全日制义务教育品德与社会课程标准（实验稿）》的知识目标中就明确写到要使学生"知道近代以来列强对中国的侵略给中国人民带来的屈辱和危害，知道中国人民，尤其是在中国共产党领导下救亡图存的抗争事例……""知道我国的地理位置、领土面积、海陆疆域、行政区划，台湾是我国不可分割的一部分，祖国的领土神圣不可侵犯"。

第四个特点是小学社会科课程重心逐渐由"教师的教"转变为"学生的学"，重视学生的个人成长，体现了课程价值取向的转变。有研究者将"中华民国"时期到新中国成立后的各个版本的社会科课程标准进行分析、比较，发现了这些特征。研究者认为 1988 年以前各版课程标准（教学大纲）显然是指向"教师的教"，21 世纪课程改革后的小学社会科课程标准则明显转向了"学生的学"。新的课程理念之一就是帮助学生参与社会、学习做人，这是课程的核心（赵明玉，2012）。如《全日制义务教育品德与社会课程标准（实验稿）》中指出"课程要关注每一个儿童的成长，发展儿童丰富的内心世界和主体人格，体现以育人为本的现代教育价值取向，培养他们对生活的积极态度和参与社会的能力……"品德与生活、品德与社会等社会科课程都强调以学生为主体，将儿童的生活作为课程开发、实施、评价的基础。

二、小学社会科课程标准研究

课程标准（教学大纲）是教科书编写、课程设计、教学设计等的基本依据，在小学社会科课程研究中，社会科课程标准（教学大纲）的研究是极为重要的研究主题，占据课程研究的重要位置。

（一）关于小学社会科课程性质的界定

课程性质是对课程属性的宏观、整体性的把握与界定，明晰课程性质有助于准确认识该课程在整个课程体系中的角色与功能。我国小学社会科课程时而呈现为分科课程，时而整合为综合课程。在分科课程阶段，由于小学历史、小学地理等课程背后的学科较为成熟，学科定位、功能、地位、性质等都较为明确，因此不论是在教学大纲（课程标准）中，还是在研究者的研究文献中，小学历史、小学地理的课程性质都不是研究的重要议题。比如直到1986年版的小学地理教学大纲，才在开端部分首次界定小学地理课程的性质及其意义为"小学地理课是使儿童初步认识家乡、认识祖国、认识世界地理环境概况的一门课程"，"在小学时期，使儿童从生动具体的地理事物和地理现象中，初步了解人类生存的地理环境，以及人类与人类环境的关系，获得初步的地理知识和技能，发展他们的智能，培养他们热爱生活环境、热爱祖国的思想感情，这对于培养他们成为有理想、有道德、有文化、守纪律的社会主义公民具有十分重要的意义"（朱煜、赵明玉等，2012）。作为地位特殊的小学思想品德课程，从产生之初，研究者对其课程性质、地位等就做了较为明确的界定。对于作为综合课程的小学社会科和之后品德与生活、品德与社会课程的性质，各版课程标准中都有着明确的界定与说明。因此总体而言综合课程时期的社会科课程标准对课程性质的界定，具有更好的研究价值。

有研究者对1982—2001年四版小学思想品德课教学大纲（课程标准）中关于课程性质、地位的界定进行梳理后发现：小学思想品德课程是一门分科课程，在社会科课程中的地位很重要，如1982年的教学大纲明确指出该课程的性质、地位是"用共产主义思想向小学生进行思想品德教育的一门重要课程"；1986年版的教学大纲指出该课程是"向小学生比较系统地进行共产主义思想品德教育的一门课程"，"是我们学校教育社会主义性质的一个重要标志，在小学教育中居于重要地位"；1997年首次合编的中小学德育课程的课程标准指出，九年制义务教育小学思想品德课程是"必修课程"，"是我国学校教育社会主义性质的重要标志之一"，"起着重要的指导作用"；2001年版课程标准与1997年版课程标准表述基本一致。由此可知，由于德育课程的特殊性，国家在历次德育文件里都指示应把它放在重要位置上，"甚至在特定时期'德育首位'成了实际德育工作的指针"（陈回花，2006）。

有研究者对1988年版的《九年制义务教育全日制小学社会教学大纲（初审稿）》、2002年版《全日制义务教育品德与生活课程标准（实验稿）》（1—2年级）和《全日制义务教育品德与社会课程标准（实验稿）》（3—6年级）、

2011 年版《义务教育品德与生活课程标准》和《义务教育品德与社会课程标准》中对社会课程的性质界定梳理如下：

1988 年版的《九年制义务教育全日制小学社会教学大纲（初审稿）》中指出："社会课是九年制义务教育阶段对小学生进行社会常识教育的一门重要课程。""社会课教学内容包括社会生活、历史、地理以及法律等常识。"从这些表述可以看出，1988 年版的大纲中"社会课"的重要特征就是将原有分科教学的相关社会学科进行了初步的整合，这些设置主要是为了让学生学习关于社会生活的综合性的知识，与此同时，教师的教学方法被强调应更加贴近实践。

2002 年版的《全日制义务教育品德与生活课程标准（实验稿）》中对品德与生活课程性质界定为"品德与生活课程是以儿童的生活为基础，以培育品德良好、乐于探究、热爱生活的儿童为目标的活动型综合课程"。2002 年版的《全日制义务教育品德与社会课程标准（实验稿）》中规定品德与社会课程性质为"在小学中高年级开设的一门以儿童社会生活为基础，促进学生良好品德形成和社会性发展的综合课程"。

《义务教育品德与生活课程标准（2011 年版）》对课程性质的表述较 2002 年版又有了新的变化，课程适用对象的表述更为精准，将品德与生活的课程性质表述为"品德与生活课程是一门以小学低年级儿童的生活为基础，以培育具有良好品德与行为习惯、乐于探究、热爱生活的儿童为目标的活动型综合课程"。《义务教育品德与社会课程标准（2011 年版）》对课程性质的表述则更加清晰，将品德与社会的课程性质定位为："在小学中高年级开设的一门以学生生活为基础、以学生良好品德形成为核心、促进学生社会性发展的综合课程。"如此表述，改变了上述"良好品德形成和社会性发展"并列的提法，明确了以德育为核心的理念。

研究者将 1988 年版《九年制义务教育全日制小学社会教学大纲（初审稿）》、2002 年版《全日制义务教育品德与社会课程标准（初审稿）》、2002 年版《全日制义务教育品德与生活课程标准》和 2011 年版《义务教育品德与社会课程标准》《义务教育品德与生活课程标准》中的"课程性质"加以比较与分析，得出以下结论：

第一，小学社会科课程的综合化程度越来越高。1988年版的大纲中规定："社会课教学内容包括社会生活、历史、地理以及法律等常识。"这是对原有分科课程内容的初步整合，从其"教学内容要点"的规定中可以看出，当时小学社会课程内容的整合是一种知识拼盘式的整合。与之相比，2002年版的《全日制义务教育品德与生活课程标准》《全日制义务教育品德与社会课程标准》不仅仅是将品德与社会（生活）课内容简单地合并，而是显示出更广泛、更高程度的综合——"将品德、行为规范和法治教育，爱国主义、集体主义和社会主义教育，国情、历史和文化教育，地理和环境教育等有机融合"；2011年的《义务教育品德与生活课程标准》《义务教育品德与社会课程标准》将课程性质直接表述为"综合性"，并在课程内容的组织安排方面打破原有的简单拼合做法，巧妙地将社会生活中的各个相关知识"点"与儿童生活的不同"面"形成有机融合。

第二，小学社会课程的社会实践性特点越来越清晰。1988年版的大纲中指出，"要注意教学与实践相结合。社会课与社会生活有着密切联系，应安排一定时间、根据当地实际情况，积极引导学生参加必要的参观、访问、社会调查等实践活动"。一直以来，人们对于社会课程的实践性质的认识是毋庸置疑的，但是如何理解社会课程的实践性，又如何将这种实践性体现在课程教学过程之中却是其中的关键。1988年版的大纲提出了"教学与实践"相结合，但"教学内容要点"中的大量需要"知道""学会"的知识点却挤压了"实践"的空间；在1994年版大纲的修订过程中，许多知识点的学习被降低了难度或进行了整合，当时的修改正在努力地使社会课程有机会贴近实践。而2001年版、2011年版的课程标准对相关学科知识进行了有机融合，大大提升了学科的综合性与可活动性，逐渐开辟出一条引领学生走向实践、走向社会生活的渠道。

第三，小学社会课程标准中的德育地位不断上升。1988年版大纲中规定：

"开设社会课，对于贯彻德、智、体、美全面发展的教育方针，培养有理想、有道德、有文化、有纪律的社会主义公民，提高全民族的素质，有着重要意义。"这表明，德育是小学社会科中的重要主题。2002 年版《全日制义务教育品德与生活课程标准》《全日制义务教育品德与社会课程标准》都将培养学生的良好品德作为本课程的重要主题与目标，指出小学社会科课程是促进学生良好品德形成、社会性发展以及良好生活态度的综合课程，而 2011 年版《全日制义务教育品德与生活课程标准》《全日制义务教育品德与社会课程标准》将小学社会科课程性质表述为："品德与生活是一门以小学低年级儿童的生活为基础，以培育具有良好品德与行为习惯、乐于探究、热爱生活的儿童为目标的活动型综合课程。""品德与社会是在小学中高年级开设的一门以学生生活为基础、以学生良好品德形成为核心、促进学生社会性发展的综合课程。"此处所谓"核心"，并非仅从课程内容方面强调品德教育的重要性，而是突出强调在各科知识的综合教学过程中应以培养学生的良好品德作为重要目的（朱煜、赵明玉等，2012）。

（二）关于小学社会科课程标准的解读与学习体会

对于不同时期、不同版本小学社会教学大纲与课程标准的解读，这里将梳理并呈现具有代表性的研究及其观点。

1956 年，我国颁布了第一套完整的小学历史教学大纲和小学地理教学大纲，即《小学历史教学大纲（草案）》《小学地理教学大纲（草案）》，一些研究者对这两部苏联风格浓厚的大纲进行了研究与解读。有研究者认为 1956 年版《小学历史教学大纲（草案）》按照社会发展阶段和年代顺序进行编写，采用中外历史合编的形式；大纲以历史唯物主义观点为指导，具有明确的指导思想；大纲注重文化史和民族史的内容；重视知识的学习与复习等特点（朱煜、赵明玉等，2012）。部分研究者结合自身的工作，谈了对 1956 年版《小学历史教学大纲（草案）》的学习体会。如有一线教师聚焦历史教学中"如何通过具体事实的叙述，启发儿童的积极思维"这一教学难点，通过大纲的学习，提出三个心得体会，即掌握具体事实进行系统的叙述；利用已有事实，进行具体形象的讲述；引导儿童理解历史事实，自觉得出结论。也有历史教研员在钻研学习大纲后，初步体会要"在一课时内教完一课历史课文"就必须做到以下几个方面，即根据大纲的要求深刻钻研教材，明确教学目的，正确理解各课的内在联系；必须根据各课的教学目的，掌握教材的重点；教师在教学中语言要简洁、通俗、生动；教师教学要有条理，应适度利用教材中的插图和历史地图。

有研究者将1956年版《小学地理教学大纲（草案）》与1950年的暂行标准课程目标进行比较，发现1956年版大纲中的知识目标不再局限于一般地理常识，还要求掌握相关地理事物和地理现象变化间的规律性；技能方面的要求从学会绘制地图提高到定方向和运用地图等技能技巧；思想教育目标层面除培养儿童的爱国主义精神外，还增加了培养儿童的国际主义精神（朱煜、赵明玉等，2012）。有研究者结合实践，阐述了对《小学地理教学大纲（草案）》的学习心得，认为在教学过程中，要采取各种教学方法，使儿童获得大纲所规定的地理知识，初步培养学生辩证唯物主义的世界观，使儿童认识到祖国的伟大和建设社会主义的美景，培养他们对祖国的无限热爱，激发他们献身祖国建设事业的崇高愿望，这样就能贯彻大纲的精神，完成地理教学的任务（吕本太，1957）。刘国光阐述了对大纲学习的体会，认为通过大纲的学习使他明确了地理教学的任务以及完成各教学任务的途径（刘国光，1957）。

1963年，教育部颁布《全日制小学历史教学大纲（草案）》，它改变了新中国成立初期照搬苏联大纲的做法，是新中国第二个小学历史教学大纲。有研究者认为该大纲观点明确、编写简明，有着鲜明的特点，即更加注重基础知识，肯定个别历史人物在历史上的积极作用，承认客观存在的朝代名称、帝王庙号，大幅增加世界历史的内容以及注重乡土历史的教学。

同年，《全日制小学地理教学大纲（草案）》颁布，对于这次地理学科的改革的价值，有研究者认为由于我国十二年制中小学校的地理课程设置采用螺旋式上升的结构，避免了教学内容上的重复。由于自然地理知识和经济地理知识能够有机结合，减少了课程数，节约了教学时间。再加上将技能训练与复习课有计划地安排在课堂教学中，有效地减少了学生的课外负担（王钧衡，1964）。

1978年，教育部颁布《十年制学校地理教学大纲（草案）》，地理在小学五六年级开设。1986年的《全日制小学地理教学大纲》是新中国第三个历史教学大纲，有研究者认为该大纲具有明显的过渡性质。

1982年教育部颁布《全日制五年制小学思想品德课教学大纲（试行草案）》，这是新中国第一部小学思想品德课教学大纲。1986年国家教委颁布《全日制小学思想品德课教学大纲》，这是新中国第一部正式确立的小学思想品德课教学大纲。有研究者通过对两版大纲的比较分析，认为1986年版大纲特点表现为：第一，进一步明确了小学思想品德课的性质、地位和作用。1986年版大纲中指出，"思想品德课是向小学生比较系统地进行共产主义思想品德教育的一门课程。它是我们学校教育社会主义性质的一个重要标志，在小学教育中居于重要地位。它对引导学生从小逐步形成良好的思想品德，促进学生在德育、智育、体育、美育等方面全面发展，具有十分重要的作用。"第二，形成了小学思想品德课的核心内容。大纲强调"对小学生进行爱国主义教育、革命传统教育、集体主义教育、劳动教育和共产主义理想的启蒙教育；注重良好行为习惯和能力的培养"。第三，根据小学生的知识水平和接受能力，适当删减了1982年颁布的《全日制五年制小学思想品德课教学大纲（试行草案）》"教学要点"部分要求过高的一些内容，使小学思想品德课的教学要求更加明确，更加具有针对性，从而能更符合小学生的年龄特点。第四，为了加强小学思想品德课的建设，1986年版的大纲中增加了社会主义民主和法制观念的教育以及良好的意志、品格教育等内容；还增加了"大纲实施"部分，对思想品德课教师队伍建设、教材、教研等工作也做了明确的规定（陈回花，2006）。

1986年颁布的《全日制小学历史教学大纲》是改革开放以来的第一个、也是最后一个小学历史教学大纲。有研究者指出该大纲有注重爱国主义教育、教学内容以中国历史为主、教学内容适应小学教学特征、对乡土历史教学比较重视等基本特点。

1988年，新中国第一部小学社会科教学大纲《九年制义务教育全日制小学社会教学大纲（初审稿）》颁布，有研究者认为这版大纲中社会课程的重要特征就是将原有的分科教学的相关社会学科进行了初步的整合，小学社会科的设置是为了让学生学习关于社会生活的综合性知识，教师在教学方法上更加强调贴近实践（朱煜、赵明玉等，2012）。一些研究者对该教学大纲进行解读，如大纲制定者吴履平等人从小学为什么开设社会课、小学社会课的教学目的和要求、小学社会课教学内容的确定、教学中应该注意的问题，四个大的维度对该版教学大纲的基本精神进行说明性解读，最后他也表示如何领会小学社会科教学大纲的基本精神，以实现小学社会科的教学目的，需要我们（大纲制定者）与广大教师共同探讨（吴履平，1992）。有专家提出社会科是九年义务教育阶段对小学生进行社会常识教育的一门重要课程。《小学社会教学大纲》是小学社会科教学的主要依据。学习小学社会教学大纲，要充分认识其综合性、常识性、思想性、实践性、直观性、渐进性、交叉性、机动性等基本特征，以此来指导本学科的教学实践（李维枢，1997）。

有研究者将1992年版的《九年义务教育全日制小学社会教学大纲（试用）》、1997年版的《九年义务教育小学思想品德课和初中思想政治课课程标准（试行）》和2001年版的《九年义务教育小学思想品德课和初中思想政治课课程标准（修订）》进行整体研究，认为这一时期的中小学思想品德课课程标准具有如下特点：第一，思想品德课的性质、地位和作用更加明确。2001年版课程标准指出，"九年义务教育小学思想品德课和初中思想政治课是对学生系统进行思想品德教育和初步的马克思主义常识教育，以及有关社会科学常识教育的必修课程，是学校德育工作的主导渠道，是我国学校教育社会主义性质的标志"。第二，1997年版《九年义务教育小学思想品德课和初中思想政治课课程标准（试行）》是自1980年以来德育课程教学大纲改革史上首次将"教学大纲"改称为"课程标准"，并且首次把小学思想品德课与初中思想政治课作为一个整体来设计。2001年版课程标准根据九年义务教育的要求，将初中学段和小学学段联系起来，小学学段、初中学段和高中学段在整体上相互衔接，统一考虑教育要求、教学计划、课程设置、教学内容等，这是体制上一个重大改革，实现了中小学德育的整体衔接。第三，能灵活地适应不同学制。2001年版课程标准改变了1997年版课程标准以六三学制为基准，统筹安排了一至九年级的教学内容，将小学一至二年级、三至五年级、六年级、初中七至九年级，划分为四个教育教学阶段，这些内容能同时适用于六三学制、五四学制和有些地方仍在施行的五三学制（陈回花，2006）。

2002年，教育部颁布《全日制义务教育品德与生活课程标准（实验稿）》《全日制义务教育品德与社会课程标准（实验稿）》。对于这个版本的社会科课程标准，有研究者解读到，《全日制义务教育品德与社会课程标准（实验稿）》各部分的修订重点分别为："前言"体现时代性和先进性；"课程目标"体现合理性和全面性；"内容标准"和"活动建议"体现明确性和可行性；"实施建议"体现实用性和普及性。课程的设计思路是一条主线，点面结合，综合交叉，螺旋上升。"一条主线"即以学生的生活发展为主线；"点面结合"的"点"是社会生活的几个主要因素，"面"是学生逐步扩展的生活领域，在面上选点，组织教学内容；"综合交叉，螺旋上升"指的是每一个生活领域所包含的社会要素是综合的，螺旋上升的（高峡，2003）。有研究者认为品德与社会课程倡导融合性、综合化的课程理念，这体现在课程内容的综合性、学习方式的综合性、课程目标的综合性三个方面（张茂聪，2002）。品德与社会课是基础教育课程改革设置的一门新课程，也有研究者阐释自己学习和实施课程标准的意见。一是明确课程性质，全面把握课程目标；二是品德教育要回归生活，突出课程的经验性；三是追求教学的有效性，打好做人的基础；四是建立新的教学观，引导学生自主学习；五是实现评价改革，促进学生发展；六是加强课程管理，保证教学质量（吴慧珠，2003）。有研究者指出品德与社会课程的基本理念是帮助学生参与社会、学习做人；儿童的生活是课程的基础，教育的基础性和有效性是课程的追求；品德与社会课程要关注每一个儿童的成长，发展儿童丰富的内心世界和主体人格，体现以育人为本的现代教育价值取向；培养他们对生活的积极态度和参与社会的能力，成为有爱心、有责任心、有良好的行为习惯和个性品质的人（高峡，2012）。

对《全日制义务教育品德与生活课程标准（实验稿）》的解读也是当时的研究热点，有研究者提出品德与生活的课程设计与开发体现了新一轮国家基础教育课程改革的理念和精神，对课程形成的背景、课程性质、设计思想等做了详尽的叙述，比如解读到儿童与自我、儿童与自然、儿童与社会是课程设计的轴线；健康安全地生活，积极愉快地生活，负责任、有爱心地生活；动脑筋、有创意地生活四个层面的生活是对儿童生活内容、生活态度和生活方式的要求等（熊素芳，2003）。也有研究者提出"道德存在于儿童的生活中"的德育观；强调"为儿童形成积极的生活态度、生存能力打下良好基础，为他们形成健全的人格和正确的价值观、人生观打下基础"的基础观；强调"珍视童年生活的价值，尊重儿童的权利"的儿童观；强调"在与儿童生活世界的联系中建构课程的意义"的课程观是品德与生活课程的灵魂之所在（陈光全，2003）。

2011年，《义务教育品德与生活课程标准（2011年版）》《义务教育品德与社会课程标准（2011年版）》正式颁布，它是对2001年版课程标准的进一步完善，标志着我国小学社会科课程由此走向深度整合。有研究者对《义务教育品德与社会课程标准（2011年版）》作了修订说明。修订的原则为强调公民素质的时代性、以学生的发展为本、重视儿童的社会性发展。关于修订的内容，在"课程性质"部分突出了德育核心的课程理念，增加了综合性、实践性和开放性的具体陈述，使课程性质更加明确、清晰；在"课程理念"部分，增加"以社会主义核心价值体系引导学生的道德发展"的内容；使"课程目标"更为精准、合理且具有操作性；"课程内容"部分力求明确、可行；"实施建议"部分则重在精细化，目的是明确方向、便于实施（赵亚夫，2012）。研究者基于新旧课标的对比，对新版课标进行详细解读，认为与"老版课标"相比，"新版课标"价值引导的指向性更明确、对教学的指导更具体、在评价方式上更务实（汪晓勇，2012）。也有研究者从课程目标的角度来解读2011年版课标与2002年版实验稿课标的差别，并在此基础上提出相应的教学建议，认为此次品德与社会课程标准的修订在课程目标方面体现出以下特点及教学理念：注重社会主义核心价值观的渗透，教师要引导学生形成正确的价值观；目标指向培养合格的社会公民，教师需通过各种方式帮助学生初步形成公民意识；目标总体难度有所降低，教师需根据学情进一步分解课程目标（范敏，2013）。

关于《义务教育品德与生活课程标准（2011年版）》，有研究者撰文对新课程标准的修订进行说明，提出在具体修订过程中，始终贯彻将社会主义核心价值体系融入课程标准、以儿童发展为本、方向性与操作性统一等三条基本原则；同时对结构、前言、课程目标、内容标准方面的具体修订内容进行详尽说明（李季湄，2012）。有研究者从德育源于生活的本体、德育寓于生活的认识、德育超越生活的价值等三个维度对2011年版课标所阐发的生活德育理念进行解读：我们的德育应基于儿童生活；在儿童生活中进行；应引导儿童扩展、提升其生活经验和生活能力（陈光全，2012）。有研究者从理念、具体内容和操作建议三个方面谈对课标的认识：认为在理念上强调良好品德的重要性、强调综合性、强调以儿童发展为本；解读了新旧课标内容的变化及其原因；提出了牢固树立正确的学生观和教学观、明确课程性质和课程目标等操作建议（韩秀梅，2012）。

有研究者通过对1988年版大纲、2002年版课标、2011年版课标的比较研究，发现2002年版课标与2011年版课标在文本结构、课程目标、课程内容、课程实施、教学评价等方面叙述更加详尽，突出了课程标准的指导性作用，对教材编制者与一线教师有着更好的指导意义。在课程目标设计方面，1988年版大纲是按照知识、能力、情感与价值观这样的逻辑顺序进行组织编写；2002年版、2011年版课标是将学生的情感、态度、价值观置于首位，能力目标次之，知识目标居后。三个版本有着显著差异，这种差异的背后是我国2000年以后教育理念的变革。1988年版大纲是基于"教师教"的角度设计，2002年版和2011年版课标则是基于"学生学"的角度设计。在课程内容方面，2002年版和2011年版课标较1988年版大纲具有体现以学生为主体的改革思想、课程内容组织以三维目标作为内在逻辑、课程内容表述清晰明确、时代性与时效性增强等特点。在课程价值取向上，2002年版和2011年版课标较1988年版大纲更加受到学生中心课程理论的影响，主张基于学生的兴趣、爱好、动机、需要、能力、态度等进行课程编制；从1988年版大纲的"知识中心"价值取向转变为"学生中心"价值取向（朱煜、赵明玉等，2012）。

有研究者以小学"社会课"教学大纲（课程标准）中的"社会架构"为比较主题，将中国大陆1992年版《九年义务教育全日制小学社会教学大纲（试用）》与中国台湾1993年版小学"社会课"课程标准（1993年9月颁布于《国民小学课程标准》中）进行比较分析，作者剖析了中国大陆和中国台湾各自为小学生认识社会所提供的社会架构的特点，并讨论了今后中国大陆小学社会课程标准在提供社会架构方面的可改善之处。台湾"社会课"课程标准对大陆社会科的启示是增补"社会范畴"、增赋文化意蕴、增加"个体"与"社会"的关联、增添反思成分、增强结构化程度（吴康宁，2001）。

（三）国外课程标准研究与中外课程标准比较

研究者们一般聚焦中外小学社会课程标准全部文本或部分文本，运用文本分析等方法，从课程标准的制度背景、基本理念、框架结构、课程目标、课程内容、课程实施与评价等方面，对中国与他国课程标准进行比较，概括分析二者间的异同，提出有利于完善我国课程标准的建议或启示。

1.美国课程标准解读与中美小学社会科课程标准的比较

有研究者对美国1996—1997年各州社会学科课程标准改革进行研究，指出美国的国家及州制定的社会学科标准大致归纳为三种建构模式，即国家委员会制定的国家社会科课程标准、社会学科标准、历史社会学科标准，通过对三种模式的对比评述，认为国家社会科课程标准的成功在于提供了一个完整的社会学科课程构架，对执行目标进行了详细的说明，列出了每门学科的标准，这就使得各州有根据本州特色进行自由选择的余地；社会学科标准强调综合的思维分析方式和科学的调研方法，有助于实现跨越社会学科界限的学习；在历史社会学科标准中，历史学科处于十分重要的地位（谭利华，1999）。

有研究者对 1994 年版美国社会科国家课程标准进行解读，指出 20 世纪 80 年代末，受到"回归基础"的课程改革影响，美国社会科强调进行基本知识、基本技能与价值观教育，启动了"基于标准的教育改革"；社会科国家课程标准体现了课程综合性的原则、采纳了通盘连贯性架构、能够确保在统一标准下保持多元化；认为我国可以借鉴国外社会科课程标准与教材编制的思路（孙捷，2003）。有研究者关注美国社会科国家课程标准中的"公民教育课程"，认为在"以标准为本"的课程改革运动中，美国社会科国家课程标准中"为培养出更加富有行动能力和责任感的公民"的主导思想、内容主题与结构，都体现出不同于传统社会科的"同心圆扩大"的构建方式，认为"全美标准"所展现出的社会科是体系化的，它不仅以主题统整的"领域课程"的面貌贯穿基础教育始终，而且在主题内容之间的相互关联和不同学段之间的衔接都体现出层次性（高峡，2008）。

有研究者对 2010 年版美国社会科课程标准进行介绍与评析，指出 2010 年版课程标准旨在为社会科的教学、学习和评估提供一个框架。与 1994 年版的社会科课程标准相比，2010 年版的课程标准对整体性要求更强，其结构更完整；对目标的递进性要求更清晰，强调其可操作性；在附录中更突出有效性要求，强调公民教育，强化基本能力的培养（阿丽叶·哈力木拉提，2015）。

有研究者对 2005 年版美国《加州公立学校历史—社会科课程标准（K-12）》进行研究，分析解读了该课程标准的内涵，认为该课程标准从结构安排到内容组织都体现出较高的明晰性和具体性，总结出该课程标准具有制定依据基于科学理论与方法、编制理念强调读者意识与标准功能、研制保障注重多元化学术团队协作、修订完善得益于持续与开放的过程与机制等优点（刘宏福，2013）。

有研究者对中国品德与社会和美国俄亥俄州社会科课程标准从结构、整体设计、目标陈述、内容组织、编排方式、价值取向等多个方面进行了比较，认为二者都以塑造合格公民为主旨、属于综合课的类型、课程内容强调螺旋式的组织、体现了"以学生为中心"的理念以及课程内容与学生生活密切联系。二者的区别是美国俄亥俄州把 K-12 年级作为一个整体来设计，而中国把 3 至 6 年级作为一个整体来设计；美国俄亥俄州社会科课程标准强调思维训练，中国品德与社会课程标准强调道德训练；美国俄亥俄州社会科标准体系比较具体，易于测量与实施，中国品德与社会课程标准体系比较笼统，不便测量与评估，但更强调综合性；美国俄亥俄州品德与社会课程标准采用多维度组织，以多种方式来排版，中国品德与社会课程标准是单维度、一种方式排版（于康平，2008）。

有研究者对中国《义务教育品德与社会课程标准（2011 年版）》和《加州公立学校历史—社会科课程标准（K-12）（2005 年版）》进行比较研究。文章从课程标准制定背景、课程标准基本框架、课程目标、课程内容等方面进行对比，认为加州"历史—社会科"课程标准重视课程目标与课程内容的整合，注重课程内容的衔接；重视历史教育的作用；课程标准制订过程注重多方合作、集思广益；课程标准的推行注意统一性与多样性相结合等（李欢，2015）。

通过研究与比较，研究者们提出了美国社会科课程标准对我国的启示，如认为美国社会科课程标准（2010 年版）对我国历史、社会科课程在其整体构建、公民教育定位等方面均有着积极的借鉴意义（阿丽叶·哈力木拉提，2015）。借鉴主题统整的课程建构，弥补传统社会科"同心圆扩大"的构建方式的不足。更加重视课程内容的衔接，加强课程目标与课程内容整合，增强课程标准制定过程中的多方合作等（李欢，2015）。

2.中国与英国、加拿大等英语国家小学社会科课程标准的比较

有研究者将中国的《义务教育品德与生活课程标准（2011 年版）》《义务教育品德与社会课程标准（2011 年版）》和英国的《个人、社会与健康教育课程标准（2011 年版）》(简称 PSHE 课程标准）进行比较，研究显示在课程标准

的结构框架方面,两国有相似的组成板块,均体现了阶段性与整体性相结合,但是框架体系的详细程度与划分思路有一定的差异;在课程标准性质方面,二者都突出综合性与生活性的特点;在课程标准的目标方面,两国均重视道德教育和社会能力的培养,强调学生的主体性发挥,但是中国课程标准的目标表述更具有层次性,英国课程标准的目标表述更易理解与操作;在课程标准内容方面,二者都注重内容难度螺旋上升,强调根据学生的身心发展特点设置课程内容,以学生的生活为基础来开展学习,但是英国的课程标准更注重多学科渗透、自主开放和学生思考能力的培养(李妍,2015)。另有研究者认为在课程目标方面,两国都注重学生基本生活能力的培养,都重视学生情感态度与价值观目标培养;在课程标准的呈现方式、阶段划分、政治色彩方面存在差异;在内容选择上都注重健康生活方式和基本社会规范的培养;在内容组织上都呈现"螺旋上升"的态势。但是英国对课程内容的选择更具真实性与全面性;课程内容的组织更具平衡性;课程内容呈现方式的灵活性低于我国(宋亚会,2016)。

通过比较,研究者们提出了英国《个人、社会与健康教育课程标准(2011年版)》对我国的启示,如强化我国社会科课程的公民教育;增强课程标准目标实施的可操作性;加强对个体发展与健康教育的关注;发挥社会科课程的多学科渗透优势;促进课程评价的实际应用(李妍,2015)。课程标准的设计应进一步基于学生真实的生活;应进一步彰显社会主义核心价值观;应继续强化社会基本规范与原则的教育;应进一步体现灵活性、时代性、开放性与国际性(宋亚会,2016)。

有研究者对《加拿大安大略省小学社会课程标准(2013年修订版)》进行解读,通过与2004年版的社会课程标准对比,发现修订后的课程标准是以培养公民素养为核心重置课程目标、围绕核心概念构建课程框架、依据公民素养要求组织课程内容系列、强调课程过程性评价。同时修订后的课程标准特点主要有:课程理念关注学生成长,重视培养公民素养;课程内容设置注重整体性,国家认同与全球意识并重;课程目标制定详细,形成性评价方式占主导等（谢欧，2015）。研究者将《安大略省小学社会课程标准（2013年修订版）》与我国《义务教育品德与社会课程标准（2011年版）》进行比较并发现：中国是在基础教育课程改革发展的基础上发展社会科课程并制定社会科课程标准的；加拿大则是在培养学生的公民素质、促使学生为社会服务的目的基础上，开始注重发展社会科课程并制定相关的课程标准的。中国课标的框架结构更为清晰，但加拿大课标的框架结构更能体现教育全局观念。两国的社会科课程目标内涵和呈现方式存在不同，但两国都注重培养学生的能力，重视公民教育。加拿大社会科课程标准更注重学科思维，更加注重对学生进行环境教育，培养学生爱护环境的良好习惯（潘姣姣，2015）。研究者将《义务教育品德与生活课程标准（2011年版）》《义务教育品德与社会课程标准（2011年版）》与加拿大魁北克省、安大略省、不列颠哥伦比亚省小学社会课程文件（其中最重要的是课程标准）中的课程目标、课程内容、课程实施进行比较，发现在目标与内容方面，两国都从各自的价值观念出发，强调公民素质教育；从各自的历史与国情出发，提出适合各自社会发展需要的目标要求；从各自的教育教学实际出发，提出能力培养与发展方面的目标要求，并且在课程内容组织模式上也强调综合化与多样化。在课程实施上，我国对传统教学模式更加依赖，对教师的权威性也予以较大程度的保留；加拿大则较为注重具有探究性与反思性的教学模式，在教学中也更注重凸显儿童的主体性（谢欧，2015）。

通过比较研究，研究者们提出了加拿大课程标准对我国的启示，如重视社会科课程标准的独特价值，丰富社会科课程资源；结合时代发展，沟通小学社会科课程与其他学科课程之间的内在联系；运用多种评价方式评价学生，重视学生身心等方面的发展；重视特殊儿童个体，关注儿童个性发展（潘姣姣，2015）。在未来的小学社会课程建设中，我们应从"完人"的公民素养出发，横向上合理平衡设置三维目标，纵向上设置层次更为清晰的分级目标以保障目标实施的可操作性，补充完整的课程内容选择，构建多样化一体化的课程结构。社会课程关注的焦点是"人"，应该在"师生双主体"的基础上，以知识与技能，过程与方法，情感、态度与价值观三个目标的协调统一为出发点，建构社会课程开放式的实施模式（谢欧，2015）。

有研究者将我国《义务教育品德与社会课程标准（2011版）》与澳大利亚新南威尔士州的 Human Society & It's Environment K-6 Syllabus 社会科课程标准进行比较并发现：中国的社会科课程标准的框架结构简练概括、重点突出，新南威尔士州的社会科课程标准采用单线条式的呈现模式，较为直观立体。两国均强调培养合格的公民，强调学习有价值的课程内容。两国的三维目标都体现出综合性，也都重视思想道德建设。两者均重视阶段性和整体性的统一，都关注学生生活发展的主线。两者都关注到了课程的适用性和发展性，采用多样化的评价方式。其启示有，关注课程标准辅助性资源开发，构建强有力的课程标准评价体系等（孔明英，2015年）。

3.中国与其他国家小学社会科课程标准的比较

有研究者对俄罗斯1995年版小学人文社会课程教育标准进行评介，对该标准的颁布背景、内容等作了详细的说明，认为该标准是苏联解体后俄罗斯初等教育人文化、个性化的重要标志。在培养目标方面强调除了掌握基本的学习能力外，还要形成对周围世界、伦理和道德标准的个人态度。从内容方面主张以自身的知识和人与他人关系的知识为线索，遵循儿童从简单到复杂、从初级到高级、从具体到抽象的思维发展规律，通过对人外表、生理特征、感知觉的认识以及对人们日常生活和简单劳动特点的了解构建儿童对人、对社会基础的具象概念体系。启示是能够为我国小学社会科教育科学化、标准化提供理论参考（张丹华等，1998）。

有研究者将中国《义务教育品德与社会课程标准（2011年版）》与日本2011年《小学社会科学习指导要领》进行比较研究，发现中日两国在课程目标方面都强调学生情感与社会性的发展，重视合格公民素养的培育；在课程内容方面，中国的社会课程从六个主题出发进行介绍与解释，日本则是从不同学年进行划分；在实施建议方面，二者的教学建议的准确性不同、课程评价的侧重点不同、教材编写的建议不同。对我国的启示是加强课程目标与内容的具体化；加强社会科与相关学科的衔接；在课程标准制定中加强对非智力因素的关注（吴岳，2013）。

有研究者将中国《义务教育品德与社会课程标准（2011年版）》与韩国《社会科课程标准（2007年版）》进行比较，发现两国都注重以学生生活为基础的社会能力的培养，重视培养作为合格公民所应具备的素质；在课程内容的体系结构和具体内容方面，我国的品德与社会课介绍并阐述了六个主题，而韩国社会科课程内容是按照不同学年进行划分的。对我国的启示是改善课程编排体系的连贯性；注意挖掘我国优秀的传统文化资源；着重体现回归生活的课程理念；设置主题多、学习量少的课程内容与探究活动；注重自主、合作、探究等学习方式的培养；开发多样化的课程资源；加强社会科教师队伍建设（陆艺，2015）。

有研究者将中国的《义务教育品德与社会课程标准（2011年版）》与新加坡《品格与公民教育（小学）》进行比较，发现在课程标准基本思想方面，两国都强调"以生为主"，注重回归生活，寓道德教育于各科教学之中，注重学科渗透；在课程目标方面，两国共同注重能力的培养，共同关注情感、态度、价值观的培养，但课程目标具体化程度不同；在课程内容方面，两国都注重学生的生活经验，按"同心圆"结构划分，以学生的生活经验作为学习情境，但课程具体内容的构成和具体化程度不同；在课程评价方面，两国均采用多元的评价方法，采用发展性和激励性评价，关注学生的个别差异，促进学生发展，但课程评价的侧重点不同。对我国的启示是加强国家意识和共同价值观的培养；课程内容既突出儒家传统文化，又要结合西方文化的精华；课程实施上强调品格教育与公民教育并重；课程教学中强调家长是主要的合作伙伴；加强道德实践，逐步完善德育评价标准；等等（黄雯雯，2015）。

有研究者将我国的《义务教育品德与社会课程标准（2011年版）》与印度2006年颁布的《环境课程教学大纲》和《社会科学课程教学大纲》进行比较，发现两国的社会课程标准框架都呈现出较强的系统性与层次性；两国社会课程内容的划分依据不同，我国的社会课程是以主题的不同进行课程内容的划分,而印度的社会课程则以学年为依据进行课程内容的划分;我国社会课程评价的系统性突出,但实施建议部分中教学建议的准确性不足,印度社会课程教材的编写建议更加具体。对我国的启示是课程目标与课程内容要进一步具体化;课程内容要注意整合优秀的传统文化资源;社会课程教学活动的针对性需要加强(黄伟,2015)。

总览部分国家与地区小学社会科课程标准比较研究,可以发现大多数的文本比较都是从背景、框架结构、课程目标、课程内容、课程实施与课程评价等方面比较不同课程标准的异同,最后提出完善我国课程标准的建议。研究者主体是小学教育或课程与教学论专业研究生,这些研究较好地填补了小学社会科课程标准比较研究的空白,开拓了课程研究的视野,丰富了我国小学社会科课程标准研究的资料储备。

三、小学社会科教材的研究

教科书(或教材)是根据教学大纲(或课程标准)编制的、系统反映学科内容的教学用书。在学校教育中,教材是学生获取知识的主要来源和教师教学的主要依据,因此教材的质量直接影响着教学的质量。

(一)小学社会科教材发展历史与建设研究

1980年以前,我国中小学教材实行国家统编制,采用"一纲一本",教材编制权在国家。1986年《中华人民共和国义务教育法》颁布,该法提出"义务教育事业,在国务院领导下,实行地方负责,分级管理"。1988年春,国家教委颁发了九年义务教育全日制小学和初级中学各科教学大纲初审稿,作为编写义务教育教材的依据。九年义务教育教材编写进入"一纲多本"时代,即在国家规定的教育方针和教学大纲基本要求的基础上,鼓励各地提出自己的编写计划。2016年,中共中央办公厅、国务院办公厅联合印发了《关于加强和改进新形势下大中小学教材建设的意见》,从制度层面明确了教材建设是国家事权。2017年7月,国务院发布通知,决定成立国家教材委员会。这是新中国成立以来首次设立的相关委员会,意味着语文、历史、思想品德三科教材"一纲多本"时代的结束，三科教材的编写回归"统编统审""一纲一本"。

1.小学社会科分科时代的各科教材发展历史与建设研究

从1949年到2000年，广义的小学社会科处于分科设立阶段，历史、地理、社会和思想品德（早期也称为政治课）是社会科中最主要的课程，有研究者对小学历史、地理、社会、思想品德课教材建设情况进行了研究。

有研究者通过梳理指出，1949年以来我国小学历史教材主要有1950年的《新编高级小学历史课本》和《高级小学历史课本》、1956年的《高级小学课本·历史》、1959年的《高级小学课本·历史》、1961年的《高级小学课本·历史》、1962年的《十二年制学校高级小学课本·历史（试教本）》、1981年的《全日制五年制小学课本·历史（试用本）》、1984年的《小学课本·历史》、1991—1992年的《小学课本·历史》等，它们是小学历史教学的主要课程资源，其理念、内容、价值取向等方面的变迁与我国的国情、时代的发展相适应，也与世界教育变革大潮相呼应。

研究者认为1950年的《新编高级小学历史课本》以新民主主义教育方针为指导，剔除了与新中国教育相左的内容，教材内容简明扼要，段落清晰，主题明确，文字浅显易懂。1950年的《高级小学历史课本》对《新编高级小学历史课本》改动较大，不仅课文标题基本被改动，对课文标题下的子标题也进行了改动。1956年的《高级小学课本·历史》与前套教材相比有了明显变化：教材内容分时代编排；课文内容选择上，不再局限于政治史方面，也增加了社会生活、经济史、文化史方面的内容；教材的文字表述相比之前的更加浅显，语言描述更加生动，注意适应小学生的理解能力，教材增加了大量插图。1962年的《十二年制学校高级小学课本·历史（试教本）》采用了不同于先前的课本体例，它以课为单位，课文叙述以事件、人物为主，文字精练，生僻字、地名有拼音注释，克服了以往教材单纯讲述史实，缺乏生动叙述的缺点，内容更加丰富生动。1981年的《全日制五年制小学课本·历史（试用本）》采用了"以点带面"的写法和中外历史合编的方式，是对前期历史教材的一次重要创新。1984年的《小学课本·历史》除延续了上一版教材的写法和编写方式，也注意到历史教材编写要与时代发展相适应，十分重视选用具有爱国主义教育意义的课程内容。1991—1992 年的《小学课本·历史》是最后一套小学历史教材，它注重对学生进行爱国主义教育，注重落实"两史一情"教育（朱煜，2012）。

1949 年新中国成立以来，我国先后编写发行多套小学地理教材，每套教材都是当时时代发展的产物，有其独特的研究价值，有研究者对这些教材特点进行了一一梳理：1952 年的《高级小学地理课本》，是 1949 年前华北人民政府教育部教科书编委会根据王毓梅等人编写的《高级小学地理》改编而成，其体系和结构与新中国成立前的旧教材基本相同，不同的思想理论充斥于教材中。1954—1955 年的《高级小学课本·地理》（1—4 册）是新中国第一套系统的、供全国使用的小学地理教材，这套教材以苏联十年制完全中学和七年制学校地理课本为蓝本并依据教育部的文件，结合我国实际进行编写，重视对学生进行辩证唯物主义、爱国主义、国际主义观点的教育，重视培养学生运用地图和观察自然现象的技能；在体系上把小学、初中、高中三个阶段的内容做了分工，小学讲授地理常识等。1981 年人教社的《五年制小学地理课本（试用）》编写原则是作为小学地理的选材，应该是属于常识范畴内最基本的地理知识，也是适用性最强的知识；小学地理教学，不应该只是书本知识的传授，也应该使学生在力所能及的范围内，获得掌握知识的技能；思想政治教育和地理知识教育应该是统一的、有机联系在一起的；注意小学生的年龄特征。这个时期的教材内容追求精要；既注重对传统的基础知识的选择，也注重地理学科新发展和对社会主义建设新成就的吸收；在重视基础知识传授与思想教育的同时，关注技能培养目标的切实可行（崔恒秀，2012）。

对于这个时段的小学德育教材（小学政治、小学思想品德）发展历史与建设情况，有研究者做了专门的回顾与梳理：

1949—1966 年是小学德育教材建设的初步探索时期。教育部在 1950 年颁布了《小学课程暂行标准初稿》，规定在小学五、六年级开设政治常识课，当时采用的小学德育教材是由武纤生编写、中央人民政府出版总署编审局修订的《高级小学政治课本》，这是新中国成立后第一套小学政治教材。1950年人民教育出版社成立之后，对武纤生编写的小学政治教材进行了改编，并由人民教育出版社出版发行；除了进入教育部中小学教学用书目录的小学政治教材之外，东北人民政府教育部和山东省政府教育厅也组织编写了小学政治教材《政治常识》；1952年教育部颁发了《小学暂行规程（草案）》，取消了政治常识课，此后一段时期内国家没有统一开设政治课的要求，也就没有统一的教材，全国各地政治课教学多采用地方自编教材。这一时期的小学德育教材建设呈现出以下两个特点：一是变动频繁，新中国成立后的前十七年，由于维护新生的人民政权的需要，迫切要求对学生进行思想政治教育，但是由于对政治课尚未形成统一的认识，导致相关政策和教材经常变动；二是具有浓厚的政治色彩，尤为强调对新民主主义社会的拥护、对旧社会的批判，注重集体主义教育等（程伟，2021）。

1976—2000年是小学德育教材建设开始走向规范发展时期。1978年，教育部颁发了《全日制十年制中小学教学计划试行草案》，小学四、五年级重新开设政治课，根据这一计划，人民教育出版社出版了一套全日制十年制小学政治教材供全国使用。1981年教育部颁发的《全日制五年制小学教学计划（修订草案）》中以"思想品德"的课名替代了"政治"的称谓，在小学阶段开设思想品德课。随后，国家教委委托北京市教育局、人民教育出版社等机构，编写了六套全日制小学思想品德教材和一套全日制五年制小学思想品德教材，经全国中小学教材审查委员会审查后供全国各地使用。除了国家教委委托编写之外，全国不少地区都自编了供本地使用的小学思想品德教材。1988年，《九年制义务教育教材编写规划方案》发布后，国家教委托人民教育出版社、北京师范大学等单位编写了适合不同地区、不同层次的"八套半"教材（其中，农村小学部分复式教学教材算半套）。1997年，国家教委在《关于印发〈九年义务教育小学思想品德课和初中思想政治课课程标准（试行）〉的通知》中指出，"小学思想品德课和中学思想政治课教材建设继续贯彻在统一要求的前提下试行教材多样化的方针"。此后，人民教育出版社及江苏省、湖南省等先后组织编写出版了一批小学思想品德教材。这一时期，小学德育教材建设呈现出往多样化和规范化发展的趋势，具体表现在三个方面：一是由于有 1982 年颁布的小学教学大纲，小学德育教材编写有了明确的指导依据，尤其是 1997 年小学思想品德课程标准试行版出台之后，其对小学德育教材的指导作用就更为直接，体现了更加科学、先进的理念。二是 1986 年全国中小学教材审定委员会及各学科教材审查委员会成立大会在北京举行，此次大会确定了我国中小学教材审查制度，实行编、审分离，教材管理制度不断健全，"一纲多本"的时代来临。三是对出版的教材实行先试验后推广，这有助于教材接受实践的检验并及时修订完善（程伟，2021）。

关于 1988 年到 2000 年间的小学社会教材发展与建设，有研究者梳理总结为：1988 年国家教委颁布《九年制义务教育全日制小学社会教学大纲（初审稿）》，1992 年颁布大纲试用稿，规定社会生活、历史、地理、法律常识是小学社会的基本教学内容。在全国社会课教学大纲指导下编写的小学社会教材主要有：人民教育出版社（以下简称人教社）编撰出版的小学《社会》以及上海市、浙江省、江苏省、河北省、四川省和广东省等省市编写的《社会》教科书。1990 年秋季起，人教社逐年编写出版了九年义务教育五年制、六年制小学《社会（实验本）》，供各地实验用。1991 年秋为了不同学制的学校使用的方便，将五年制、六年制课本分别印成两套。由于课时相同，教材内容也相同，1995 年人教社出版九年义务教育小学《社会（试用本）》，在全国发行。人教版小学《社会》供全国大多数地区的小学普遍使用，编写的是适合一般水平学校使用的教材。这套小学社会教材是新中国成立后编写的第一套教材。上海教育出版社出版的小学《社会》，是根据上海市中小学课程教材改革委员会制定的小学社会学科课程标准编写出版的，它供沿海地区使用，并于 1995 年秋季在全市的所有小学普及。还有浙江省、江苏省、河北省、四川省和广东省等地方版社会教科书。各版本社会教科书相继出版后，社会课逐渐从一部分学校向所有学校普及。这一阶段教材的总体特点是将知识性与思想性、科学性、趣味性融为一体，把知识与生活联系起来，教学活动与社会实践密切结合，教师使用起来比较得心应手，学生对课程内容的兴趣较为浓厚，在实践活动的设计等方面与传统的教科书相比有所突破。该课程教材编写的指导思想明确，内容的编选符合儿童的心理和生理特征，编写形式新颖活泼。但是，尽管这一时期的社会教科书与过去版本相比有了明显的进步，但是还是存在一些不足。例如：各套教科书的体系雷同，纲目具有很高的相似度；教材追求学科综合，但只是形式上的综合，内容上缺乏内在的紧密的联系；教科书的内容过于简单，对社会现象的分析缺乏深度；等等（朱煜、赵明玉等，2012）。

2.2001—2019年小学社会科大综合时代的教材发展历史与建设研究

21世纪初，新一轮基础教育课程改革启动，教育部2001年6月颁布了《基础教育课程改革纲要（试行）》，正式推出了品德与生活、品德与社会两门新课程。品德与生活课程是以儿童的生活为基础，以培养品德良好、乐于探究、热爱生活的儿童为目标的活动型综合课程；品德与社会课程是在小学中高年级开设的一门以儿童社会生活为基础，促进学生良好品德形成和社会性发展的综合课程（陈光全，2003）。其中品德与社会是将以往的思想品德课以及社会课合并为一门学科。所以，此门课程与过去的社会课有较大的不同，但同时也可以把它看成是小学社会课新的发展。

有研究者指出，新课程改革启动后，小学品德与生活、品德与社会教材继续呈现"一纲多本"的局面。在教育部的统一领导下，多套新教材建设经过资格核准、立项编写、审查、进入实验区使用等环节，自2002年起，先后有15套（不含"五四制"）小学德育（品德与生活、品德与社会）教材通过教育部审查，在诸多版本教材中比较具有代表性的包括："人教版"教材、"北师大版"教材、"苏教版"教材、"教科版"教材、"鄂教版"教材等等。以品德与社会为例，各个版本的教科书虽然有各自的独特性，但也有着一些共有的特点，如在内容的选取上都表现出生活性、综合性、开放性、时代性、主体性、儿童性的特点，教材呈现形式多样化，图文并茂，教材富有童趣，符合小学生心理发展特点等。尽管如此，用新的课程观、教学观和教材观编写出来的品德与社会各个版本的教科书还是存在一些问题，比如，某些教科书选取的有些内容程度过浅。例如，人教版《小学品德与社会》三年级上册第一单元"家庭、学校和社区"中的第二课"我们的学校"，课文中主要是介绍学校的设施、学校生活等，没有涉及学校的组织、我与学校的关系等内容。另外，教科书还存在缺乏翔实的资料和数据；对于教学活动的实际操作缺乏必要的指导等问题（赵明玉，2012）。

为了加强中小学法治教育，教育部于 2016 年印发了《全国教育系统开展法治宣传教育的第七个五年规划（2016—2020 年）》，要求将法治教育纳入中小学国民教育体系，并在中小学开设道德与法治课。自此，小学品德与生活、品德与社会被道德与法治取代。早在课程名称改变之前，教育部自 2012 年就开始组织编写义务教育道德与法治教材，历时五年，完成编审工作。2017 年 9 月 1 日，统编版《道德与法治》教材正式使用，并逐渐取代现行的"人教版""粤教版""苏教版""北京版"等版本教材，小学社会科教材重新回归"一纲一本""统编统审"。对于小学社会科重新回归"一纲一本""统编统审"的原因，有研究者认为这是由该学科的独特性所决定的，一是该学科教材事关能否更好地落实社会主义核心价值观教育、中华优秀传统文化教育等；二是原来多个版本的教材存在着水平上的高低差异，国家希望集中力量编好一套教材；三是实行"统编统审"有助于落实国家意志、更好地贯彻党的教育方针（程伟，2021）。对于统编版《道德与法治》教材的特点，有研究者认为它的编写遵循了新课改提倡的"尊重学生的主体性""关注学生的生活经验""品德培养回归儿童的生活"等教育理念；教材内容依据与儿童生活的紧密程度，由近及远地安排了六大生活领域（我的健康成长、我的家庭生活、我们的学校生活、我们的社区与公共生活、我们的国家生活、我们共同的世界），同一生活领域内，按照学习难度的不同，采用螺旋上升的编排方式；在目标和实施上突出德法兼修，强化实践体验，全面系统地落实社会主义核心价值观（柴威，2013）。

(二) 小学社会科教材编制研究

长期以来，教材编制被认为是一个专业的工作，只有极少数的教材开发者才会从事相关的实践与研究，因此它并不是教育研究中的热门话题。具体到小学社会科中，由于地理、历史、社会、德育（政治、思想品德、品德与生活、品德与社会、道德与法治）等课程的开发时而实行"一纲多本"，时而遵循"统编统选"，因此对小学社会科教材的编制研究并不系统，在不同时期的文献或学科课程与教学论中有部分论述，所研究的主题主要涉及教材编制的原则、教材内容的选择、教材内容的组织与呈现等。

1.对小学历史教材编制的研究

有研究阐释了编写小学历史乡土教材的步骤与做法：第一步是根据原则，确定主题；第二步是根据课题，搜集史料；第三步是根据史料编写课文，在编写课文时需要体现思想性、目的性、科学性、系统性和连贯性、量力性的原则；第四步是编写教学参考资料，参考资料要包含四方面的内容，即替教师解决课文的思想性、指出课文的重点、告诉教师应注意的教学方法、解决课文的难点，供给教师充分的史料（宗伯敬，1959）。有研究者认为小学历史乡土教材编写应当注意这些问题：注意"适用性"的编写原则，要注意小学生的识字程度和理解能力；选材要多样化，乡土教材既要给学生比较突出的本土历史知识，也要给学生比较全面的本土历史知识；注意与统编教材的衔接，使乡土历史成为整个中国历史教学内容的一个有机组成部分（石玉成，1989）。

2.对小学地理教材编制的研究

有研究者指出分县乡土地理教材编写方式有以本县（市）最突出的地理特点为中心的编写法、以本县（市）自然条件和经济发展的主要方面为中心的编写法、以本县（市）地理环境和经济结构特点为中心的编写法，三种各具特点，无须强求统一，各县可视本地的情况和特点，遴选其中一种；分县乡土地理教材仍然要体现地理学的综合性和区域性的基本特性，既要从阐述各地理要素相互联系中反映本县地理全貌，又要从概括最本质的内容中突出本县的地理特色；分县乡土地理教材一方面要反映有关本县地理面貌的地名、地理数据、地理事物分布状况等事实材料，另一方面又要概括体现本县特色的地理特征；寓爱国主义教育于乡土地理知识之中，挖掘和精选那些有深刻爱国主义教育内容的地理事物和现象，充实到分县乡土地理之中；应该用辩证唯物主义的思想作为编写分县乡土地理教材的指导，正确地阐述地理环境与人类活动的关系，使学生逐步形成正确的人地观；编写分县乡土地理教材也应力求文图并茂，重视教材中的地图系统（毛必林，1985）。

有研究者围绕中小学地理教材结构开展论述，认为地理教材结构包含方法论在内的知识结构、智力结构和思想教育结构；中小学地理教材，属于普通学科中的一个系统，应加强各学段课程内容之间的配合，避免各课程内容之间的重复，确保中小学各科课本教材的整体性和一致性；教材结构的表层系统是教材中的课文系统、图像系统和作业系统，深层系统是由地理学的最基本的思想和地理教学目的统一起来的地理知识系统和地理智力系统以及地理思想教育系统有机的结合体；教材的表现要注意课文系统、图像系统、作业系统的密切结合，改变教材的直述式表述，创造表述生动、富有吸引性的教材（褚亚平，1985）。

3.对小学政治（思想品德）教材编制的研究

有研究者介绍推广了"一学二调三选四编五试六改七定稿"的上海小学政治教材编制经验；提出坚持思想性、知识性、趣味性和实践性相统一的教材编写方向；主张教材的难易和范围要根据学生的知识水平和年龄特点来定，表述要尽可能用儿童语言，避免成人化；课题要小而活且富有启发性和想象力，内容要图文并茂，课文要短小精悍、生动活泼、浅显易懂、富有趣味性；练习的设计既要形式多样，生动活泼，又要考虑学生的年龄特点，富有启发性；教参编写要紧扣教材，说明编写意图，帮助教师正确理解和运用教材；要制作一套与教材内容密切配合，质量较高的挂图（徐斌，1985）。有研究者指出小学思想品德课存在脱离实际、呆板生硬、成人化等倾向，不利于教学。思想品德课教材的内容与形式应当儿童化，需要做到寓基本道德概念、道德观点的阐述于丰富生动的事例或故事之中；课文的体裁和文字语言要与学生年龄特征、知识水平和谐统一；教材要图文并茂；配备的练习题要突出针对性、启发性和实践性（李丽兰，1990）。

4.对小学社会教材编制的研究

有研究者撰文阐述小学社会课程、教材建设与编写的指导思想：1992年人教版小学社会教材的编写指导思想是以认识社会为主线，由近及远，逐步扩大小学生认识社会的范围；从社会事物的纵向发展、变迁与横向联系两个方面，建立小学社会课新的知识体系；重视实践性原则，让学生在参加社会实践中学习社会常识，培养社会生活能力，增强对社会的责任感，培养服务社会的意识；"认识祖国"教材是对学生进行近现代史教育和国情国策教育的主渠道，并把国情国策教育与乡情教育结合起来，从小培养学生热爱家乡、热爱祖国的情感和建设家乡、振兴中华的志向；密切联系学生的生活实际，由具体到抽象，由感情到理性；注意"教育要面向现代化，面向世界，面向未来"和面向"大多数教师和大多数学生"；教材编写融德育、知识、趣味于一体；教材结构注重"启发式"，教材形式多样，不拘一格（刘淑梅，1993）。有研究者总结了1992年义务教育规定的小学社会科的教材（人教版）实验情况。分别对义务教育小学实验样本组学生、家长及教师进行了调查。调查了这三个群体对社会一、二册教材的评价意见并在理论上重点探讨了建构以"认识社会"为主线的社会教材体系和社会教材的表达方式（刘淑梅，1997）。还有研究者通过对七套小学社会教科书的审查，提出了在编写小学社会科教科书时应注意：方向是否正确，即是否贯彻全面发展的教育方针，教科书的内容是否立足于素质教育；观点是否正确，结构安排是否合理，材料是否准确，内容是否有科学性错误；是否体现社会科的特点；是否符合儿童年龄特征；是否有趣味性；是否注重启发性、实践性和发挥儿童的创造性；是否有特点和新意；是否符合出版印刷的要求（吴履平等，1999）。

有研究者提出在编制小学社会教材时，对教材内容的选择、确定和组织，要处理好学生发展与社会发展两者的关系，要把"以学生发展为本"的思想作为根本着力点；既要注重知识的掌握，也要关注能力的培养，要注意引导学生

"学会学习";教科书的编写既要符合各社会学科自身的原理、原则,又要合乎学生学习的习惯和认知水平;协调好学科体系和课程体系的关系,不能将社会课当作社会、历史、地理等学科知识的简单相加、拼凑,而应打破各社会学科之间原有的学科体系,进行社会学科知识的重构(李稚勇,2001)。

5.对品德与生活、品德与社会教材编写的研究

有研究者认为品德与生活作为一门新的综合课程,亟须构建品德与生活课程与教材的理论体系,推动品德与生活课程与教材建设。教材编写理念上:主张教材要源于儿童生活、贴近儿童生活、引导儿童生活;教材要富有童心、童趣,要富有美感,对儿童有吸引力和感染力,注重对儿童心理的研究;教材要引导儿童用自己的眼睛观察社会,用自己的心灵感受世界,用自己的方式研究生活。在学习方式上:教材要倡导以学生为主体的体验式学习、探究式学习和问题解决式学习,教材要让学生真正成为学习活动的主体,要将小组合作学习作为品德与生活课的主要学习组织形式;要强化教材的对话功能,创设一些具体的真实生活情境,让学生在活动中、情境中产生"心灵感应",从而生成教材;要整体建构教学内容与学习过程。在教育评价上:主张教材中的评价既是激励学生发展的手段,也是课程的内容资源,教材中的评价应是建立在关注学生发展的基础上的,应关注学生在活动过程中的表现,加强人文性教育引导,促进学生情感、态度、行为习惯、知识技能的和谐发展(张茂聪等,2003)。

有研究者选取五家出版机构出版的《品德与社会》教材(人教版、苏教版、北师大版、粤教版、教科版)作为研究对象,对其编写理念、课程目标、主题选择、教材设计与编排等方面进行比较,在比较的基础上提出小学德育教材编写的建议:提炼基本德目,建构教材体系,主张将课程标准中提炼的基本德目作为核心教学目标,更加凸显情感态度价值观和能力两个目标维度,注重公民的国家与民族特性,突出不同学科、不同生活领域的知识、价值观与学生发展的年龄特征、个性特征之间的关联性;扩展取材的范围,变革呈现方式,注重情境设计,主张变德育"教"材为"学"材,成为"道德对话"

文本，在取材范围上要更多关注社会各阶层的生活样貌，尤其需要关注农村儿童的生活现实，注重整体性的探究活动设计，提供自主探究、合作解决的方法；创新教学媒介，打造"立体式教材"，主张除了编写教科书、教学指导用书之外，还必须系统开发教学配套材料并建设配套教学资源网站，力求打造"立体式教材"（王晓莉，2012）。

6.对国内小学社会科教材的比较研究

在我国小学社会科课程研究中，研究者对国内各版教材的比较研究长期缺位，这里面既有国家教科书编制、使用制度与政策方面的原因，也有一段时间内缺少这方面的研究意识与研究传统方面的原因。1980年后，随着国家课程管理制度的变革，小学社会科教材的编写与发行处于逐渐进入"一纲多本"阶段，小学社会科各版本教材被编制出来并在全国各地使用，此时对各个版本教科书的比较与分析成为这个时期小学社会科教材研究的重要选题。

（1）对国内各版本品德与生活教材的比较研究

有研究者选取了人教版、北师大版、苏教版、教科版的品德与生活教科书作为比较文本，发现在内容的组成方面，各版本教科书都是把儿童与自我、儿童与社会、儿童与自然三条轴线上的内容综合起来组织单元内容的，但综合的程度却有很大的不同。在体系结构方面，各版本教科书的设计编排或遵循时间线索，或按照时空的变换依照由近及远的顺序，或把时空的逻辑与儿童生活中的一些重要问题相结合的方式组织编排成教科书各单元。呈现形式方面，图文并茂是共同特点，但各种图片在不同版本教科书中所占的比重是不相同的。另外，导入图的使用、单元主题图标的设计、卡通动物的设计上也是千姿百态（刘淑霞，2004）。有研究者对十五个版本的品德与生活教科书进行比较后指出它们的共同点是：从儿童的生活世界出发，将品德教育与儿童的生活紧密结合；在丰富多彩的活动中，养成儿童的品德，锻炼儿童的能力；通过整体构建、综合呈现的方式，让学生获得多方面的发展；在教材的通用性和本土化的矛盾冲突中寻求平衡。但是存在一些需要进一步探讨的问题：如何使教科书的内容既源于生活，又高于生活、指导生活；如何在对学生进行道德启蒙教育的时候,不沦为道德说教;如何使教科书中的活动设计更有实效性,真正有助于学生能力的提高;如何解决教科书的地方特色和通用性之间的矛盾;如何降低教科书的难度;如何使教科书更具有可读性(李莉,2011)。

有研究者选取了人教版、粤教版等八套国内现行的品德与生活教材,分别分析各版教材在生活性、活动性、综合性以及开放性等编写理念方面的体现情况,而后比较它们在儿童与自我、儿童与社会、儿童与自然等三个维度上的价值体系渗透程度。最后提出品德与生活教材编写的进一步优化需要注重核心价值体系的全面渗透,走向理性回归生活、深度综合、合理开放以及复杂活动的开发(左璜等,2012)。

有研究者关注小学德育教材的自我责任内容设计,对人教版、苏教版和北师大版品德与生活教科书中的自我责任内容进行对比分析,得出在比例设计方面,人教版、苏教版教科书自我责任内容分布的合理性欠佳,自我责任内容各年级分布的均衡性欠佳,系统性不强;北师大版教科书中自我责任内容分布较为分散。在主题设计方面,三个版本教科书中自我责任内容的导入方式多数较为传统;插图设计注重但不完全贴合小学生特点;自我责任内容的反例呈现较多;自我责任内容的活动设计存在不合理现象。针对这些不足,提出了加强教科书中自我责任内容的整体性和系统性等四个方面的建议(苏琳茹,2017)。

(2) 对国内各版本品德与社会教材的比较研究

有研究者选用浙教版、江教版、教科版、北师大版品德与社会(三年级)教材,探讨小学实验教材中成人的性别角色和形象地位,研究结果显示,四套实验教材都在不同程度上反映了时代社会的变化发展,特别是江苏教育出版社和浙江教育出版社的两套教材,对传统的"男主外、女主内"的两性形象有所改变,但仍有不少符合传统的性别角色特征的描绘。基于此,研究者提出平衡对两性角色的描绘,对两性角色作出多元化的描绘,无须回避单亲家庭的问题等改进建议(阮青青等,2004)。有研究者选取了人教版和鄂教版的品德与社会的两套教材，从教材内容、教材结构、教材呈现形式三个维度进行比较（李艳辉，2010）。另有研究者选取了人教版与上教版两个版本的品德与社会教科书，通过对两个版本教科书的整体结构、教科书内容、呈现方式等进行比较分析，探索品德与社会教科书的共同规律和特点及编写者的编写理念，找出两个版本教科书的优势与不足，最后提出相应的教材编写改进建议（年静妹，2013）。

有研究者选取多个版本的教材开展对比研究。有研究者选取人民教育出版社、山东人民出版社、江苏教育出版社三套品德与社会教材进行文本比较分析研究，对三版教材的价值取向、内容结构、呈现方式、达成目标、图文比例等方面进行了具体的比较和分析，最终发现教材编写存在内容容量不足；教材内容在知识深度上偏浅，知识系统性不足；教材相关内容界定不清楚；内容的与时俱进和创新性不足；问题设计过多，留白设计过多等问题。针对这些问题提出重视品德与社会学科知识的系统性与逻辑性；增加文字呈现内容，减少卡通图片数量；增加中华传统美德教育内容体系；设计可操作性强的"学本"教材等建议（衣艳艳，2011）。

以上研究，多是对各个版本品德与社会教材的整体比较与分析，比较的维度大体相似；获得的结论以及最后得出的结论和教材修改建议，也存在一定的相似性。除了这类整体的教材比较，也有研究者专注于某一个方面，对国内各个版本的教材开展比较与分析。

培养合格公民是小学社会科重要的课程目标，有研究者选取了人教版、苏教版、北师大版以及教科版四个版本品德与社会教材为文本，专注于分析各版教材中对"公民"概念的认同与"公民"意识的培养。研究发现，在多数版本教材的课题中，已经出现"公民"概念；苏教版等部分教材对"公民"一词的内涵进行了专门的解说，体现了对公民教育的重视；对公民意识的培养，主要体现在教材对民主生活的引导和法治观念、法治精神的培养；各版本教材都非常重视对学生进行民主与法治教育，基本倾向于权利与义务并重的观点（李莉，2012）。有研究者对人教版、北师大版、苏教版三个版本品德与社会教科书中涉及公民知识的内容进行分析，得出公民知识在教科书中涵盖领域包括政治领域、法律领域、道德领域以及世界公民领域四个部分；教科书图片中的人物选取比较侧重儿童，但在关于男、女形象图片的比例分配上没有做到平衡，男性形象的图片占大多数等结论，并基于这些结论提出诸如将社会主义核心价值观融入小学德育教科书中，公民知识教育必须立足于学生的立场等建议（周霄嫌，2015）。

有研究者对人教版、苏教版、北师大版、粤教版、教科版五个版本共四十册教科书进行文本分析，研究各版教材中的"儿童道德成长"内容。研究者从目标、主题选择、教材设计与编排三个维度进行具体分析，得出现有的品德与社会教科书都非常注重多维目标的综合、学科知识的综合和学习方式的综合，注重以儿童的社会生活为基础来引导儿童进行道德与社会性学习，但也存在教材的德育功能未得到充分体现，相关内容的整合度及关联性欠缺，活动设计过于程序化、简单化等不足，针对以上不足提出诸如提炼基本条目，建构教材体系等建议（王晓莉等，2012）。

有研究者聚焦于"德育内容"，对人教版、苏教版品德与社会教材进行文本分析，通过分析两版教材德育内容在比例构成、年级分布上的异同，发现两版教材德育内容构成要素完整，重视道德教育；某些德育内容分布过于集中等共性特点。最后基于研究结论，提出德育内容编排应合理设计各内容比例分配等建议（李复梅，2014）。

有研究者关注小学德育教材中的农村文化呈现特征，选取人教版和北师大版品德与生活、品德与社会教材并对其中所涉及的农村文化进行分析。研究结论是：现行教材中农村文化所涉及内容应占教材全部文化内容的56%；并预测出2013至2022年新的周期里，新编或修订版教材中农村文化所涉及的内容应占43%。解决教材中农村文化偏少的主要对策有：按照农村在校小学生人数在全体在校小学生人数中的比例，并结合未来我国城镇化的水平，调整教材中农村文化内容所占的比例；调整农村文化部分内容的呈现，矫正教材中城市中心的价值偏向等（王世锋，2014）。

(3) 中国大陆与中国台湾，中国内地与香港等地小学社会科教材的比较研究

有研究者将浙江义务教育小学思想品德课本第七至九册（1993 年 12 月第一版）与台湾生活与伦理课本第一至三册（1997 年改编本第八版）的教学内容和教材编写进行了比较，发现在传统美德教育方面，双方都相当重视；在公德教育方面，双方公德教育篇目占全教材总篇目的比重都较大，其中台湾版教材社会公德篇目呈现出明显的传统伦理特色，而浙江版教材侧重于指导学生"洒扫应对"的具体礼节方面；教材呈现方式方面，浙江版教材以使用示范性材料为主，引导性材料运用较少，台湾版教材中引导性材料运用较为普遍，且某些课文摆出的多个行为方式没有明显的正误区别，相对于小学生的道德评判水平，有辨别难度；在教育和知识的生活化、行动化方面，浙江、台湾两地小学德育教材中纯知识性的课文都较少；在认知教育与情感教育方面，浙江教材主要通过伟人轶事、英雄人物的感人事迹以及普通人的正面言行来进行情感教育，台湾版教材大多数课文中的角色常与学习对象同龄；在插图运用方面，浙江版教材编写方式中文字说教的痕迹比较明显，对插图的运用较为刻板，台湾教材中大多数插图与课文有很好的融合（程宏宇，2000）。

有研究者将中国台湾南一版《生活》二年级上册的"我的家"单元和中国大陆苏教版《品德与生活》一年级下册的"我爱我家"单元进行比较：苏教版教材在内容呈现上是将学生所能接触到的一些生活与社会现象、场景简单地"复制"到教材上，较台湾版教材似乎缺少了内在的逻辑性；在内容的构成上，两者都重视亲子关系，苏教版教材更侧重儿童自理能力的培养和情感价值观的教育熏陶，而台湾版教材则更侧重儿童对家周围的事物的认识体验、人与自然和谐相处、安全知识的教育；两地教材都使用彩印，版面设计都很精彩，卡通图与真实生活照片交叠使用，图文并茂，具有趣味性，但是台湾版教材在画面精致程度和纸质手感上都优于苏教版教材；两套教材编写理念的差异主要是对儿童认知持不同态度，苏教版教材的相应单元里只有"回忆"一词勉强算得上是认知，而台湾版教材则有"认识""知道""了

解""探讨""探究""想一想""观察"等多个认知性栏目,后接相应宾语,意在使学生认识相关事物。最后,研究者认为提高教材内容的可操作性,给教师更好的依托;关注家庭与学校的合作,发挥教科书对家长的引导功能;扩大教材中多元表达的范畴,增加孩子表现与发展的途径是苏教版教材可以借鉴台湾南一版教材之处(李祖祥等,2011)。

有研究者在多元文化教育视域下,对广州、中国香港、中国台湾小学社会科教科书内容进行比较研究,运用多元文化教育类目表,对三地小学社会科课程标准内容进行定量与定性分析,对教科书内容进行定量分析等。研究发现:台湾的小学社会科教科书较明确地呈现了多元文化教育目标,而广州和香港的教科书未明确呈现;三地的小学社会科教科书均强调文化价值取向,而忽视全球价值取向和经济价值取向,还忽视了跨文化交流内容;三地的教科书特色在于,广州强调爱国主义与中华民族认同,香港强调地区认同,兼顾全球教育,台湾强调中华民族认同,兼顾全球教育;等等。最后提出,在小学社会科教科书中应增加全球层次的多元文化教育内容、环境与经济维度的多元文化教育内容及交互主题等优化建议(姚冬琳,2012)。

有研究者选取人教版和苏教版《品德与生活》《品德与社会》(2002年编写)两套大陆教材与中国台湾的康轩版《生活》《社会》和南一版的《生活》《社会》进行对比,分析四版教材中"孝亲敬老"的内容。研究后得出四版教材中涉及"孝亲敬老"内容的年级分布不均且以中低年级为主,重视以个人为主体,重视以与自身有血缘关系的长辈为对象,内容选择与学生具体生活情境关联性强等结论。也进一步提出在教科书中增加社会生活中的"孝亲敬老"内容,呈现多样化的生活情境,丰富课程内容,细化学习方式(贠蒙蒙,2014)。

有研究者对中国大陆人教版和中国台湾康轩版的小学社会科教科书中的传统节日内容进行对比分析。对以传统节日为专题的课、以传统节日为素材的课、传统节日内容在小学每个年级的分布情况、教科书中出现的传统节日的个数、少数民族的传统节日五个方面进行对比,提出应对人教版教科书中的传统节日内容进行螺旋式编排和增加介绍少数民族节日的内容等建议;选取人教版与康轩版中有关的"春节"单元，对教科书中的传统节日进行质性分析，比较两者在民族精神教育、多元文化教育与社会生活教育三方面的特点，提出应合理编排传统节日内容中伦理道德教育内容的比重，系统地阐述传统节日基础知识等四点建议（韩玲，2014）。

有研究者对中国大陆人教版和中国台湾康轩版的小学社会科教科书进行比较分析，发现两个版本存在一些相通之处，如两者都坚持"以人为本"的教育观和"综合交叉，螺旋上升"的设计思路等。两个版本教材最大的区别在于人教版是在德育的渗透中扩展学生对社会领域的学习，而康轩版则以完备的社会知识的认知为基础，并将培养乡土意识这一目标置于突出位置。最后提出人教版教科书需要进一步调整布局，将原先的板块进行删减增补，力图提高各部分的实效性和鲜明性等教材优化建议（於佳君，2016）。

有研究者关注中国大陆与中国台湾小学德育教科书的编写者的价值取向问题，选取人教版、教科版《品德与社会》和台湾翰林版《社会》教材进行文本比较与分析。研究发现人教版和教科版教科书编写者在学生道德品行养成方面显得较为模糊，而翰林版则较为清晰可行；大陆版教科书家国同构的爱国主义、集体主义、古代灿烂文明、近代民族复兴史、现代发展史是编写者着重强调的方面，翰林版教科书内容则强调个人权利、土著居民文化，中华文化对土著文化的深远影响；国际理解、世界和平和全球生态是编写者在大陆教科书中呈现全球教育的核心议题，翰林版则注重对本土文化的珍视与宣扬；忧患意识，对传统文化的保护与传承是三个版本教科书编写者的共识（李玉蛟，2018）。

(三) 中外小学社会科教材的比较研究

1.中美小学社会科教材比较

有研究者从教材的整体性上比较美国哈特·米福林（Houghton Mifflin）版小学《社会研究》教科书与我国上教版小学《品德与社会》教科书，比较的角度包括两套教科书的总体框架结构设计、内容、呈现方式等，最后提出加强基本技能的培养；明确栏目定位，避免重复等优化我国教科书编写的建议

(程夏，2009)。有研究者以美国《学校与家庭》和中国《品德与社会》两版教材为例，对中美两国小学社会科教材的教材目标、教材内容、编写体例等进行比较研究，试图为完善我国同类教材提供改进的思路（钱扑等，2009）。有研究者选取人教版的《品德与社会》（2003年）与美国哈特·米福林公司的 Social Studies（2005年）两套教材进行对比，通过对两本教科书文本进行内容选取、价值取向、组织结构和呈现方式上的分析比较，得出小学社会科教科书在内容上应注重系统的基础知识和立足于开放的现实生活；在价值取向上的比例设计应合理和注重渗透性方式；在编排上要方便于学生的阅读和理解等启示（徐娜，2010）。

2.中日小学社会科教材比较

有研究者对日本东京学籍版的《新社会》教材与我国人教版的《品德与社会》教材进行比较分析，发现二者在教材内容知识点的数量、交互性，深度与广度方面，知识与技能方面，过程、方法与情感方面，教材内容的组织方面，教材内容的呈现方式等方面均存在明显差异。基于研究结论，研究者提出我国教材编写时应更好地处理道德与社会教育的关系；精选具有代表性、基础性的内容；采用能够感染学生的呈现方式等优化建议（陈晔等，2007）。有研究者选取浙教版《品德与生活》《品德与社会》（2005—2006年第2版）教材与日本2014年修订的《我们的道德》教材进行比较，发现中日两国的小学道德教育在教育方式和课程形态上都有所不同，两国的德育教材在编写上充分体现了各自的教育目标与课程要求，特点鲜明。基于研究结论，研究者提出加强个体道德自主构建的价值引导；重视体育精神对道德的促进作用；加强应对校园欺凌问题的内容等优化我国教材编写的建议（张博，2018）。有研究者通过对人教版、康轩版和东京书籍版小学德育教材的比较研究，发现在传统文化的内容性质、内容呈现以及微观、宏观视角的内容组织方面存在共性和差异。基于分析结果，研究者建议在小学德育教材中传统文化教育内容应以正面为主、负面为辅；呈现时应以外显方式为主，辅以内隐方式；内容组织方面，微观视角下以生活逻辑和知识逻辑相结合的原则选择和组织内容，宏观视角下按照"先分散、后集中"进行组织编排（蔡芙蓉等，2018）。

3.中国与澳大利亚等国的小学社会科教材比较

有研究者将苏教版《品德与生活》一年级下册中的"爱心行动"和澳大利亚《社会与环境》练习教材》水平 A 中的"爱与关心"进行比较，发现它们既有共同点，又有不同之处，既需要互相借鉴，也有待共同提高，并提出思想品德教材应把关爱的正确理念传递给小学生；教材要为小学生自主辨析关爱的价值创造条件；"关爱"内容的编排应该遵循小学生的社会道德判断水平；思想品德教材应安排适切的道德认知、道德体验、道德行为等方面的学习内容等建议（赵卫菊，2012）。有研究者以人教版的《品德与生活（社会）》与澳大利亚 R.L.C. Publications 出版的《小学社会与环境》为样本，对中澳小学社会科教材的体例、内容、呈现形式等作了系统的比较研究，获得了相应的研究结论（查永军，2018）。

有研究者选择美国、日本、韩国小学社会科教材，从多个维度进行理性审视和比较分析，发现不同的德育课程形态必然导致教材编写上的差异，但重视核心价值、突出活动指引、呈现学法指引等是各国各地区小学德育教材编写的基本特性。基于研究结论，有研究者提出提炼核心价值，重视价值引导；理顺纵横关系，形成内在结构；加强活动指引，变"教"材为"学"材等对我国教材编写的优化建议（曾文婕等，2012）。

四、小学社会科课程实施的研究

（一）小学社会科课程资源研究

"课程资源"的概念随着新课程改革的深入推进，逐渐为广大一线小学社会科教师理解并接受。我国研究者出于改进实践的需要纷纷开展小学社会科课程资源开发与利用的研究。

关于品德与生活课程资源开发与利用，研究者提出为了避免品德与生活课程资源开发与利用的盲目性，务必做到"四要"与"四不要"：要创造性地使用教材资源，不要变为简单地复制与再现；要运用学生现实生活资源，不要搞花里胡哨的人造情境；要尊重学生资源的差异性，不要强求每个学生整齐划一；要倡导使用节约型的资源，不要造成人力与物力的浪费（钟培言，2007）。有研究者关注品德与生活绘本课程资源的开发与利用，提出从"以生为本"的理念出发，在品德课程资源开发的过程中，关注儿童的喜好，应该让绘本走进品德课堂，相应提出具体的绘本课程资源开发策略，即根据单元主题选择相关绘本、根据相关主题选择系列绘本、以"大品德观"主题教育生成绘本资源库（苏峰，2010）。有研究者认为要提高小学德育课程的实效性，必须挖掘家庭生活中的德育资源，使其成为有效的品德课程资源，为此研究者提出了相应的策略：以帮扶为原则，开展正确的家庭教育；以亲情为纽带，传承质朴的孝敬教育；以考核为手段，培养良好的行为习惯（马士力，2011）。有研究者认为小学品德与生活课程资源的有效开发需要充分开发教材资源、充分开发环境资源、充分开发网络资源，做到从多种渠道开发教学需要的课程资源（林燕，2017）。有研究者主张从生活中探寻小学品德课程资源，因此需要捕捉真实事例，促进真实的学习过程；搜集日常小事，促进良好品德的养成；组织各类活动，促进学科综合学习（王建霞，2017）。

关于品德与社会课程资源开发与利用，有研究主张在教学中力求开发利用多种品德与社会课程资源，即学生资源、家长资源、社会资源和利用现代化教育技术手段，以真正让教学实现有效性（王红，2009）。有研究者提出要对品德与社会课程资源进行多元化开发，具体途径是：立足课堂学习，开发教材资源；拓展教育时空，开发校本资源；组织综合活动，开发社区资源；设计崭新课型，开发网络资源（黄长发，2006）。有研究者聚焦于农村小学品德与社会课程资源的利用，认为农村生活是一个更有效的实践基地、更广阔的资源中心，因此主张在教学中利用自然景观开展活动；利用农家生活开展活动；利用民风民俗开展活动；利用人文资源开展活动（柴春艳，2010）。有研究者从课程实施的不同主体（教材编写者、教师、学生、学校）谈小学品德与社会课程资源的开发与利用策略（马乾等，2014）。也有研究者认为小学社会科具有生活性、综合性、体验性、开放性等基本特点，因此广大教师在教学实践中要能够活用教材资源、挖掘实践资源、整合校本资源、开发人力资源（卢有林，2012）。

关于道德与法治课程资源开发与利用，有研究者认为道德与法治是基于生活、为了生活，并通过生活学习生活的课程，与生活的紧密联系是本课程的基本特征。因此，教师要善于捕捉贴近儿童实际生活的、普遍存在的现象和问题来生成课程的活动主题，从儿童的现实生活中探寻小学道德与法治课堂的资源（王建霞，2017）。有研究者发现小学道德与法治课程资源的开发与利用存在的主要问题包括：学科不受重视且缺乏专职教师队伍，教师开发与利用课程资源的意识薄弱，现有课程资源没有得到有效利用。针对这些问题，研究者提出要遵循课程资源开发与利用的基本原则和要求；充分发挥教师的主体作用，多方位地开发与整合利用课程资源；不断丰富课程资源的内容等建议（冯宇宽，2020）。

（二）小学社会科课程实施策略研究

有研究者从理性思考的维度对品德与生活、品德与社会课程实施提出如下建议：站在学生终身发展和幸福的立场上考虑问题；遵循学生生活的逻辑；淡化教育痕迹，追求"润物无声"的意境；建立平等、互动的师生关系；用好引发学生学习活动的教材（刘建效，2003）。有研究者关注小学德育课程实施中的教师适应性问题，研究发现小学德育教师存在对课程实施适应性"不够"的困局，造成这种困局的原因包括教师培训的不到位、小学德育课程在理论中的"上位"概念和在实践中的"下位"课程的尴尬定位、评价体系的"先天不足"、教师自身素质的"缺失"。针对这些不足提出进行大规模、系统性的教师培训；建立发展的教师评价体系；树立"工作就是生活"的教育态度等建议（徐生梅，2006）。

有研究者聚焦于小学品德课程实施中的困惑以及相应的对策，如有研究者认为在品德与生活、品德与社会课程实施中，存在着新课程观念确立、教师专业化培养、教法研究、课程的评价等方面都准备不足；在高等师范院校面对课程改革，同样存在小学社会科的设置体系、教法研究等缺少提前准备，小学教师职前教育观念滞后，综合性实践活动研究甚少等问题。为此提出认真审视社会科课程所表达的教育观念和国民教育中的基础地位；优化教师专业化培养的途径；开发小学校本课程以促进学生个体社会化等建议（龚瑾，2003）。也有研究者总结提炼出教师对品德与社会课程的整合难以适应；教师对综合课品德与社会课程的知识广度难以应对；农村学校实施品德与社会课程的难度较大这三大实施困惑。研究者提出要深入学习新课程理念，把握课程内容结构体现综合性特点；构建教师多元的知识和技能，提高整合多学科知识的能力；加强教研工作，促进彼此之间的交流合作等三个对策（吴飞，2007）。

有研究者对小学德育课在目标、内容、方法和途径、评价方式、存在的困难等几大维度的实施现状开展实证研究，得出学校德育目标无位、学校德育内容错位、学校德育方法多样化、品德评价模式化和主观化、德育资源缺失等研究结论。基于这些结论提出了提高德育课在小学课程体系中的地位、运用生活化教育理念开展道德教育等优化建议（夏俊丽等，2009）。有研究者关注区域品德与社会课程的实施情况，通过现状调查发现课程实施中存在对课程重视程度不够、缺乏专业教师、教学方法陈旧、教学手段滞后等问题，基于这些问题提出改进策略（周娟娟等，2011）。

有研究者对个案学校的小学德育课程实施状况开展研究。研究发现个案学校存在认识性德育课程内容局限、活动性德育课程体系不完善、校内外资源开发不够、基于该学校的德育课程实施不足等问题。对此提出希望通过注重课堂教学，强化教师德育内容渗透意识；开发校本课程，加强完善活动性德育课程体系；加强校内外合作，充分利用隐性德育资源等建议（张磊，2018）。有研究者对个案学校的特色化德育课程实施进行描述，提出德育有其自身规律，学生只有真正体验到内容才会有认识，才能有转变行为的动力。因此，学校开展基于教育剧的小学体验式德育课程实施，按"思、编、演、议、行"五步来实施，取得较好的实施效果（严国勇，2018）。有学校坚持问题导向，围绕社会主义核心价值观落实学生发展核心素养落地，以"润泽生命，教育无痕"的核心理念为引领，关注生命成长，以实践体验为"源头活水"，构建了以主题实践活动为主的"润养体验式"德育课程，提高了德育实施的实效性（苗建等，2019）。

有研究者认为家庭、学校、社会三合一是教育的最理想的境界。为了达到此理想境界，学校必须全面了解家长的特点，采取建立家长学校等措施提升家长的教育意识，帮助家长克服共同教育中的困难，让家长把对子女的品德和生活教育作为一种责任，并养成一种习惯（洪良清，2014）。有研究者认为德育课程实施的价值取向问题和德育课程实施的影响因素问题是小学德育课程实施的基本问题（庄妍等，2015）。

有研究者主张品德与社会课程的校本化实施是促进课程发展、提高课程实施实效性的必然要求，其过程是一个学校丰富、发展并富有个性化的课程实践过程。生本化、常态化是其基本特征，核心是"生本化"，关键是"常态化"。要促进品德与社会课程的校本化实施必须实现教师角色的重构，并对课程教材进行校本化的解读（廖光华，2012）。

有研究者对小学道德与法治课程实施中的公民教育实践进行了研究。有研究者提出在道德与法治课程实施中渗透公民教育要坚持主导性与开放性原则、坚持主体性和主动性原则、坚持实践性和激励性原则、坚持针对性和灵活性原则。同时要在认识上明确公民教育不仅是思想政治教育、公民教育不仅是道德教育、公民教育不仅是知识的教育。在实践上需要挖掘品德课程资源；促进公民道德教育的实施；整合学校德育目标，推进公民道德教育的发展；丰富体验活动渠道，提高公民道德教育的效果（杨广祥，2017）。

有研究者聚焦小学道德与法治课程中法治教育的课程实施问题，提出教师对于"法治教育"在课程中的内容和要求要"会通"、小学"法治教育"要在道德与法治课程中"贯通"、小学"法治教育"要与"道德教育""融通"、小学道德与法治教师对于"法治教育"要"精通"四个课程实施的原则性建议（曹金龙，2019）。

（三）小学社会科校本课程开发研究

有研究者关注校本德育课程开发的现实价值与方法论基础，认为中小学校本德育课程开发的现实价值有：改变中小学德育课程不适应各地区学校学生个体差异的状况，促进青少年学生健康成长；提高教师从事德育工作的积极性，提升教师道德素质等。中小学校本德育课程开发流程包括选择开发目标、确定开发主体、组织有关内容、课程实施评价等（金红，2003）。有研究者主张德育校本课程的开发是以中小学生的实际发展需要为主要依据的，它从学生的思想实际出发，有针对性地开设相应的课程，解决学生的思想实际问题，从而提高德育的质量。中小学德育校本课程开发过程可分为准备阶段、实施阶段、评价反馈和调整阶段。有效开发德育校本课程需要学校加强对教师的培训，要为教师多维的发展创造机遇、搭建平台；要注重课程资源的开发；完善课程评价机制；增加社会实践课程的比例（杨婷婷，2005）。有研究者认为从小学德育课程历史、范畴、实施的角度反思，小学德育课程的校本建设应遵循综合生成、知信同构、具象孕育的原则。重视隐性德育课程、生活德育课程的建设；检视学校规章制度与行为，共同营造道德教育磁场，提升德育实效性（杨勇等，2006）。有研究者提出校本德育课程开发是以道德价值为核心的学校精神文化的创建活动，具有自觉性、超越性和动态生成性等特点。对于学生、教师和学校而言，校本德育课程设计具有不同的课程开发目标，需要从厘定核心价值、确定开发类型和开发主体及选择开发模式等侧面展开（郑航，2006）。

有研究者详细介绍了北京景山学校开设的校本课程小学低年级"社会综合课"。该课程根据景山学校的办学目标和理念，确定了校本课程的目标和内容，根据课程目标的需要改变教学方法，并探索了情境式教学、模拟式教学、实践式教学、研究式教学等教学方式（高颖等，2010）。有研究者主张在品德与社会教学中，应当注重对课堂生成性资源的开发和利用，进行"校本化"课程开发。具体策略是抓住内部与外部资源进行开发；巧妙开发显性与潜在资源；对有生命载体资源进行开发；激发主动性资源进行开发（王世兰，

2013)。有研究者基于陶行知先生的生活教育理论，依据个案学校以及师生的实际，对现行品德与社会教材进行改编、补充、拓展，在与学科"约会"、与班级"融合"、与活动"牵手"的创造性处理中，实现品德与社会课程校本化实施（王双莲，2013）。

有研究者以小学高年级法律与生活校本课程为例对小学法治教育校本课程的开发进行阐述，主张法律与生活校本课程应当在"为了每个学生的发展"理念的指导下，确立以学生为主体、注重生活实际、关注法治意识培养的课程理念，制定"统一性、适应性、灵活性"的课程原则和"增加学生的法律知识，提升学生的法治意识，形成法律本能，树立法治信仰"的总目标。法律与生活校本课程应当以青少年权利保护为基础，依据小学《义务教育品德与社会课程标准（2011年版）》和《青少年法治教育大纲》等相关文件，以"初识权利—了解权利—维护权利—行使权利"为课程主线，结合学校具体的课程安排设计课程内容（郭艳，2019）。

第三节　反思与展望

新中国成立70年来，我国小学社会科课程研究取得了许多重要的研究成果，但通过历史性的梳理与审视，发现对该领域的研究依然存在一些问题与不足，有待进一步提高与完善。同时，对小学社会科课程研究的问题反思，有助于研究者展望未来小学社会科课程研究的趋势与方向。

一、研究反思

（一）研究群体以高校、教育研究机构人员为主，但新课改后一线教师参与度逐渐提高

对小学社会科课程的研究，既涉及对社会科课程理念、课程原理等理论层面的探讨，也涉及对社会科课程开发、课程实施、教材使用等实践问题的研究。因此，小学社会科课程研究需要研究者具有较高的理论素养和研究能力，也需要对教育实践的关注。因此，目前我国小学社会科课程的研究主体人群是高校教师、在读研究生以及基础教育研究机构人员。其中，教育专业的硕博士研究生成为小学社会科课程研究的新兴力量，他们针对社会科课程开发、实施、教科书使用以及中外社会科教材与课程标准比较作了大量的研究，极大地丰富了我国小学社会科课程研究。但是，通过回溯式研究，发现 2000 年以前，一线教师对小学社会科课程的研究非常少，仅有零星的关于教材使用方面的文献，这与新中国成立后我国长期奉行的大教学论传统密切相关，教师只有教学意识而缺少课程观念。2000 年之后，特别是新课程改革以来，小学社会科课程研究明显增多，课程标准、教科书、课程实施、课程开发、校本课程等成为一些教师关注的热点，他们逐渐成为一支重要的研究力量，这与新课程主张的研究型教师角色转型有着内在的联系。

（二）研究主题、内容分布不均，对小学社会科课程设计研究极少

经过研究发现，新中国成立以来的小学社会科课程研究，总体上看，其研究主题、研究内容方面存在不平衡，对课程标准（教学大纲）、教材的研究较多，而对课程设计等关注较少。

课程设计研究包括课程设计理论研究、课程目标设计研究、课程内容设计研究、课程实施设计研究、课程评价设计研究等内容。对这些理论性较高且较为抽象的问题，小学社会科研究者鲜有系统且深入的研究与探讨，仅有少量的对部分年份小学地理、小学历史、小学社会、小学德育等教材、课程标准（教学大纲）的解读、比较、说明等，这些研究理论层次不高，研究目的多为指导一线教师如何操作与应用。比如，对 1956 年大纲、1988 年大纲、2001 年标准、2017 年标准的解读较多，对其他年份的教学大纲（课程标准）的解读、分析较少。在课程标准和教材比较研究方面，中美、中日的教材比较研究较多，对欧洲其他国家、发展中国家的比较研究较少。这种状况的出现主要与课程设计研究的小众性、高难度、远离日常生活等有关。

（三）研究方法较为单一，研究的理论视角缺失

课程是教育研究的重要构成，关系到教育实施的全过程，因此课程研究的范围十分广泛，既包括课程标准（教学大纲）、教科书的研究，也包括课程

设计、课程实施与评价的研究，还包括课程管理的研究。回溯小学社会科课程的研究，发现该领域的研究范式较为单一，研究方法较为简单，研究视角缺少创新。比较研究、文本分析、经验总结、调查研究、个案研究等是最常见的研究方法，大量研究缺少相应的教育理论作为支撑。

具体而言，在课程开发的研究中，研究中主要聚焦于课程方案、课程文件的解读、说明，研究方法主要是文本研究法与内容分析法。在课程标准、教学大纲的研究中，大多数的研究都属于政策文本解读，其中以宣传、推广类的文章为主体，鲜有批判、反思类的研究文章。在对教科书的研究中，有对国内教科书的分析或不同版本教科书的比较，也有对国外小学社会科教科书的介绍与分析，还有对我国海峡两岸暨香港的教科书、中外教科书的比较，在这些研究中文本分析法是主要研究方法，统计、观察等方法也有一定范围的使用，研究涵盖了教科书的编写特点、内容呈现、使用建议等，但是对于小学社会科教科书的编写理论、使用效果等缺少关注。在课程实施研究方面，现状研究为主流，与之对应的研究方法多为问卷法、访谈法、观察法等调查研究的方法，但是由于研究者的方法论理论与实操方面训练的欠缺与不足，调查问卷设计、观察记录表的有效性方面存在诸如问题意识模糊、问卷维度与调查目标脱离、语言表达口语化、问题设计表浅化等问题，整体影响了现状研究的信度与效度。

二、未来展望

（一）研究主体应更趋于多元，鼓励更多一线教师参与研究

20世纪60年代的美国基础教育课程改革失败的原因之一是教师没能真正参与课程改革，因此合理地进行制度设计，吸引教师参与课程改革是确保课程改革有效落于实践的关键。这种历史的经验同样适用于当下的课程研究领域，需要通过引导、激励，让更多的一线教师关注课程问题、开展课程研究。为了实现这一目标，需要强化高校、教研机构、中小学间的科研合作，形成科研协作共同体。同时加强对一线教师的科研指导，鼓励一线教师通过提升

学历、参加专题培训等方式加强自身的课程理论素养与课程科研能力。鼓励小学社会领域的研究者走进小学，建立常态化的科研协作与合作平台。

（二）拓展小学社会科课程研究的内容

除了常规性的教科书、课程标准（教学大纲）、课程实施、校本课程等研究主题外，可以积极引入新的课程理念，关注课程设计、课程实施过程、课程评价等主题。比如在课程设计方面，增加对课程设计的过程、教科书编制的过程及其制约以及影响因素的研究；在课程标准（教学大纲）、教科书的比较研究方面，增加一些周边邻国以及共建"一带一路"国家社会科课程标准和教科书的介绍与比较研究；对于课程实施的研究，研究者可以更加关注课程实施过程中教师、学生以及其他因素的作用，探索本土化课程实施推进的有效路径；对于其他常规性的研究主题，研究者也可以通过新的研究方法、新的研究范式、新的研究视角的引入来开展研究内容的创新，其中应鼓励一线教师开展具体而细致的研究。

（三）尝试新的研究方法，推动研究层次的提升

教育科学研究的三大理论基础分别是哲学、心理学、社会学，具体到课程论中分别形成课程哲学、课程心理学、课程社会学三大研究范式，在这三种范式的指引下，小学社会科课程研究已经取得了众多研究成果。但是，科学研究是无终点的，学科交叉与融合越来越成为未来知识生产的推动力。因此，为了更好地推动小学社会科课程研究，研究者应尝试引入经济学、文化学、脑科学等学科新的研究方法与分析模型，对小学社会科课程进行实证研究、实验研究、行动研究。同时，研究者应有计划、有步骤地加强方法论学习，提升使用研究工具的能力、提高运用新的研究方法的素养。

第三章 小学社会科教学研究

伴随着小学社会科课程的设置与调整、教学大纲或课程标准的颁布、教科书的更迭以及多次课程改革，社会科教学也经历了一个漫长的演变过程。70年来，理论研究者和一线教学人员都针对各自所了解的社会科教学展开了研究，他们围绕教学目标、教学功能、教学原则、教学过程、教学内容、教学方法等要素对社会科教学开展了比较全面的研究。这些研究既体现了学科发展的基本逻辑和特点，也从侧面体现了社会发展的脉络及其对学科教学的影响。通过梳理70年以来社会科教学的相关研究，能够帮助我们在新的历史时期重新审视学科自身发展的规律和趋势，以及学科与社会发展的关联，为当下及未来的社会科教学提供积极的思考。

第一节 研究历程

根据小学社会科课程设置和改革的历史节点，可以将新中国成立70年以来有关社会科教学的研究历程划分为三个阶段，分别为1949—1977年、1978—1999年、2000—2019年。在这三个阶段中，教学研究呈现出了不同时期的特点。本节主要从阶段背景出发，梳理每个阶段的主要研究，归纳概括出阶段特征，试图把握小学社会科教学研究的整体特点。

一、1949—1977 年的小学社会科教学研究

（一）阶段背景

新中国成立以前，小学社会学科以综合课程的形式出现，主要包括历史和地理，间或开设卫生和公民，道德课程则以单独的修身科形式设立。新中国成立后，社会科主要采用分科课程的形式，主要开设的课程为历史和地理。1950 年，教育部印发了《小学课程暂行标准初稿》，提出五、六年级的历史、地理课与自然课单独开设，不再融于常识课程。1952 年，教育部颁发《小学暂行课程（草案）》，继续开设历史和地理课。在此期间，政治课或思想品德课都未能以正式课程的形式出现。"虽然没有全国统一开设的品德课或政治课，但不少地区都参照老解放区的教育经验自行开设了政治课"，"这一时期的政治课主要是延续了老解放区的政治教育形式，采用自编教材，对学生进行基本政治常识和五爱教育"（瞿楠、薛晓阳，2011）。1957 年，关于加强政治教育的呼声又一次高涨，一些省份在这一时期增设政治课。但从内容上来讲，这一时期的政治课以阶级教育和政治教育为主，代替了新中国成立初期盛行的"五爱"教育。1963 年，教育部发出关于调整和精简中小学课程的通知，高小历史、地理、自然、生产常识四门课程都按一学年来安排，五年级不再设历史课，将历史课集中安排在六年级。这一时期有关小学社会科教学的相关研究主要集中在 20 世纪五六十年代。

（二）主要研究内容

1. 教学经验的总结与梳理

无论是历史、地理还是地方性的政治课程，在课程开设之初的十多年里，教学经验的总结都是很重要的。以历史和地理为例，20 世纪五六十年代的相关研究中多以经验总结为主，介绍个人的教学经验、体会和建议（丁洁文，1950；魏芙塘，1953；邱宗池，1954；石坚，1955；孙越，1959）。研究者们多为一线教师，通过对自身教学过程的反思，为小学历史和地理教学提供了一定的教学经验。

2.教学目的、任务和内容的研究

从 1949 年至 20 世纪 70 年代，小学各科课程的教学都十分注重对课程性质的界定，这也影响了教学目的和任务的框定。这一时期，针对小学历史、地理的研究中，有一部分研究都会涉及对教学目的和任务的阐述。或者通过反思现存的教学问题总结提出教学的目的和要求（王祥珩，1953），或者通过学习教学大纲对学科的目的、任务进行反思，或者全面系统地叙述小学历史和地理教学的目的、任务、原则等（袁理舒，1958）。此方面的专门研究相对较少，大多融入对课程教学的整体介绍之中。

3.教学法的研究

20 世纪 50 年代，翻译苏联的教学法也成为研究的一个组成部分，在苏联教学思想的影响下，我国历史、地理教学研究中也涌现出了一批专门的教学法研究成果。在一线教师总结教学经验的同时，不少研究者专注于教学方法的研究，提出了诸多的总结和反思（王祥珩，1953；张文郁，1956；陈桥驿，1956；李大方，1958；杨清波，1958）。相比于 20 世纪六七十年代，教学法的研究集中出现在 20 世纪 50 年代，并且取得了可喜的进展。

4.政治教育的学科渗透研究

这一时期的学科教学还有一个突出的特点，就是政治教育和相关价值观的学科渗透，主要为政治思想教育、阶级教育等在历史、地理课程中的体现（谢永良，1959；孙柏祥，1960；舒英华，1960；王永品，1963；朱美芳，1965），以及历史唯物主义和辩证唯物主义在其中的体现（王洪明，1953；李沂，1959）。

5.课例介绍和课时教学的相关研究

除了上述针对历史和地理课程的整体性研究外，还有部分研究聚焦于某个课例或者课时安排方面。比如，关于某册课本的课时教学计划、教学时间安排和教材教法的分析（董潜、冯昌，1954；刘伟傅，1954；杨德恩，1957），教学观摩或教学设计（王元杰，1957；盛平，1957）等。这类研究相对较少，但从微观视角进行的教学研究对具体的教学活动有着更为积极的意义。另外一些与课时教学和教学设计相关的内容，主要集中在当时出版的教学参考资料中，为一线教师的教学提供了应有的指导和帮助。

（三）本阶段的特征

结合上述梳理可以发现，本阶段的教学研究呈现出以下几个特点：教学经验总结类的研究较为普遍，教学理论的研究相对薄弱。教学法研究初具雏形，受苏联教学法研究的影响较大。政治教育在学科中的渗透性较强，不少研究关注学科教学中的思想政治教育和阶级教育。课例研究不够成熟，还未形成系统的教学设计研究。

二、1978—1999 年的小学社会科教学研究

（一）阶段背景

十一届三中全会以后，从 1978 至 1999 年这 20 余年间，小学社会科课程教学发生了一系列变化。1978 年，教育部颁发《全日制十年制中小学教学计划（试行草案）》，规定小学共开设八门课程。但与 1963 年的教学计划相比，小学阶段增加了政治课，在四、五年级开设，缺少了历史课和地理课。1981 年，教育部颁发了《全日制五年制小学教学计划（修订草案）》，恢复了历史课和地理课的教学，地理课在四年级开设，历史课在五年级开设。同时，取消了开设三年的政治课，并在各年级开设思想品德课。这是新中国成立以来首次正式开设思想品德课程，政治教育逐渐淡出小学德育的范畴。因此，小学社会科仍以分科的形式进行着，即思想品德和历史、地理学科并列且兼顾。1986 年，在新颁布的《中华人民共和国义务教育法》的思想指导下，《义务教育全日制小学、初级中学教学计划（试行草案）》颁布，在小学阶段共设置九门课程，其中包括了思想品德和社会课，历史和地理则不再单独开设。"小学社会课在新中国成立以后的重新开设，是适当减少课程门类、课程综合化发展趋势的一种体现"（吴维屏，2014）。自此之后，小学社会科课程一直以综合课程的形式存在，一直延续到品德与社会课程的诞生。

(二) 主要研究内容

从 1978 至 1999 年，小学社会科的课程设置发生了较大的变动，社会科既以分科课程的形式存在过，也以综合课程的形式存在过。因而，针对这些课程变革的研究也比较丰富。主要表现在如下方面：

1. 教学任务和意义的研究

1978 年至 1981 年间，小学历史和地理课停止开设，1981 年后，两门课程又重新开设。研究者结合了当时的情况，强调开设历史、地理课程或社会课程的必要性，以及两门课程本身的意义和任务（于沛，1980；白耀，1980；倪谷音，1981；李安启，1982；姚传丙，1987；宾秀玲 1990；刘淑梅，1991）。这些研究对理解课程的任务和性质起到了一定的启发意义。

2. 教学内容与教学中的问题研究

一些研究结合历史、地理教学中的相关内容，对教学内容提出了相应的建议。例如，阐述有关民族战争教学内容的问题和民族团结教育的问题（何剑明，1985；黄志源，1992）；主张要围绕教材，讲清基本史实和线索（康宁，1989）；对社会课和历史、地理课程差别的研究（吴益中，1992）；小学历史教材中有关改革开放内容的分析及教学建议（李维枢，1992）；主张将历史和地理内容进行有机融合、相互渗透进行教学（夏志庆，1993）；在教学中注重历史和现实、教材与信息、教材前后内容、学科与学科之间等多方面联系的宏观教学（高腾达，1988；许万明，1994；杨家稳，1994）。还有一类重点研究学科教学中存在的问题，并对这些问题进行分析和探讨。例如，小学历史中常识教学的问题分析和建议（林德芳，1981）；教师处理小学历史教材时可能出现的问题分析（臧嵘，1982）；小学历史或地理课程设置、教学改革中存在的问题分析（叶立群，1983；张维和，1984）；乡村小学历史教学中出现的问题分析（戴世和，1987）；课堂教学、备课中存在的问题分析（周文敏，朱建平1991；孙世书，1996）。

3. 教学方法与手段、教学策略的研究

此类研究在这一历史时期占据了研究的主流，大多数研究者聚焦于对教学过程、教学方法、教学手段和途径、教学策略等问题的探究，提出了许多值得关注的观点。在20世纪80到90年代之间，有关历史和地理教学方法、手段的研究比起70年代以前有了突飞猛进的增加。这一方面是由于频繁的课程和教学改革使人们不得不关注教学方法的变革，同时也说明这一时期的学校教育真正进入了一个以教学为中心的新阶段，对教学过程、方法等问题的关注使教学回归了本意。在对历史、地理教学方法的研究方面，有人主张运用故事教学法（茅蔚然，1982），有人提倡比较法（熊至宝，1984），有人提倡四段教学法、五种讲课形式的运用（娄赫民，1984；彭志贤，1988），有人提出时事教学法（张洪彬1992），以及其他多种方法的运用，如讲授法、讨论法、朗读法、图像法、参观法、复习巩固法、直观教学法、情境教学法、目标和谐教学法等（李辉瑛，1987；陈建方，1996；吴清津，1996；刘加路等，1996）。在教学方法丰富多彩的基础上，教学手段和途径也呈现出了多样化的局面。相关研究，如提倡增强幻灯片、数据、挂图、对联、地图、乡土教材、插图、投影教材等素材在教学中的使用（张海源等，1982；历祥，1983；何剑明，1986；孔蕴珠，1987；严琦松，1988；杨发山等，1988；马国臻1990；谭为发，1992；闵从新，1994；贾美华，1995；顾海梅等，1997）。还有不少研究通过对教学过程和问题的分析，对历史和地理课程的教学改革或课堂教学提出了相应的策略（万邦，1983；袁来红，1985；黄占军，1989；马丽，1999）。从20世纪50年代到八九十年代，教学法相关研究的增多为小学历史和地理教学提供了有益的理论指导和实践经验的积累。

4. 学生学习兴趣和能力培养的研究

在这段时期的教学研究中，开始出现了大量有关学生学习兴趣、智力和能力培养的研究，这些研究结合学科教学的内容和问题，对培养学生学习兴趣和学习能力提出了相应的观点和策略。对小学生来说，历史课和地理课相对来说比较枯燥，也是有一定难度的。因而对小学生学习兴趣和学习能力的培养就成为研究者关注的问题之一。相关研究主要涉及如何让学生喜欢历史和地理课程，培养学习的兴趣（哈步青，1988；段玉兰，1991）；如何在教学中对学生进行智力开发（娄赫民，1985；韩福祥，1990），培养创造能力（何剑明，1985；李云高，1985；雷鸣富，1988），观察力、想象力和记忆力（茅蔚然，1983），培养识图能力（欧阳先霞，1984；李沂等，1989；赵淑媛，1994），在教学中进行思维训练（马国臻，1990；张北迎，1994）等。类似的研究都将学科教学与学生的学习兴趣和学生各方面能力的培养连接了起来，对学生学习研究的关注丰富了教学研究的范畴。

5.课例研究和教学设计研究

这一阶段的课例研究相对于上一个阶段，有了明显的发展，不再局限于单纯地介绍一篇课文或者提出教学建议，而是在此基础上有了较为系统全面的教学设计研究。相关研究有以下方面：教学案例研究，介绍一堂课的教学过程、方法等（荆玉英，1982；欧阳先霞，1983；李汉森，1985；丁然，1986；王玲，1987；王福伦，1988）；从教学目的、教学重点、教学过程、板书设计等维度对若干篇课文做教学设计和教案设计（臧嵘等，1981；娄赫民，1984；王一路，1991；李景珍，1995）。课例研究和教学设计研究一方面弥补了教学法研究的实践视野，同时也为教师教学提供了直接的教案参考。

6.学科德育渗透和学科融合研究

通过小学历史和地理课进行学科德育渗透的研究和学科融合的研究，也是这一阶段研究的主要内容之一。德育渗透的相关研究，如对学生进行爱国主义教育、思想教育和唯物史观教育等（陈延平，1982；陈大卫1983；陈亚昌，1986；秦名发，1986；邢志刚，1988；李祥义，1988；杨金泉，1991；娄赫民，1994），此类研究在新中国成立以来一直都是比较丰富的，在20世纪八九十年代尤为突出。学科融合的研究主要涉及以下方面：将语文读书能力迁移到历史、地理教学之中，增强对知识的理解和应用（郭启文，1983；范丽才1987；费师英1988；李泽玉1989）；历史、地理教学与美育的渗透（李泽玉，1989；赵新亮等，1991）；地理教学与情感教育的渗透（吴宏祥1994；马丽，1999）；历史学科与其他学科横向联系的研究（高腾达，1988；袁来红，1990；夏志庆，1993）；历史课中渗透商品经济意识的教育（刘瑞琦，1994）。上述相关研究促进了对学科渗透和学科融合思想的研究，也为后来社会科的重新设立奠定了一定的基础。

（三）本阶段的特征

这一阶段的教学研究不仅研究形式开始多样化，研究内容也十分丰富，体现出了教学的规范性和科学性。具体来说，有以下几个特点：教学法研究的内容日趋丰富，对教学法的探讨不再是对个人经验的总结，而是立足于对教学的全面思考，呈现出了科学教学观念的渗透。增加了学习研究的内容，关注学生学习兴趣和能力的培养。对学生学习能力的关注充分体现了这一阶段教学理念的变化以及教学研究的规范化。教学设计研究非常丰富，课例分析更为成熟。对教学设计和课例的研究更为全面和深入，极大地丰富了教学研究。学科渗透基本摆脱了政治教育，更多表现为以爱国主义教育为主的德育渗透，同时增强了学科之间融合的研究。

三、2000—2019年的小学社会科教学研究

（一）阶段背景

2001年6月，教育部颁发了《基础教育课程改革纲要（试行）》，明确提出小学应以综合课程为主。课程的综合化既是当时世界课程改革的总体趋势，同时也是解决我国课程设置中内容交叉重复问题的现实需求。在这样的背景下，新一轮基础教育课程改革正式将之前的思想品德和社会课程进行了综合，在小学低年级开设品德与生活，小学中高年级开设品德与社会。品德与生活、品德与社会课程的诞生结束了新中国成立以来社会课程分科、综合不断交替或并存的局面，将儿童品德与社会性的培养整合为完整的课程形式。2002年，教育部正式颁布了这两门课程的课程标准，并于2011年对这两个课程标准进行了修订。从2016年起，教育部将义务教育小学和初中起始年级《品德与生活》《品德与社会》《思想品德》教材名称统一更改为《道德与法治》，至2019年，小学全部年级更改完成。至此，小学社会科又一次经历蜕变，不再是传统意义上的品德课或者社会课，而是高度整合之后兼具了品德教育、社

会教育、生活教育和法治教育等多重价值，"社会"的内涵与色彩完全融入综合性的道德与法治课程之中。在这段时期内，有关小学社会科教学的研究也主要围绕着品德与社会、道德与法治课程展开，其综合性、融合性和实践性得到了前所未有的提升和体现。相关的研究愈加丰富，反过来促进了课程本身的发展。

(二) 主要研究内容

如前所述，这一时期关于社会科教学的研究，都体现在对品德与生活、品德与社会和道德与法治的课程教学研究之中。研究主要有两大类，一类是教育理论工作者所做的理论分析与探讨，一类是一线教师在教学实践中对相关问题的反思与实践总结。主要有如下方面的研究：

1.教学目标与教学理念研究

在品德与生活、品德与社会和道德与法治课程诞生之后，围绕这几种课程的基本性质、教学目标和理念的研究层出不穷。围绕教学目标的研究，如详细阐述三维目标及三维目标与教学其他方面的整合（李亦菲，2010）；阐述教学目标的基本问题，分析品德与生活、品德与社会教学目标的制订和设立（李稚勇，2013；吴维屏 2014）；探讨从某一视角优化品德与生活、品德与社会、道德与法治课程的教学目标，并进行相关的教学设计（周建忠，2007；陈一真，2011）；对课程教学目标有效达成的思考和对教学目标定位的思考（郑晓锋等，2012；刘勇武，2011；刘敬波，2015）等。有关教学理念的研究一方面体现在品德课程改革以后的新理念，如生活化、综合性、社会性等（陈光全，2004；汤书平，2009；艾荣宝，2015），另一方面体现在以核心素养理念为导向的教学探究，主要集中在对小学道德与法治课程教学的研究中（何锦洪，2018；王广成，2019）。此类研究结合了教学实践中的应用和思考，强化了人们对课程改革之后品德与生活、品德与社会、道德与法治课程的基本理念和教学目标等宏观问题的把握。

2.教学内容与教学资源研究

围绕教学内容的研究，有的集中在教学内容生活化的原则和方法上（李晓弘，2015；郝耀东，2017），有的体现为对教学内容的系统分析、组织和拓展上（王夏军，2013；郭德光，2014；顾卫红，2017），还有的研究关注在品德与生活、品德与社会等课程中融入其他教学内容，如爱国主义教育、现代信息技术等（蔡海英，2012；唐英强，2016）。教学资源的相关研究主要涉及了教学资源运用的原则与方法（王夏军，2013）、具体教学资源在教学过程或教学设计中的运用与整合（郭雯霞，2008；郑素丽，2019）、教学资源使用中存在的问题和策略研究（陈月平，2012）。比起教学内容方面的研究，有关教学资源的研究更为丰富，这也许是由这类课程本身的性质决定的，课程的综合性和生活性等特点要求在教学过程中必须丰富教学资源，如此教学也才能更适合儿童的成长特点。

3.教学方法、策略与模式研究

伴随着新一轮基础教育课程改革的发展，教学方法、策略和模式的研究也成为该系列课程教学研究的重点。有关教学方法的研究，主要提出了体验性教学方法、调查访问法、游戏激励法、角色代入法、对话教学法、活动教学法、价值渗透教学法、民主讨论法、故事讲解、情境创设、教学导入、社会调查、地图教学法、合作探究教学法、拓展延伸教学法、案例分析法、角色扮演法、演示法等等（张爱真，2008；陈迎春，2012；魏燕，2015）。上述关于教学方法的研究，多见于小学教师的研究中，他们结合自身的教学实践，将上述方法运用于课堂教学之中。关于教学方法、教学策略和教学模式的研究，不仅在一线教师的教学研究中比较常见，也出现在一些相关领域的理论研究中，有关于品德与生活（社会）教学策略、教学模式的专门研究（胡春娜，2011；赵亚夫，2014；胡玲，2015），也有融入诸种品德与生活（社会）课程与教学理论中的研究和教学策略研究（杜文艳，2011；李稚勇，2013；吴维屏，2014）。理论研究与实践研究的相互补充，既丰富了该课程在教学目标、理念和方法策略方面的研究成果，也为基础教育一线的教学改革与发展提供了全方位的指导。

4.课例分析与教学设计研究

这一阶段的教学设计研究和课例分析达到了一个高峰，研究成果异常丰富，成果形式除了研究论文之外，还有不少学位论文和专著。在品德与生活（社会）阶段，由于存在着不同版本的教材，教学设计和课例分析也都围绕着不同版本的教材而展开。到了道德与法治课程阶段，统编版教材的出现更加引起了研究者对如何上好该门课的关注，教学设计研究也因此呈现出了繁荣局面。这一类的研究主要有：整体性的教学设计理论分析与案例解析（丁晓东等，2017），围绕某个理论视角或观念，针对某一课进行的课例分析（华芳琰，2007；杨海云，2019），各类主题性的教学设计，（柯智勇，2013；薛清泉，2016），围绕具体课例进行的教学设计（金丽芳，2005；文智云，2009），等等。总的来说，这类研究的丰富性体现了课程改革和教学变革以来，尤其是有了统一的课程和教材以后，更多研究者开始专注于具体而微观的教学领域，研究"如何设计并上好一节课"成了和研究教学性质、理念、目标等宏观理论问题同等重要的问题。

5.教学现状、问题与对策研究

有关教学现状和存在问题的研究，多见于一线教师的研究。研究者基于自身在教学过程中面对的问题，提出了相应的思考。相关研究通过对教学现状的分析，指出品德与生活（社会）存在的问题有：教材使用和活动设计缺乏灵活性和实效性（许光增，2005）；教学流于形式，教学目标未得到落实，教学方法落后（庄丽荣，2016）；教学脱离生活实际，生活化和探究性浮于表面（于丽，2009）；还有多篇学位论文围绕某地或某校的品德与生活（社会）课程教学，展开了全面的调研，从教学实施过程、实施效果、学生学习能力等方面提出了存在的问题和解决的对策（萨日朗，2014；张楠，2016）。有关道德与法治课程的教学现状和存在问题研究，更多聚焦于如何更好地体现核心素养（苏东明，2017；梅杰松，2018），教学过程中目标的实现、问题设计、教师解答等问题的调查研究（王秀玲等，2019），以及少数民族地区道德与法治教学的基本问题，如师资队伍、教学内容、教学方法、教学评价等方面存在的问题研究（李红梅，2019）。从中可看出，道德与法治课程的教学在很大程度上已然避免了品德与生活（社会）所面临的那些问题，取得了实质性的进步。

6.教学反思与教学评价研究

除了上述各类主题的相关研究之外，有关教学反思和教学评价的研究在这一阶段也得到了大量关注，这使得围绕品德与生活（社会）、道德与法治课的教学研究形成了一个完整的闭环。关于教学反思的研究，主要有：针对整门课程的教学反思（郭雯霞，2006），针对具体课例的教学反思（肾传红，2006；李立，2012），反思内容基本上都涉及了教学过程、教学方法和教学目标的实现情况。在教学评价方面，研究主要包括了对评价理念的阐述分析，如多元化评价（谢小燕，2008）、发展性评价（黄莹，2009）、开放性评价（刘立群，2010）等，还有研究探讨了评价方式、评价标准等问题（陶元红，2006；陈友芳，2022），以及课堂教学评价改革的问题（马圆圆，2021）。对教学反思和教学评价的关注和研究，进一步提升了课堂教学的有效性。

（三）本阶段的特征

本阶段是小学社会科和德育类课程进行大刀阔斧改革的重要里程碑，小学社会科在不断地探索与实践中，以适合学生发展和符合学科特点的方式进入了大众的视野。经过20年的努力，小学社会科研究取得了可喜的成就。总的来说，本阶段的发展有以下一些特点：开展了围绕教学全过程的研究，从教学目标到教学方法、策略、内容，再到教学设计和教学评价，研究内容面面俱到，并且每方面的研究内容都同等丰富。研究主体从上一阶段的以一线教师为主，转变为多主体的研究，增加了很多理论研究和学术研究，相关的学位论文和专著数量明显增长。研究问题更为聚焦和具体，注重体现课程核心理念和教学目标，如围绕三维目标和核心素养的研究大量增加。有关教学设计的研究更加丰富和深入，多篇学位论文以教学设计为研究主题，从不同视角开展了对课例的探索研究。

第二节　主要成就

小学社会课程 70 年来的发展和变革，历经了一个曲折的过程，在不同发展阶段，围绕特定的时代特征和社会发展需要，小学社会科都做出了相应的调整。在此过程中，社会科教学和相关研究都取得了值得称颂的成就。本节主要围绕小学社会科的教学研究，梳理其多方面的研究成果，展示 70 年来的主要成就。

一、小学社会科教学目的、任务与功能的研究

新中国成立以后的小学社会科，既有分科的阶段，也有综合的阶段。因此，小学社会科的教学目的、任务和功能，在很长一段时间内就是小学历史、地理和品德课的目的、任务和功能。因此，对这个问题的研究需要综合探究这几门课程在不同发展时期的具体情况。

（一）教学目的与任务的研究

新中国成立初期，我国课程教学研究不可避免地受到了苏联教育思想的影响，我国学者通过翻译著作了解其基本的教学思想。苏联学者卡尔曹夫在其所著的《小学历史教学法》中指出，"历史这门学科是研究发展中的人类社会"，"历史首先是研究这个社会的基础，即它的经济、技术、劳动和人们在劳动过程中所造成的关系"，"历史这门学科研究历史上的事实和现象，阐明这些事实和现象的发生和发展的原因，根据所知晓的具体事实得出社会的历史发展规律，产生预见社会继续前进的道路的力量"（人民教育出版社，1953）。上述目的和任务的拟定，都是在马列主义和斯大林思想的指导下形成的。苏联学者鲍格达诺娃在《小学地理教学法》一书中提道："小学地理课程的任务在于培养学生具有地理上的初步观念和概念，教授地理学上的技能和熟练技巧，这些都是学生将来研究地理和了解自然界及人民生活种种现象所必需的"（人民教育出版社，1954）。而除了上述基本任务之外，小学地理教学还担负着"教育性的教学"的任务，即通过地理教学开展思想教育和品

德教育的工作。从上述论述中可看出，苏联学者对小学历史、地理的教学目的与任务的阐述，在遵循本学科基本逻辑和规律的同时，也深受当时政治思想的影响，这一点在新中国成立之初也有着明显的体现。

在小学历史、地理教学大纲还未颁布之前，我国学者对小学历史教学目的和任务的认识，便主要借鉴了苏联的思想。在梳理和总结苏联教学目的和任务的基础上，有学者提出了我国小学历史教学的三项任务：一是向儿童讲述祖国历史上的重大事实和事件，让他们获得一些历史知识；二是引导他们用马克思主义的观点来认识这些重大事实和事件、认识我国社会的发展，使他们初步了解历史概念；三是在上述两项任务的基础上，向儿童进行爱国主义教育、国际主义教育、劳动教育、集体主义教育和共产主义道德品质教育等政治思想教育（博府，1956）。其中，第三项是"必须特别重视"的任务。还有学者也从这一视角出发，将历史教学的目的分为"思想教育的目的"和"知能教育的目的"（张文郁，1956）。

1956年12月，教育部颁布《小学历史教学大纲》，明确规定了小学历史教学的总任务："小学历史教学的任务是使学生初步了解我国过去历史的一些事实，并且通过这些历史事实向学生进行历史唯物主义教育和爱国主义教育。"根据这一总任务，又对历史教学细分了六项教学任务。有了明确的教学任务以后，学者大多围绕这一特定任务来进行相关研究。李大方指出，"前三项任务侧重于通过具体史实，贯彻历史唯物主义教育；后三项任务侧重于通过具体史实，贯彻爱国主义教育"，并在此认识的基础上对小学各部分的历史教学任务进行了梳理（李大方，1958）。

与历史类似，对小学地理教学目的与任务的研究也具有上述特点。针对《小学地理教学大纲说明（草案）》提出的教学目的和各年级教学要求，即地理知识和技能、唯物主义的基本观点、爱国主义和国际主义精神，有研究者对教学中存在的问题进行了分析，并围绕教学目的和要求提出了具体的教学原则（王祥珩，1953）。还有研究者将小学地理教学的目的分为"教养目的"和"教育目的"，教养目的主要是"传授给儿童以系统化的地理知识、技能和熟练技巧，从而培养他们的认识能力"；教育目的主要指"培养儿童具有共产主义的道德品质"，即在小学地理教学中进行思想政治教育（袁理舒，1958）。还有学者借鉴苏联地理教学的目的要求，将小学地理课看作是进行思想政治教育的一种途径，认为小学地理教学的目的和任务就是通过地理教学在掌握基本的地理知识和技能的基础上，重在培养儿童的唯物史观和社会主义觉悟等（吴镇国，1956）。

改革开放以后，有关小学历史和地理教学的目的与任务的研究，逐渐淡化了上述政治化的影响，回归到了学科本位。尤其是小学社会科取代小学历史、地理以后，对社会科课程的综合性、实践性、社会性等特点的关注越发明显。吴益中通过比较社会科与历史、地理教学目的的不同，认为"社会课是使学生初步了解一些家乡、祖国和世界的社会常识，培养他们正确观察社会、适应社会生活的能力的一门课"（吴益中，1992）。这种社会常识和历史常识、地理常识是不同的，虽然其中也包含着一定的史地常识。"总的来说，小学历史课和地理课是学科课程，而小学社会课是社会常识的综合课程"（吴益中，1992）。还有学者认为，"社会课的教学任务总的来说有三项：学习一些社会生活常识；学会一些社会生活技能；参加一些社会实践活动"（戴耳乌，1998）。这一阶段的小学思想品德课，在教学目的和任务的相关研究上，也更加注重对品德教育本身的关注。如主张在培养"四有"新人、开展思想道德教育的同时，注重学生养成良好的行为习惯（李茶晶，1988）；根据教学大纲的要求，将小学思想品德课教学任务界定为"提高学生的道德认识、培养学生的道德情感、指导学生的道德行为"（惠长春，1997）。

到了品德与生活、品德与社会和道德与法治阶段，课程的综合性更为凸显，有关其教学目的和任务的研究也更关注课程的基本性质。李稚勇认为，作为"一门促进学生社会性发展的小学人文社会科学综合课程"，品德与社会课有自身的整体性教育任务，具体有三方面的要求：情感态度价值观的发展和培育；学习能力和社会实践能力的培养；人文社会科学（尤其是历史、地理）综合性知识的学习与掌握（李稚勇，2006）。

(二) 教学功能的研究

有关教学功能的研究，在很长一段时间内都是围绕着学科的德育功能或育人功能来展开的。通过前文所述的教学目的和任务的相关研究可看出，从新中国成立到新课程改革之前的很长一段时间，小学历史、地理、社会、思想品德等课程都十分注重德育功能和思想政治教育功能的实现。小学历史和地理课的教学，在其知识和技能培养的基础上，大多数研究者关注的都是其"教育性"，也就是德育功能，如通过小学史地课进行爱国主义教育（黄庆来，1983；于魁荣，1985；马国臻，1990）、思想政治教育（朱美芳，1965）等。此类研究成果比较丰富，但研究内容和结论大同小异，都强调在历史、地理或社会课中渗透爱国主义教育和思想教育，实现教学的德育功能。还有研究者结合具体的教学内容，挖掘教学中德育的显性和隐性因素，寻找体现德育功能的具体途径（娄赫民，1992）。

随着课程设置的不断成熟和完善，品德与生活（社会）、道德与法治课程本身的德育功能不言而喻，重点在于如何实现这种育人功能。鲁洁指出，"道德教育的根本功能是发展人和解放人，而不是限制人和束缚人"，围绕这一基本功能，品德课的教学就需要构建"生活德育"，体现出"品德课的学习是一种价值和意义的学习"这一特点（鲁洁，2015）。有研究者从教材实施、学生情感激发和教学策略选择等角度，提出了品德与生活育人功能的实现方式（宗引囡，2005）。同时，由于课程的综合性特点，在对其教学功能的研究中，研究者突出了该课程多方面的功能。如有研究者认为，"小学品德与社会课通过生活教育、综合性教育、价值观培养、社会责任和道德教育，促进了学生健康、全面的发展，体现了其培养学生自我意识、公民意识、社会责任感、价值判断能力的功能"（柯智勇，2008）。还有研究者从课程的性质与功能、育人目标和教学三方面分析梳理了近20年来小学德育课程育人功能的演变，认为从品德与生活、品德与社会到道德与法治，小学德育的育人功能在不断完善和清晰化，在体现时代特征的同时承载着塑造人、培养人的育人功能（卢丹丹，2020）。

二、小学社会科教学内容的研究

梳理新中国成立70年来小学社会科的教学内容，随着课程设置的不断变更，教学内容也在随之变化。由于课程分分合合的设置变化，小学社会科教学内容并没有形成统一的模式和要求。同时，在有课程教学大纲的阶段，教学内容基本上是根据大纲而固定的，我们可以从以下几个视角来梳理有关教学内容的相关研究。

（一）对教学内容特点的分析研究

新中国成立初期，有关小学地理教学内容的研究一方面渗透思想教育的原则，另一方面也着力围绕课程自身的特点进行了分析总结。张文郁对地理的教学内容做了分析，他根据教材内容的结构提出了教学内容的特点，指出"小学地理教学内容应当重视自然地理的要素，注意地理现象的相互依赖关系和人地的相互关系"，同时，"必须运用地球仪、地图和画片来认识地理综合体，获得鲜明的观念和识记地理的基本概念"（张文郁，1956）。由于当时初小阶段没有教学大纲，有研究者通过分析语文课本，总结出了相应的地理教学内容，如关于乡村与城市、方向、地形、天气等方面的知识；高年级的地理课内容在大纲里有了明确规定，因此该研究者对教学内容的特点进行了分析，认为小学高年级地理教学内容具有"共产主义的目的性、思想性""科学性和系统性""符合学生的接受能力""符合理论联系实际的原则"（杨清波，1958）。

到了20世纪八九十年代，针对社会科的内容特点的研究仍然主要围绕着教材内容和教学大纲的要求来陈述。有研究者认为，小学社会科的教学内容"遵循小学生的认知规律，使他们从认识周围社会开始，进而认识祖国和认识世界，逐步扩大认识社会的范围"（刘淑梅，1991）。还有研究者通过对比社会科课程和历史、地理课，提出社会科的内容基于历史和地理的内容，同时又有了很大的拓展，使得社会科的内容更加集中和充实（吴益中，1992）。因此，小学社会科不是小学历史和地理教学内容的简单合并，其内容的组织是以"认识社会"为线索进行的知识重组，是历史和地理的结合（韦志榕，1996）。

　　思想品德课诞生以后，针对思想品德教育的内容特点，有不少研究者作出了分析。宋殿宽通过分析小学思想品德教育的目的和任务，提出小学思想品德课的内容与小学德育内容是一致的，并受后者的制约。他认为应当改变过去品德教育政治化、成人化的特点，"小学思想品德课的内容应当是具体的，而不是抽象的；是学生日常生活中能够接触到的，而不是远离学生、捉摸不住的；是在学生的行为实践中可行的，而不是与学生的行为不沾边的"（宋殿宽，1989）。吴慧珠也提出，要根据《小学德育纲要》和《小学思想品德课教学大纲》对小学品德教育内容进行整体改革，使小学德育在横向上各层次相互联系，纵向上各年级内容深浅有层次，符合儿童的年龄特征和可接受性（吴慧珠，1989）。人民教育出版社在小学思想品德课开设十年的回顾中指出，小学思想品德课"教学内容的确定要建立在科学基础之上"，所谓科学基础，就是将社会对人才的需求和小学生自身的年龄特征、知识基础、社会经验等相结合，后者在教学内容的确定上尤为重要（人民教育出版社，1991）。上述这些理念的提出是小学德育从政治课到思想品德课转变的最大体现，为之后小学思想品德课教学内容的儿童化和生活化提供了有益的指导。

　　进入21世纪以来，伴随着小学思想品德课程的改革，品德与生活、品德与社会、道德与法治课程的诞生，对小学社会科教育内容特点的研究又有了新的特点。围绕课程的基本性质和特点，研究者对品德与生活、品德与社会教学内容的分析主要围绕生活化、开放性、综合性等特点展开。其中，教学内容的生活化是小学德育课程改革的核心，也是品德与生活、品德与社会教学的基本指导思想。这类研究比较多，观点也比较集中，有些研究立足于对教学内容生活化的分析和阐述（周吉群，2003；王晓香，2004），有些研究则通过生活化的内容要求，针对具体的课例进行生活化的分析与设计（陈淑芬，2006）。而对于道德与法治课的教学内容而言，除了继续贯彻生活化的教学原则之外，研究者们更多关注核心素养在教学中的渗透与运用。研究者基于核心素养对教学内容进行优化整合，并提出促进学生核心素养的培育的原则和方法（陈兴明，2022）。

综上所述，新中国成立70年来小学社会科教学内容特点的变化，总体上遵循着从成人化到儿童化、从学科本位到生活本位的转变逻辑。这既是学科发展的基本趋势，也是小学社会科适应时代发展的必然产物。

（二）关于教学内容选择的研究

在不同时期的教学内容选择上，也能够体现出上述特点。新中国成立初期小学历史和地理教学内容的选择，大多围绕教材内容来确定。张文郁指出，小学历史教学内容的选编应当遵循以下原则：（1）不违背社会发展的规律，按照历史发展的顺序，有重点地选择重大事件和任务；（2）以祖国历史为主，联系和祖国关系密切的近代史；（3）将劳动人民作为历史的主人、社会发展的主体；（4）掌握多民族国家的特点；（5）搜集和发挥历代农民革命运动的资料；（6）掌握无产阶级革命对世界史的影响（张文郁，1956）。张文郁对地理教学内容的选编也做了相关研究，指出了思想政治性、科学系统性和儿童接受性等三条原则（张文郁，1956）。1957年，教育部发布《关于精简小学语文、历史、地理教材的通知》，江苏、四川等省为贯彻此项通知，结合教学的需要，对教材内容进行了不同程度的改编。此外，教材内容的改编还为了体现"厚今薄古"的精神，强调历史学习对现实生活的意义（江苏教育学院小学历史教材编写组，1958）。

20世纪80年代以来，对教学内容选择的研究更为多样化。有研究者从知识性、趣味性、思想性三个方面阐述了小学历史教学中知识传授的特点，将历史知识、学生兴趣和爱国主义教育三个方面的教学内容做了有机整合（雷鸣富，1982）。娄赫民提出小学历史教学的整体性，强调课堂教学结构的整体性和知识的整体性，尤其是知识的整体性使得历史教学中的新旧知识、知识点之间、同类知识等形成了一个完整的知识系统，起到了以点带面的教学效果（娄赫民，1989）。马国臻从教学控制的角度提出了对小学地理教学内容、难度及教学目标等方面的选择和控制，如通过"一课一得"来控制教学内容的定量，通过重新组合教材内容来达到对教学程序的控制等，以使教与学的效果达到最佳（马国臻，1991）。这类研究虽然没有专门讨论教学内容的选择问题，但都从不同角度涉及了对教学内容的选择和优化。

小学思想品德课程诞生以后，研究者们特别关注的一个问题是教学内容应当符合儿童的年龄特征和思维发展的规律，基于这个前提对教学大纲和教材中的内容进行二次选择。例如，有学者认为，思想品德教育的内容应当系列化、层次化，根据学生特点和发展水平将学生分为低中高三个层次，并安排相应的教育内容（邹月华，1986）。另有研究者指出，品德教育的内容要有"序"，即根据学生的心理水平、年龄特征，及其地区间的差异分出层次（赵文奎，1987）。宋殿宽指出，小学思想品德课是以"五爱"和"五讲四美"为中心的社会公德教育和社会常识教育，但"考虑到小学生的年龄特征、知识基础、社会经验、思维发展水平，特别是小学生思想品德形成和发展的规律"，教学内容应当侧重于"使他们懂得如何做人的道理，掌握日常生活最基本的行为准则，培养良好的个性心理品质"，具体内容的选择最好是"学生能够看得见、感觉得到的，是学生能够经常碰到的人与人之间、个人与集体之间、个人与社会之间的关系问题"（宋殿宽，1988、1989）。这种对教学内容进行选择的基本原则符合上述对教学内容特点的分析，是这一时期小学思想品德课的基本趋势。

进入20世纪90年代以后，针对小学历史、地理和思想品德教学内容的选择出现了一些新的特点，融入了时代发展的特点。例如，有研究者通过分析小学历史教材中有关改革开放的内容，提出了相关的教学建议（李维枢，1992；袁冬生，1993）。有学者针对新形势下的小学生在行为习惯、金钱观念、职业理想等方面存在的认知混乱，围绕相关教育内容在学校开展德育活动，试图改进和提升小学生的思想道德状况（王秉环，1994）。有研究者结合市场经济的社会背景来谈教学观念的转变以及教学内容的改进，提出了"独立自主、开拓创新、敢于冒险竞争"的教学观念，并结合这些观念对具体课文内容的重组和改进提出了建议（张月华，1994）。有研究者主张通过发掘教材内涵，对学生进行商品经济意识的教育（刘瑞琦，1994）。还有的研究试图通过思想品德课的教育，培养学生对社会的适应能力（张福佑，1995）。这类研究抓住了新时期的时代特点，以及对思想品德课教学的影响及其应对。

小学思想品德课程改革以后，教学内容的生活化成为教材选编和教学内容选择的基本原则。周吉群指出，教师在教学中要注意教材内容与学生现实生活的联系，关注社会变化，把静态的教学内容和动态的现实生活结合起来进行教学。与此同时，"教学内容的选择要与本地区和本学校的特点紧密结合"，并以此对教材内容进行增删调整（周吉群，2003）。结合课程标准对教学内容的要求，李稚勇提出儿童社会生活是课程教学的一条主线，从个人、家庭到祖国、世界，"以这大大小小的生活领域为主题组织教学内容，构成教学内容的若干'方面'"（李稚勇，2006）。道德与法治课程的教学内容延续了品德与生活、品德与社会的生活化特点，研究者在对教学内容的选择上也都是紧密围绕着贴近生活这一视角，"生活化教学"不仅是道德与法治教学内容选择的依据，也是基本的教学原则和方法（章乐，2018；唐燕，2020）。

（三）关于教学内容改革的研究

70年来，小学社会科的教学内容一方面随着课程设置的改变而不断变化，另一方面也顺应着时代对培养儿童社会性的要求而改变。从新中国成立初期的小学历史、地理课，20世纪八九十年代的社会课、思想品德课，到如今的道德与法治课，教学内容几经变革，融合了历史与地理知识、品德教育、法治教育等。综合来看，关于社会科教学内容改革的研究主要涉及以下方面。

1.渗透思想政治教育

新中国成立之初至20世纪八九十年代，在小学历史和地理教学内容中渗透思想政治教育，是这一时期社会课教学的一大特点。李大方认为，历史课的政治思想性很强。在其所著《小学历史教学法研究》一书中，李大方用一章的内容阐述了"小学历史课的政治思想教育"，从主要内容、基本要求、途径和方法等方面陈述了该问题（李大方，1958）。有研究者将小学历史课作为

"对学生进行阶级观点、劳动观点、群众观点、辩证唯物主义观点教育的重要思想阵地"（朱美芳、陈连玉，1965）。陈亚昌认为，小学历史教学中的思想教育主要为两方面，即马克思主义历史学的基本观点和"五爱"教育（陈亚昌，1986）。有研究者主张利用具体的历史人物进行思想教育，而不是讲大道理的方式（邢志刚，1988）。还有研究者提出了在地理教学中进行思想政治教育的途径，如利用课文、地理图像、乡土教材、对比、座谈、数据等方式对学生进行思想政治教育（陈晓荷，1991；李毓秀，1996）。小学德育课程改革之后，对思想政治教育的关注有所减弱，相关研究也随之减少。

2.强调爱国主义教育

对爱国主义教育的强调，是小学社会科教学内容的一个重要组成部分。早在20世纪50年代的历史和地理教学中，爱国主义教育就被作为教学的任务之一，"在小学地理教学中，要培养学生的爱国主义和国际主义精神"（杨清波，1958）。到了20世纪80年代，对爱国主义教育的强调愈加明显，有研究者结合课例分析探讨进行爱国主义教育的策略（欧阳先霞，1982；刘少平，1983；郭连芳，1984）；有研究者从教学任务和意义的角度阐述历史、地理教学中的爱国主义教育（黄庆来，1983）；还有研究者从整体上探讨对历史、地理教学中爱国主义教育的思考和建议（陈亚昌，1985；马国臻，1988）。20世纪90年代以来，伴随着教学途径的扩展和教学资源的丰富，爱国主义教育的方式也愈加多元。有学者主张通过情感、教具、电化教学手段，以及新时期社会建设的成就的课程资源等视角培养小学生在历史学习中增强爱国主义情感（贾世明，1994；白金英，1994；赵青，1996）。

爱国主义教育本身就是品德教育的基本内容，因此在小学思想品德课、品德与生活、品德与社会以及道德与法治课程中，爱国主义教育不再是以渗透和结合的方式进行，而是作为课程内容的重要组成部分进行教学。研究者们重点关注的是如何在教学中更好地开展爱国主义教育，如宋殿宽认为要有计划、系统、全面地进行这方面的教育，根据年级循序渐进、逐步加深；处理好学科之间的关系；结合思想性、知识性和趣味性；采用多种教学方法（宋殿宽，1983）。杨印斌分析了爱国主义教育在小学思想品德课教学中的特征，即主导性、层次性、形象性和渗透性，提出挖掘教材中的爱国主义因素，有意识地对学生进行爱国主义教育（杨印斌，1995）。有研究者将品德与社会课程中的人文、历史、地理教学内容作为爱国主义教育的载体，认为通过对教材内容的重组和补充，系统地进行爱国主义教育（崔军，2017）。还有研究者重点论述了在品德与社会、道德与法治课程中进行爱国主义教育的具体方法和策略（蔡海英，2012）。

3.坚持"史地"教学内容

历史和地理知识的教学一直都是小学社会课程的基本内容，无论是分科课程时期，还是综合课程阶段，"史地"教学内容都是不可缺少的组成部分。在社会课程阶段，课程的融合性比之前分科课程时期更强，教学内容更为广泛，但主要还是以"史地"为主。韦志榕在《对社会课中历史、地理、社会常识的思考与认识》一文中指出，虽然社会课中"史地"内容的系统性有所降低，侧重点也有不同，但"史地"内容依然是学生认识社会的窗口（韦志榕，1996）。在品德与生活、品德与社会课程阶段，"史地"教学内容存在的主要问题是教学难度的增大。2011年，浙江省教育厅教研室专门针对教学难度的问题开展了专题研训活动，"希望通过'课例研究、观点报告、主题研讨'等活动，分享实践经验，总结研究成果，研讨困惑问题，探索有效开展思想品德课程"史地"内容的教学策略和方法，帮助教师更好地开展教学"（邬冬星，2011）。由于课程整合之后教学内容的综合性增强，"史地"内容的教学难度增大，这一时期的研究主要体现为针对"史地"教学存在的问题和相关建议上。有研究指出品德与社会中"史地"教学存在专业教师缺失、知识技能要求不清晰、知识与情感分离等问题，并从相应的视角提出了解决的对策（邬冬星，2011）；有研究围绕"史地"内容的趣味性，从教学内容的选择、情境的创设、活动的设计等方面提出了兴趣教学的策略（杨婧，2015）。还有研究以主题单元教学为例，提出了品德与社会课教学中"史地"知识的教学策略（许健坤，2015）。总的来说，"史地"教学内容在新时期遇到了新的问题，这些问题反过来促进了学者和一线教师对品德教育与社会常识教育融合问题的思考。

4.重视中华优秀传统文化教育

进入21世纪以来，伴随着小学德育课程的改革，小学社会科对中华优秀传统文化和传统美德的重视得到了不断凸显。有研究者以品德与社会科课程中的"端午"课例出发，分析了全球化背景下中华优秀传统文化教育的时代意义以及具体的实施过程（严黎俊、沈晓敏，2010）。还有研究者以国粹京剧作为课例分析对象，阐述品德与社会教学中对中华优秀传统文化的传承与践行方式（陈桂虹，2014；樊雪红，2018）。除此之外，将中华优秀传统文化融入品德课程教学，探索教学方式和途径的研究屡见不鲜，从不同视角提出了中华优秀传统文化资源在教学中的体现，如节日民俗、饮食、体育、蒙学材料等（庄永敏，2015；易美媛，2019）。到了道德与法治课程阶段，中华优秀传统文化教育的内容得到了更高的重视，相关的研究也大幅度增加。有研究者关注的是中华优秀传统文化中的节日、饮食等习俗在道德与法治教学中的应用过程与策略（董新，2018；刘秋萍，2018），有研究者关注在儿童立场下，中华优秀传统文化教育在目的、内容和策略上的定位与选择，主张基于儿童立场进行中华优秀传统文化教育（章乐，2018）。总的来说，这一时期关于道德与法治教学中融入中华优秀传统文化的研究非常丰富，视角也更加多样化。

5.注重社会主义核心价值观教育

进入21世纪以来，社会主义核心价值观教育成为品德教育的重要组成部分。在2011年版的《义务教育品德与生活课程标准》和《义务教育品德与社会课程标准》中，都提出了课程要以社会主义核心价值观体系为指导的基本思想，相关研究也随之出现。有研究者通过对课例《千年不衰的汉字》的分析，阐述社会主义核心价值观在品德与社会教学中的渗透与体现（王彤，2013）。杜文艳认为，社会主义核心价值观是引领中小学生社会性发展的航标，品德与生活、品德与社会则是进行这一教育的载体，通过分析社会主义核心价值观在课程内容中的具体体现，为教学奠定了基础（杜文艳，2014）。还有研究者通过分析社会主义核心价值观的逻辑层次，即个人—社会—国家的逻辑演进过程，以及小学品德课程内容的同心圆模式，将二者有机地结合了起来，并结合不同课例做了具体分析（徐静，2014）。也有研究将小学品德与生活、品德与社会课看作社会主义核心价值观培育的重要载体，并结合品德与生活、品德与社会课的目标和内容分析了社会主义核心价值观的体现，或者提出了社会主义核心价值观在品德与生活、品德与社会课中实践的途径（董一红，2016）。对社会主义核心价值观教育的重视虽然只有十来年的时间，但它符合社会发展的新形势，将成为小学社会科教育的重要组成部分。

6.重视法治教育

2016年，伴随着道德与法治课程的诞生以及《青少年法治教育大纲》的颁布，法治教育成为小学社会科教育的重要内容之一。针对这一全新的任务，不少研究者开始关注如何在道德与法治教学中有效实施法治教育。有研究者从联系家庭生活、评析生活案例、模拟生活情境等角度出发，并结合具体的课例分析，提出了让小学生感受规则与法治、体验法治社会生活的教学策略（刘丽芳，2017）。有研究者提出要依据课程标准，联系家庭、社会、校本课程共同开展，同时要联系学生生活、注重情境、善用多媒体等手段（张雷鸣，2017）。此外，更多研究者都是从一线教师的视角提出了自身在教学中对法治教育的思考，并且结合课例分析提出了相应的教学策略（邹席，2019）。小学社会教育中对法治教育的重视是当前社会发展的趋势和要求使然，小学生法治素养的提升和法治观念的建立都需要通过法治教育来实现，教师作为研究者对教学问题的相关思考和研究将进一步促进法治教育的发展。

三、小学社会科教学原则、方法与模式的研究

（一）社会科教学原则的研究

教学原则是根据教育和教学目的，依据教学规律而制定的对教学的基本要求，指导教师的教，也指导学生的学。新中国成立初期，研究者对小学历史、地理教学原则展开了研究。在小学地理教学方面，有研究者提出应贯彻直观性原则（张星明，1956；严灌益，1957）、理论联系实际原则（顾贵先，

1958），还有研究者提出小学地理教学应坚持紧密结合乡土研究、讲授力求形象化、把儿童要掌握的地理知识展示在地图上、把地理知识和儿童的生活结合起来等具体化的原则（袁理舒，1958）。在小学历史教学方面，研究者们提出应坚持直观原则、自觉性和积极性原则、系统性原则、巩固性原则、可接受性原则（李大方，1958；张文郁，1956）。

21世纪以来，随着小学品德与生活、品德与社会课程的开设，小学社会科教学原则得到了较多的关注。我国学者对小学社会科教学原则进行研究，提出了诸多原则：思想性原则、生活性原则、活动性原则、体验性原则、动态开放性原则、综合性原则、主体参与性原则、认知与道德发展相统一原则、以社会主义核心价值观为指导的原则，以及整体性原则、层次性原则、优化原则、主体性原则等等。其中，对生活性原则、综合性原则、主体参与性原则、动态开放性原则研究颇多（湖南省教育厅组织编写，2009；张茂聪，2015；阳光宁，2006）。

案例3-1：生活性原则实施片段[①]

《我找到了秋天》（教科版《品德与生活》一年级上册第五单元）教学片段

师：(上节课) 我们去野外寻找秋天时，同学们觉得这儿也美，那儿也美，让老师用相机拍下来。现在我把这些照片传到电脑里，我们一起来欣赏吧。

（播放课件：我找到了秋天）

（孩子们兴奋地看着，不时地告诉别人："这是我找到的，这是我找到的。"）

师：（将画面定格在一棵野果树上。）我记得有一个小朋友曾经要老师将这棵野果树拍下来，这个小朋友是谁呀？

生：老师，是我。

师：那你说说，为什么要给这棵树拍一张照片呢？

生：我觉得这野果子好看。

[①] 湖南省教育厅,《品德与生活(社会)教学论》,长沙:湖南科学技术出版社,2009:51.

生：这果子又圆又红。

生：像一粒粒小珍珠。

生：老师，这果子能吃吗？

生：能。是酸的，没有苹果好吃。

生：妈妈说过，野果子不能随便吃，会中毒的。

师：同学们说得好极了。是的，野果子虽然好看，但有些有毒，我们不能随便吃。

师：（继续播放课件，将画面定格在一片油茶林。）小朋友们，这里大家一定很熟悉吧，这是哪儿呀？

生：这是茶籽树，树上结了好多好多的苞苞。

生：苞苞又大又圆，里面有籽。

师：对，苞苞就是油茶的果子。秋天到了，油茶的果子成熟了，大人会怎么样呢？

生：要把茶籽摘下来。

生：老师，我摘过茶籽，好累好累。

生：我爸爸妈妈不怕累，我们家摘了好多好多的茶籽。

师：老师也摘过茶籽，真的又苦又累，但茶籽榨出来的油是最好吃的，是绿色的食品，很多人都喜欢。它可是我们茅竹的特产哟！

师：（继续播放课件）同学们，你们的大眼睛可真厉害，找到的秋天美极了。我想等你们长大了一定会成为大摄影师的。

案例 3-2：综合性原则教学案例[①]

针对学校食堂一次性饭盒的使用屡禁不止的现象，我校一位教师就作了这样的拓展。对于一次性饭盒的生产和回收问题，她让学生分别扮演饭店的老板、顾客、饭盒生产厂的厂长、垃圾回收站的工人、环保专业人士等，然后模拟进行一次座谈会。在座谈会上，各个角色从自己的立场阐述对一次性

[①] 金启根，《小学品德与生活（社会）课程的综合性拓展探究》，教学与管理，2007（17）.

饭盒的看法。参与角色扮演的学生和旁观的学生,从这一活动中都可以了解到对于一次性饭盒的生产和回收问题涉及多方面关系,进而也知道,如果要彻底解决一次性饭盒的污染问题,必须全面考虑多个方面的因素,否则再好的改善措施都难以取得实效。在这样的活动设计中,不再是"满堂灌"的教学,而是在活动中融合调查、访问、资料收集、集体研讨交流等学习方法。

此外,还有研究者对国外社会科教学原则展开研究。例如,有研究者分析美国社会科有效教学的原则包括有意义原则、综合性原则、基于不同价值观的原则、具有挑战性的原则、积极主动的原则,提出社会科有效教学的实现需要多方面的支持和保障,包括教师需要做充分的专业准备、拥有充足的课时和广泛的教学资源,还需要地方和国家等层面对社会科教学的大力支持(任京民,2010)。

(二)社会科教学方法的研究

1.关于社会科教学方法的分类

有研究者根据社会科教学要求和特点,提出社会科教学应采用分组讨论法、扩展阅读法、旅行教学法、对比教学法和实践活动法等方法(赵妙娟,1997)。有研究者认为品德与生活、品德与社会课程常用的教学方法主要有讲授、谈话、讨论、辩论、调查、情感体验、模拟游戏、角色扮演等(李稚勇,2006)。有研究者按照教学方法的外部形态和这种形态下学生认识活动的特点,将品德与生活、品德与社会课程常用的教学方法分为五个类别:(1)以语言传递信息为主的教学方法,有讲授、讲故事、谈话、讨论法、辩论等;(2)以直接感知为主的教学方法,有演示法和参观法;(3)以引导探究为主的教学方法,有访谈、资料调查、现场调查等;(4)以体验感知为主的教学方法,主要有情景模拟和角色扮演、游戏、欣赏等;(5)以实际训练为主的教学方法,有操作性、实践性活动以及练习等(湖南省教育厅组织编写,2009)。

此外,还有研究者对小学道德与法治课程教学方法的分类展开具体探究,认为根据教学方法的不同特征和不同分类标准,可以将道德与法治课程教学方法分为不同的类型，包括：（1）根据道德与法治教学方法的含义分类，可以分为教法和学法，教法有讲授法、问答法、演示法等；学法有计划法、听课法、复习法、自学法等；（2）依据传递信息的来源和感知信息的特点，可以分为口述法、直观法、实践法等；（3）按照某个教学阶段要实现的教学目标，可以分为获取知识的方法、形成技能的方法、运用知识的方法、创造性活动的方法、巩固知识与技能的方法、检查知识与技能技巧的方法；（4）按照教师教和学生学等方面侧重点来分，可以分为知识传授式教学法、发现式教学法等不同类型（袁滢，2020）。此外，还有研究者提出道德与法治课程应采用议题教学法（石雨晨等，2022）、情境教学法（帅宁华，2020）、游戏法（万婷、薛家平，2019）等教学方法。

2.教学方法的选择与运用问题

有研究者认为品德与生活、品德与社会课程教学方法的选择应考虑以下几个方面：(1)依据学科的性质和特点；(2)依据教学目标；(3)依据师生特点；(4)依据教学情境(湖南省教育厅组织编写,2009)。有研究者认为品德与社会课教学方法选择应借鉴苏联教育家巴班斯基根据教学最优化理论所提出的教学方法的选择标准,主要包括六个方面：(1)教学方法符合教学规律和教学原则的标准；(2)教学方法符合教学目的和任务的标准；(3)教学方法符合教学内容特点的标准；(4)教学方法的选择应考虑学生的可能性的标准；(5)考虑教师利用各种教学方法的可能性的标准；(6)考虑教师利用各种教学方法的结合所具备的时间的标准(张茂聪,2006)。还有研究者认为，道德与法治教学的方法选择应依据教学目标、教学内容、学生实际、教师自身条件、教学条件（袁滢，2020）。总的来说，关于教学方法选择的研究大多从教学目的、教学内容和任务、学生和教师实际情况、教学条件等方面来考虑，力求教学方法的选择科学化。

关于教学方法的运用的具体探讨较多，大多从教学方法的运用的注意事项或运用环节来讨论。例如，品德与生活、品德与社会课程运用讨论法的注意事项包括：明确讨论的主题；讨论前师生双方都要做好充分准备；教师要成为讨论的引导者和推动者（李稚勇，2006）。运用谈话法教学时要注意以下方面：(1)教师要做好充分准备；(2)提出的问题要难易适度、富有启发性；(3)提出的问题要明确具体、有针对性；(4)提出的问题要面向全体学生，使所有学生都积极思考；(5)提出问题后，要给学生适当的思考时间；(6)教师要有较强的应变能力，对学生的回答能迅速做出反应，给予正确评价和及时引导（张茂聪，2006）。道德与法治课程中应用议题式教学法的核心要素包括情境、议题和活动，具体流程包括：设计基于真实情境的高质量议题、围绕议题开展丰富多样的教学活动（石雨晨等，2023）。

3.教学方法的改革与探索

我国学者李秉德根据教学方法的外部形态和这种形态下学生认识活动的特点，将我国中小学常用的教学方法分为五类：以语言传递信息为主的方法；以直接感知为主的方法；以实际训练为主的方法；以欣赏活动为主的方法；以引导探究为主的方法（李秉德，1991）。参照该教学方法分类框架，可以梳理小学社会科教学方法的研究成果。

（1）以语言传递信息为主的方法

①讲授法。讲授法是教师运用口头语言系统地向学生传递知识和信息的方法，具体包括讲述法、讲解法、讲读法，是最基本、应用最普遍的一种教学方法。研究者们对小学社会科讲授法的运用注意事项进行了诸多探讨，提出了一系列的注意事项，如讲授的内容要具有科学性、思想性、启发性（李稚勇，2006）；讲授要条理清楚、重点分明、语言清晰、准确精练；讲授法应与其他教学方法配合使用，调动儿童积极性（湖南省教育厅组织编写，2009）。

②谈话法。谈话法，亦称问答法，是小学社会科教师根据学生已有知识经验，借助启发性问题，通过口头问答的方式，引导学生从比较、分析、判断等思维活动中获得体验、促进道德成长和社会性发展的教学方法（湖南省教育厅组织编写，2009）。有研究者探讨了小学道德与法治教师课堂提问应具有的特征：层次性和开放性；使用合理的语言精准构建问题；提问要面向全体学生（李璐，2018）。有研究者指出小学社会科教学应从问答走向对话，开

展对话式教学，从淡化教师角色意识、在教学中营造儿童文化以及从"在场因素"出发组织教学三方面开展对话式教学（高德胜，2004）。有研究者提出小学道德与法治课堂深度对话构建应以挑战性问题的驱动为前提，以高水平认知的发展为表现（陆宏英，2021）。

③讨论法。讨论法是在教师指导下，学生围绕某个话题或问题发表和交换意见，相互启发、相互学习的教学方法。讨论法是以学生为主的活动，是学生在教师的指导下通过独立思考和相互交流展开学习的方法。有研究者指出道德与法治课堂讨论存在的问题，如学生对课堂讨论缺乏兴趣、课堂讨论参与度低、课堂讨论次数过多而讨论质量低等。研究者对此提出改善课堂讨论的对策，包括明确课堂讨论的目的和意义；课堂讨论问题设计应具有开放性、现实性和针对性；合理确定参与讨论者的范围；创建民主、平等、和谐的师生关系；发挥教师主导作用；建立多元化评价方式；等等（闫生厚，2017）。

④辩论法。辩论法是指在教师指导下，学生以小组合作的方式，对一个问题的不同见解展开辩论，并在彼此思辨的过程中，得以澄清想法进而强化行为，以达到教学目标的教学方法。有研究者指出，教师运用辩论法应当注意：第一，选准辩论主题，主题应具有复杂性、多样性、争议性；第二，要求学生事先准备材料、论据等；第三，了解辩论规则；第四，教师评定体现发展性（湖南省教育厅组织编写，2009）。还有研究者明确了辩论的具体程序，在准备阶段应确定合适的辩题、明确学生分工、确定辩论规则、确立评分标准（李稚勇，2006）。

(2) 以直接感知为主的方法

①演示法。演示法是指教师在课堂教学中通过实物或直观教具的展示，帮助学生获得对事物及其现象的感性认识，从而促进学生理解和掌握所学知识的教学方法。研究者们一般将演示教学分为实物和模型的演示、图片类（图画、图表、地图）演示、电教（幻灯片、录像、电脑）的演示等（张茂聪，2006）。有研究者指出道德与法治教学中运用演示法应做到：第一，要注

意演示前做好充分的准备，并明确演示的目标；第二，在演示过程中注意加强对学生的引导，进行恰当的讲解，把演示的事物与学习的内容结合起来，加深学生的认识和理解；第三，演示要适时，在课堂中选择恰当的时机进行演示也会增强演示的效果（袁滢，2020）。

②参观法。参观法是教师根据教学目的，组织学生到校外观察自然现象和社会现象，从而获取知识和体验的教学方法（湖南省教育厅组织编写，2009）。研究者们对社会科运用参观法进行教学的注意事项进行了探讨，具体包括：课前，教师要根据教学内容和学生特点，恰当地选择和准备好演示媒体；演示时，教师要注意引导学生观察主要特征和重要方面，使学生在获取感性材料的同时，尽量掌握事物的本质和发展规律；在教学过程中，不应过早地展示媒体素材，以免分散学生的注意力，降低学习兴趣（张茂聪，2006）。

(3) 以实际训练为主的方法

练习法，是指在教师指导下，学生在各种活动和日常生活中运用所学的知识完成一定的操作或进行某些活动，以获取知识、提高认识，形成技能技巧或行为习惯的教学方法。练习法的具体案例如下（湖南省教育厅组织编写，2009）：

案例3-3：练习法运用案例

在上《看我多精神》（人教版《品德与生活》一年级上册）一课时，教师让学生懂得坐、立、走正确的姿势与身体健康的关系之后，可组织学生以小组为单位进行练习，学习和展示坐、立、走的正确姿势，互相评判，互相学习。

又如上《我换牙了》（人教版《品德与生活》一年级下册）一课时，先让学生了解为什么会换牙、怎样对牙齿进行保健，然后要求学生拿出课前准备好的牙具进行练习，学会正确的刷牙方式。

有研究者指出，品德与生活、品德与社会课的练习法运用应注意明确练习目的、调整练习坡度、巧设练习方法、准确及时评价等方面（湖南省教育厅组织编写，2009）。还有研究者认为，道德与法治课实践类作业的设计应做到：基于学生差异，布置有"梯度"的作业；基于课堂教学的整体性，布置有"广度"的作业；基于学科内容的结构化，布置有"深度"的作业；基于核心素养的培养目标，布置有"温度"的作业（朱勇、罗霞，2022）。

(4) 以欣赏或情感体验为主的方法

①欣赏法，是一种以儿童的体验、感受为主的教学方法，如社会科课程中通过某个人物或某件事所表现出的道德品质或对社会品德的欣赏，培养学生养成良好的行为习惯。有研究者认为，小学社会科课程引导学生欣赏要注意：第一，强化体验，调动学生的各种感觉器官，眼看、耳听、口说，接受美的熏陶，实现形象的感化作用；第二，酝酿情感，将欣赏对象和学生之间的情感连通起来，对学生心灵的塑造起到潜移默化的作用。例如，以下品德与生活教学中对欣赏法的运用（湖南省教育厅组织编写，2009）：

案例3-4：《风儿吹呀吹》（人教版《品德与生活》第二册第三单元）教学片段

师："风姑娘"逃不过同学们的火眼金睛，她夸你们都是细心观察生活的孩子，决定带咱们到大自然中去感受"风"。

（随着教师的叙述，多媒体播放大自然中"风"的录像片段）

师：我们首先看到的是大海，海风轻抚海面，海浪轻轻拍打着海岸，海鸥从海面掠过，我们似乎也在感受着海风带来的凉爽；整片的芦苇也和着"风姑娘"的拍子跳起了舞蹈……现在我们看到的是在北京天安门，红旗迎风飘扬，看，多么壮观！……

（师生一同欣赏大自然中的风）

师：大自然中的风多美呀！所以古往今来许多著名的诗人写下了不少与"风"有关的千古名句，我们在语文课上也学过几首，你们还记得吗？

（师生齐背古诗《春晓》《村居》）

②情境教学法。情境教学法是指在教学过程中，教师有目的地引入或创设具有一定情绪色彩的、以形象为主题的生动具体的场景，以引起学生的态度体

验，从而激发学生学习兴趣，提高学生认识，发展学生心理机能和思想品德的教学方法。该教学方法的核心在于激发学生的情感。基于情感心理学的理念，研究者们提出了一些相似的教学方法，如体验式教学、情感体验教学、情境模拟和角色扮演等。有研究者探索了小学品德与社会课体验式教学的基本结构，包括：创设情境，引发动机，激发直觉的情感体验；融入情境，启发联想，增强想象性情感体验；强化情境，析事明理，促进伦理性情感体验；超越情境，知情促行，获取创造性情感体验（见案例 3-5）（王莉韵，2009）。

案例 3-5：体验式教学案例

品德与社会课最终是为引导学生行为服务的。喜爱模仿，善于模仿，是小学生的心理特点。当学生对某种道德观念、道德规范有了认识，并初步萌生了相应的情感体验之后，就应为他们创设一定的模仿情境，并要求他们超越情境，创造性地运用情境。

如，教学《好伙伴》一课时，我创设了这样一个模仿情境：先让小木偶扮演一个个有困难的小伙伴，再让一位学生上台把有困难的小木偶当作自己的伙伴对他说一些安慰的话，并要求全体同学想想该怎么帮助这些遇到困难的小伙伴。顿时，情境中鲜明的形象、热烈的情绪，使眼前的形象与学生视觉记忆中的形象联系起来了。此情境，使学生潜在的创造性突发表现出来。大家争先恐后地上台，有的用言语表达，有的用动作表达，学生的自我表现欲得到极大的满足。在教师的赞扬、同学的鼓掌声中体验到助人的喜悦。此情境，也使教师的情感禁不住升腾了，一种工作的乐趣驱动着自己以饱满的热情投入教学活动。

有研究者认为小学道德与法治教学中应用情境教学法的表现形式可以多样化，包括创设参观采访的情境、自主体验的情境、现身说法的情境、小品表演的情境、实验演示的情境、语言描绘的情境以及录像、幻灯片的情境（郭秋源，2021）。还有研究者对社会科课程中运用情景模拟和角色扮演法的注意事项进行了探讨，提出教师应采用多种方式创设情境，如借助多媒体等现代化教学手段或让学生利用日常生活中常用的材料和工具创设情境，明确活动目标，表演要求宜宽松等（湖南省教育厅组织编写，2009）。

(5) 以引导探究为主的方法

①访谈法，是学生在教师指导下，通过与调查对象面对面地进行交流、讨论而搜集资料的一种调查方法。有研究者指出访谈法的具体程序：第一，说明访谈的目的、意义和内容；第二，创设一种能畅所欲言的气氛；第三，把握谈话的方向和主题；第四，记录访谈的内容；第五，整理访谈资料（李稚勇，2006）。有研究者认为社会科教学中运用访谈法，可以扩大学生交往空间，发展学生的社会性和多种能力，但在访谈过程中应注意尊重被访者、营造舒适氛围、善于启发学生（湖南省教育厅组织编写，2009）。

②资料调查法，是在教师的指导下，学生通过图书、报纸、电视、电话、网络等途径搜集资料，实现自主学习的方式。有研究者提出进行资料调查时应注意：掌握正确的方法，如调查法、摘抄法、裁剪法、交流法等；调查内容符合学生实际要求；教师为学生提供交流资料的平台（湖南省教育厅组织编写，2009）。

③问题解决式教学法。问题解决式教学的基本特点是以儿童为教学主体，循着儿童对问题进行连续追究的路线来推进教学进度。研究者认为开展问题解决式教学的基本顺序是：丰富学生的生活，明确个人的问题，明确共同的问题，解决问题，发现更高层次的问题（张茂聪，2006）。

近年来，有研究者提出了一些小学社会科教学的新方法，其中较为人们所关注的教学方法有：案例教学法、议题式教学法、探究式教学法等。还有研究者提出应依据现代信息技术改革传统教学方法，教师应做到：更新教育教学观念，改变教学方式，促进传统教学方法更新，提高运用信息技术的能力和技术操作水平（袁滢，2020）。当然，以上是根据教学方法的外部形态和学生认识特点的分类进行的研究成果的梳理。正如苏联学者巴班斯基在《最优化教学理论与教育论著选读（下）》一书中对教学方法分类的分析："从方法论的意义来说，重要的不仅在于把实践中成功的教学方法加以概括、进行统一的分类，而且在于强调各种教学方法的辩证统一"（中国环境科学出版社，2006）。因此，在教学实践中，各种教学方法是相互渗透、相互补充的，综合运用多种多样的教学方法有助于教学质量的提升。

（三）社会科教学模式

自21世纪以来，在基础教育课程改革的推动下，我国社会科理论研究者和教育实践者积极探索和构建符合我国实际情况的小学社会科教学模式。研究者们通过社会科教学实验提炼出多种教学模式：开放式教学模式、情景体验式教学模式、问题探究教学模式、辩论研习教学模式、创新思维教学模式（贾美华、宗富恒，2001）。有研究者基于对社会科课程标准的解读，提出了小单位实践型教学模式、"整体—部分—整体"教学模式、探索型教学模式、启发创新教学模式（阳光宁，2006）。还有研究者基于学生认知视角，将社会科教学模式分为以接受学习为主的教学模式和以探究学习为主的教学模式两大类（李稚勇，2006）。此外，研究者们对国外社会科教学模式进行了较多介绍与讨论。沈晓敏翻译了日本学者市川博的著作《社会科的使命与魅力：日本社会科教育文选》，书中对日本社会科教学模式进行了介绍，包括使用学情卡和座位表的教学模式、以地名为教材的教学模式、辩论式教学模式、提案教学模式、运用模拟教材的教学模式、使用磁性姓名牌的教学模式、基于全球化视野的教学模式（教育科学出版社，2006）。李稚勇对美国社会科探究性学习教学模式进行了系统的介绍和分析（李稚勇，2005）。其中，较受人们关注的社会科教学模式主要有以下几种：

1.情景体验式教学模式

情景体验式教学模式是由北京市小学社会教学研究课题组通过实践和调查研究而提出。情景体验教学模式强调感情和活动相互关系所产生的教学价值，一方面是活动体验，一方面是情感，包括愉快、成功的心理体验及兴趣、动机等心理机制。贾美华和宗富恒提出，情景体验教学模式的基本步骤是通过教师启发，学生提出问题——创设情境——进入情境——研讨情境（合作学习）。情景体验式教学模式具体案例如下（贾美华、宗富恒，2001）：

案例3-6:"少数民族的传统节日"的教学

教师利用学生已有的生活经验,先让学生介绍我国少数民族的传统节日和风俗习惯。学生对一些少数民族的传统节日比较感兴趣,特别是国庆节之际,介绍少数民族的文字、图片、录像资料都十分丰富。通过上社会课,拓宽了全班学生的认识视野。教师根据学生的不同特长,让学生自愿组成不同的学习小组,模拟体验少数民族的传统节日,例如:有的小组装扮成蒙古族人,唱蒙古族具有代表性的歌曲,跳起蒙古族的舞蹈,借助录音、录像等手段再现那达慕大会的盛况;有的小组表演傣族的歌曲和舞蹈,体验泼水节的热闹场面等。通过模拟活动,学生了解到我国少数民族的风土人情和生活习惯,自觉地尊重他们的民族习俗。体验活动后学生获得了不同的收获,特别是教师在活动中,注意让每一个学生都能参与学习活动,更加关注性格内向的学生并注意给予他们鼓励。这增强了学生学习的主动性和自信心。

有研究者分析了情景体验式教学模式应用于道德与法治课程的价值意蕴:在方法维度,情景体验遵循学生成长和情感教育的规律;在内容维度,生活情境打通理论学习和情感建构的壁垒;在价值维度,推进育成能担当大任的时代新人的任务(蔡苏瑜、吴洁,2020)。还有研究者从"教师引导程序""学生体验过程""师生情感升华"三条线索出发,构建小学品德与社会课体验式教学的四个步骤:创设情境,引发动机;融入情境,启发联想;强化情境,析事明理;超越情境,知情促行(王莉韵,2009)。

2.问题探究教学模式

我国研究者提出了问题探究教学模式,认为探索活动是学生主动发现、主动学习的过程。教师的作用是引导发现,善于挖掘问题的不同方面和学生进行交流,而不是得出现成的结论(贾美华、宗富恒,2001)。问题探究教学模式共有四个步骤:发现问题,从实施或教材中找出主要问题,陈述问题,并经过深入的思考;分析问题,找到合理解决问题的方法,进行分析、研究、思考,对解决问题的方法进行甄别、归纳和综合;选择解决问题的方法,在一些解决问题的方法中筛选合理的、有效的解决方法;解决问题(贾美华、宗富恒，2001）。问题探究教学模式具体案例如下（贾美华、宗富恒，2001）：

案例3-7："我们身边的环境"的教学

教师课前提出探究的问题——了解我们身边的环境问题。学生自主进行观察并汇报自己观察和实验的结果。

学生1：在小区附近拍摄垃圾的照片，并介绍垃圾的危害。

学生2：在菜市场拍摄的照片，食品和垃圾堆放在一起。家附近烤鸭店的照片，烤鸭店内人影晃动，烤鸭店外垃圾成堆。

学生3：电池的用途很多，但也会给环境带来污染，并列举了一些现象。

学生4：建筑工地污染环境的问题，家附近正在拆除旧房、旧板子，土、灰等到处飘扬。

学生5：城市垃圾处理中的再次污染问题。

教师引导学生探究家附近水污染的问题。

学生1：手里拿着两瓶水，一瓶是黑水，一瓶是干净的自来水。黑水是从学校附近的河沟里舀取的。学生经过实地考察发现，黑水是一家小工厂向河沟排污水造成的，并拍摄了小工厂排放污水的照片，河面上漂浮着垃圾。学生利用自然实验法，检测到河水是有害的，河水周边植物不能存活，动物如小鱼等不能生存。

学生2：学生展示自己画的图：被污染的河水像墨汁一样，一条小鱼在吐黑水，画外之意是"别吃我，我有毒"。

学生3：分享最近报纸上的文章《水污染威胁中国》《长江水污染问题》等。

教师引导学生思考："什么原因引起环境的污染，都是人为因素吗？有什么办法可以改变？"（以垃圾为例）

学习小组1：进行垃圾分类。对可再生的垃圾进行回收，以便资源重新利用。

学习小组2：提出减少垃圾、利用垃圾的建议。

学习小组3：收集我们国家解决环境污染问题的法律和法规。

学习小组4：收集近期报纸杂志上的有关环境污染问题和环境治理问题的报道。

学习小组5：走访区（县）的环境保护部门，了解本地区环境治理的常见措施，介绍给其他的同学。

3.开放式教学模式

我国以高峡为核心的课题研究小组提出了开放式教学模式，主张社会科是给予学生生活和社会环境的学习，学生的社会性经验是通过主动学习获得的，是在学生主动积极地与社会环境融入的过程中进行的。因此，提出开放式教学模式就是融多种学习活动、多样组织方式和多元评价目标为一体的过程，是一种旨在强调学生自主体验、自我探究为基础的活动学习。开放式教学模式的基本活动流程可以按时间顺序分为四个阶段（高峡、杨莉娟，2000）：

（1）计划阶段——确立研究课题；

（2）工作阶段——调查、参观、查阅资料等；

（3）整理阶段——归纳材料、小组讨论、多种形式表现；

（4）展现阶段——班级交流、发言。

有研究者提出了小学社会课开放式教学评价应着眼于三方面：学生会不会搜集、处理信息；学生会不会运用所学知识来适应社会；学生敢不敢当众表达自己的见解（李黎红，2002）。还有研究者提出小学道德与法治课的开放式教学的开展包括教材处理的开放性、教学空间的开放性、教学形式的开放性、评价方式的开放性（卞玉琴，2020）。小学社会课开放式教学案例如下（卞玉琴，2020）：

案例3-8：《中华食文化》开放式教学模式

教学《中华食文化》时，我们开展了五个系列的活动。采用任务驱动教学法，课前安排学生收集整理有关食物的资料，激发学生的学习积极性，在探究性学习中自主建构知识。活动一：食之有"具"——筷子。这个环节运用情境教学法，学生们现场演示使用筷子的礼仪，让学生"如临其境"直观体验，深入理解教材。活动二：食之有"故"——典故。采用故事教学法，让学生现场讲述饺子的来历。在故事情境渲染下，饺子又多了一番文化味。

活动三：食之有"谱"——菜谱。采用知识竞赛的教学形式，抢答八大菜系知识，大家奋勇争先，活跃了课堂气氛。活动四：食之有"趣"——趣味。采用讲述教学法，请同学结合视频介绍鱼的各种烹饪方法，一鱼多吃更是让学生"跃跃欲尝"。活动五：食之有"情"——乡情。发挥学生的主体作用，小组合作制作美食小报，通过对学生的合理分组以及成员的分工，确保每一个学生都积极参与到课堂学习中，极大地激发他们的学习自主性。一堂课下来，根据教学内容，合理选取，多元组合，力争达到最好的教学效果。

4.辩论式教学模式

研究者们认为辩论对于小学生来说是十分必要的活动，可以启发学生的思考、分析、判断和表达能力。在辩论式教学中，学生应学会辩论，并掌握辩论的技巧，能够摆事实、讲论据、做出选择，形成自己的观点和想法，同时学会倾听别人的意见，尊重别人的观点，及时审视自己的观点，重新表达自己的选择，心平气和地学习和讨论；善待批评，以获得正确的观点，学会倾听；理性地与人交往，形成理解、说服、合作等能力。贾美华和宗富恒提出了辩论式教学模式的基本步骤：研讨问题—获取信息—辩论质疑—引导反思。辩论式教学案例如下（贾美华、宗富恒，2001）：

案例3-9："储蓄与消费"的教学

1999—2000年，我们国家曾几次降低了银行的存款利率，以便拉动社会和经济消费。针对这种变化，我们设计了本课的教学内容。师生共同回顾了近期的银行利率调整情况，提出了问题——"储蓄好呢？还是消费好呢？它们之间怎么选择？"学生根据自己收集的资料以及自己家庭储蓄与消费的情况，自动组成辩论小组，分别阐明各自的观点。教师可引导学生思考："生活中我们时常会遇到这样的问题，到底怎样好呢？我们可以根据自己家庭的实际，做个小管家，仔细思考，过段时间我们再进行研究。"

近年来，有研究者提出小学道德与法治学科应开展论证式议题教学。石雨晨等人通过在上海市某小学四年级开展论证式议题教学实验研究，发现学生喜欢探讨没有标准答案的开放式问题，并且更喜欢口头辩论，对书面论证和写作任务存在一定的排斥心理。还有研究者提出议题式教学包括了开放性话题中的争议性话题和非争议性话题，道德与法治课程中开展议题式教学首先应设计基于真实情境的高质量议题；其次应围绕议题开展丰富多样的角色互动，如基于争议性议题开展角色扮演、模拟法庭、课堂辩论、"鱼缸式"讨论等基于语言表达和交流的课堂活动（石雨晨等，2023）。

总之，自21世纪基础教育课程改革以来，我国研究者逐渐关注小学社会科教学模式的研究，通过教育实验研究和国际比较研究，提出了开放式教学模式、情景体验教学模式、创新思维教学模式等。近年来，随着小学道德与法治学科的开设，出现了论证议题、问题探究等教学模式，并在教学实践中发挥重要作用。

四、小学社会科教学设计研究

（一）备课的研究

新中国成立初期，我国小学社会科分科设置地理、历史、政治等课程。研究者们对小学地理、历史等学科的备课开展研究。如有研究者提出小学历史学科的备课首先必须全面深入地钻研教材，其次备课时还要注意研究教学对象，考虑儿童的接受能力和文化水平，并指出备课的中心环节是确定目的、组织教材、选择教法（李大方，1958）。有研究者提出小学地理备课应做到以下几点：要反复钻研教学大纲，全面领会教科书的基本内容，制定一个切实可行的教学计划；钻研教材，明确教学目的；适当地补充参考材料和运用参考书；编写课时计划（严灌益，1957）。这一时期，研究者们重视在备课过程中制定学科教学进度计划。有研究者提出小学地理学科教学进度计划包括几个项目：课题、每一课的教学课时数和起讫日期、作业的题目和时间安排以及检查记录等。下面以小学地理教学进度计划表为例（杨清波，1958）：

表 3-1　XX 小学 XX 年 X 学期地理教学进度计划

年　　月　　日

班级		讲授用书		教师	
本学期教学目的					
周次	课题	每课教学时数	起讫日期	作业题目	教学检查记录
1					
2					
3					
4					
5					

20 世纪 50 年代到 90 年代，许多研究者对小学地理、历史等学科的教案编制进行了研究。如有研究者提出小学历史备课应做到"五性"：方向性、目的性、科学性、革命性、量力性（娄赫民，1987）。还有研究者提出，小学地理课的教案结构包括以下九点（张文郁，1956）：

1.课程序号：（根据教学进度计划编列）

2.上课日期：（同上）

3.本课题目：（课文题目）

4.教学目的：（分列教育和教养的目的）

5.课的类型：（说明类型）

6.教学方法：（说明运用哪些教学方法）

7.教具准备：（教具名称和用法说明）

8.教学过程：（例如，综合课的各个教学环节的内容和时间）包括组织教学、检查复习、讲授新课、巩固新课、家庭作业。

9.授课心得：（课后填写）

研究者们对地理、历史等学科教案的编写提出了种种要求。有研究者提出小学历史备课的建议，包括认真钻研教材，掌握教材梗概；了解学生；确定教学目的，研究教学方法；备课时应该编写历史授课计划表（金力，1984）。有研究者认为小学地理教案的编写应遵守以下要求：根据教材内容，确定教学目的；根据教学目的和教材重点，写出教学提纲；结合教学目的和教学提纲，考虑教学方法及课的类型和结构（杨清波，1958）。下面以小学地理课中《东北的林海》教案为例（郭洁雯，1987），展示这一时期教案的样式：

案例 3-10：小学地理《东北的林海》教案

一、教学内容：第十四课　东北的林海

二、教学目的要求：

（一）使学生了解我国东北部地区的范围，初步掌握东北部地区气候的基本特点。

（二）初步了解东北山地和林区的分布，主要树种及其分布，林区的动物资源和特产，从而对东北地区的地理环境有一个粗略的认识。

（三）初步认识保护森林资源的重要性，教育学生从小养成爱护森林、保护环境的良好习惯。

三、教学时间：一课时

四、教具准备：中国政区图，东北三省和内蒙古自治区东部地图，东北林区、动物等图片。

五、教学过程：

（一）课前讲话：同学们，这学期老师打算带你们游览东北地区，然后游览华东地区。请大家准备乘坐火车进入东北地区了。（指着地图）东北林区景色太美丽了，我们先来参观"东北的林海"（板书课题）。

（二）以导游的方式，引导大家观察（看书、看图），重点之处作讲解。

1.我国东北地区的范围和位置

引导学生看地图，了解东北地区的位置和范围。我们来到东北地区，感到很冷，谁能讲出冷的原因来？启发学生复习有关五个温度带的知识，进一步明白东北地区是我国距离北寒带最近，距离赤道最远的地方。

2.著名的东北林区

指着地图引导同学们了解林区的分布情况，然后再看课本第 40 页的地图，找出大兴安岭、小兴安岭和长白山。

（1）林区的分布：大兴安岭、小兴安岭和长白山

大兴安岭北起黑龙江畔，南抵西拉木伦河上游谷地，全长约 1200 千米，大部分海拔 1100—1400 米。

地势：从北向南逐渐升高。

小兴安岭纵贯黑龙江省中部。小兴安岭北部多谷地、宽谷；中部低山丘陵，山势和缓；南部属低山，山势较陡。

长白山有广义和狭义之分。……接着指出，这些山脉到处覆盖着参天的林木，好像碧波万顷的绿色海洋，被称为祖国的"林海"。到了寒冷的冬季则是另一派林海雪原的北国风光。请看山上的各种树种。

（2）主要树种和利用

展示林区的主要树种和林区自然景色的图片。

红松、落叶松等针叶树（板书）

红松高约 35—40 米，树干挺拔，抗压力强，是良好的建筑材料。主要生长在小兴安岭。

落叶松高达 30 米，喜光耐寒，树干挺直，木质坚硬，是造船、造纸等的良好材料。多生长在大兴安岭。

桦树、白杨等阔叶树（板书），都是造纸的重要原料。

（3）林区四季的景色：指导学生读课文第四段

（4）森林资源的开发和保护

①提问：东北地区的林木质地好，与气候有什么关系？着重指出东北是我国森林资源的宝库。这里森林面积占全国森林总面积的三分之一。

②保护森林资源。

1949 年前：森林资源曾经遭受反动统治阶级和日本帝国主义的掠夺和严重破坏。

1949年后，党和政府一方面积极发展林业生产，大力支援国家建设；另一方面也十分注意保护森林资源，通过封山育林，合理采伐和有计划地更新，使森林面积得到恢复和扩大，保证了建设的需要。近年来，东北林区发展飞机造林、飞机防火等事业，林区建设正在出现新的面貌。我们应从小培养爱护祖国一草一木的美德，要积极参加植树造林活动，这也是我们应尽的义务。

（5）林区的野生动物和特产

①展示林区的野生动物及特产的相关图片，引导同学们边看图边口述。

东北虎体形大，最大身长可达3米（含尾长），花纹美丽，毛长色浓，被列为国家重点保护野生动物名录。林区的野生动物还有大黑熊、梅花鹿、松鼠、紫貂。

东北的特产有人参、貂皮、鹿茸，被列为东北"三宝"。

②提问：林海里为什么能伴生着许多野生动物和珍贵药材呢？引导同学们认识它们与气候的关系。它们的共同特点是能适应寒冷的气候。我们要保护野生动物，如大黑熊、梅花鹿等。保护动物和保护森林是一致的，茂盛的森林，就为多种动物、植物的生长提供良好的环境。

③小结：这一节课我们游览东北林海，有了初步感受，它是我国最大的温带天然林区。我们要用科学知识和科学方法来研究森林资源，进一步认识森林资源，对森林资源进行合理开发、利用和保护，使森林资源为四化建设做出更大贡献。

（三）练习：43页，第1题。

（四）作业：43页，第2、3、4题。

总的来说，从新中国成立初期到20世纪90年代，研究者们对小学地理、历史、政治等学科的备课情况进行了研究，探讨了备课的基本要求，教案的基本样式以及教学计划的制定等。但关于小学地理、历史、政治等学科备课的系统性研究较少，大多出于对教学实践的经验总结。

（二）教学设计研究

21世纪以来，随着基础教育课程改革的进行，小学品德与生活、品德与社会、道德与法治课程的开设，有关小学社会科教学设计的研究日益增多，出现了多种社会科教学设计的类型。

目前，较受人们关注的教学设计主要有以下三类：

1.单元教学设计

单元教学设计是按照一个完整的学习单元所进行的教学设计。社会科的单元教学通常需要4—6周时间，教师要从宏观上设计单元教学的目标、内容、教学思路等，并就某一个主题进行具体的设计，从而带领全体学生对某个主题进行深入研究。例如，以下《品德与社会》单元教学设计（沈晓敏，2003）。

案例3-11：北师大版《品德与社会》（2002年版）三年级下册第四单元
说说我们生活的社区

1.这是我们共同生活的地方（每个人都有自己的社区/各种各样的社区/到处都有社区/我眼中的社区）

2.为了大家共同的需要（我们共同享有的社区/变化中的社区）

3.社区需要我们的共同参与（早市引出的问题/选出自己的当家人/社区少先队）

有研究者指出在设计一个单元的教学时，教师必须阐明以下几方面的内容：（1）识别这个单元的内容所涉及的年级水平；（2）确定单元的主题或标题；（3）高质量社会科课程设计的有关特征；（4）将数学、科学、阅读、音乐、艺术等学科内容与社会科课程内容进行整合的有利时机；（5）确认学生先前的认知水平；（6）说明学习目的的特点；（7）有组织的单元安排；（8）教学方式的建议；（9）确认评价的观点；（10）单元回顾的标准（Savage，T.V.2003）。还有研究者提出单元教学设计中应包含"单元内容结构""单元目标""单元设计思路及特点""课时安排"四大模块（张茂聪，2006）。

2.主题教学设计

有研究者认为主题教学设计应与儿童生活需要结合，与学科价值追求结合（张茂聪，2006）。一些研究者认为主题教学设计的基本项目大致包括：主题名称、活动目标、活动准备、指导要点和难点、活动过程、时间安排、注意事项（可能出现的问题及对策）等（彭阳、林光耀，2003）。以下案例呈现了小学社会科主题教学设计的活动过程（彭阳、林光耀，2003）：

案例3-12："我是家里小主人"的活动过程

一、观看录像，导入主题

1.学生观看本班同学在家里做家务的录像。

2.讨论：自己在家里做过哪些家务劳动？

二、讨论：我们还能为家里做些什么

1.小组讨论，然后由每组推荐的代表发表意见。

2.教师小结，鼓励学生在家里多帮爷爷、奶奶、爸爸、妈妈做些自己力所能及的家务事，做一个爱劳动的好孩子。

三、实践：做能干的小主人

1.分组活动。学生自主选择剥豆、择菜、削水果、整理书包、整理图书等任务，要求在规定的时间内完成。

2.评价。给在规定时间里完成任务的学生一个小礼物，鼓励能干的小朋友在家多帮家长的忙；对做得不好的同学提出希望，建议他们平时多练习，今后也成为能干的小主人。

3.做计划。教师指导并帮助每个学生制定一份家务劳动的计划，如下例：

我的计划

姓名：　　　　班级：　　　　时间：

时间＼我想做	收拾碗筷	叠被子	洗自己的小物件	
第1周				
第2周				
第3周				
第4周				
……				

四、延伸活动

请家长配合，给孩子们提供动手劳动的机会，并把情况反馈给老师。

有研究者提出主题教学设计的基本步骤：（1）研读课程标准与教科书，明确社会科课程包括哪些单元和主题；（2）为本学年设定总体目标与具体目标，并以课程标准和教师教学参考用书中所提出的建议为基础，做出自己的判断；（3）尝试性地挑选学习主题；（4）综合考虑假期、季节、学校及社区活动等因素，排列所选单元的顺序，并给各单元分配时间；（5）可以参阅课程标准和教师教学参考用书的相关教学建议，但在教学活动与教学进程方面一定要有自己的思想和理念；（6）设计并使用按学习种类分类的档案袋、学生合同，自主决定课程进度所需资料，还可以使用分组形式使学习个性化；（7）设计并使用书本之外的多种指导资料，如图片、书籍、电影、幻灯片、录像与考古文物等；（8）运用大量的、非正式的评价技巧与方法，如讨论、观察、教师设计的小测试以及学习体验的摘要；（9）确保教学进度轻松有序（沈晓敏，2003）。

3.逆向教学设计

逆向教学设计（backward design）由美国课程学家格兰特·威金斯和杰伊·麦克泰格在《基于理解的课程设计》中提出。逆向教学设计坚持成果导向、程序重构，学生的学习结果是课程设计的关键标准，先明确学生的学习成果，接着确定学习成果的评估策略，然后设计多样的教学活动。我国研究者将其应用到小学社会科教学设计中。有研究者提出道德与法治逆向教学设计的具体程序：阶段一，设置预期的学习结果，包括确定预期的学习目标以及预期的学习结果；阶段二，确定合适的评估证据，证明学生的学习达到了预期的理解基础上的学习结果，具体证据包括表现性任务、其他证据、自评与反馈；阶段三，确定合适的学习活动（蒋喜华，2019）。汪静和李炳煌主张以道德与法治学科大概念为基础开展逆向教学设计，具体程序为：①从孤立到系统，确立大概念下的教学目标（见案例3-13）；②从零散到整合，实施大概念下的教学过程，包括确定评估证据、组织教学活动；③从结果到表现，开展大概念下的教学评价，包括评价主体多元化、评价方式多样化。（汪静、李炳煌，2022）

案例3-13：道德与法治逆向教学设计下的教学目标

传统的教学目标确立是在文本基础上加以拓展，确立"三维目标"。而在大概念下，重新确立整合单元，以"法律"为统摄，将"法律在我们身边""尊重自由平等"两课融入单元设计，深入剖析法律条文、法律精神、法律与政府以及法律与人的生活之间的关联。传统教学目标与学科大概念下的教学目标确立对比如下：

表3-2　教学目标对比

传统教学目标	学科大概念下的教学目标
1.认识法治；理解法治的意义；知道全面推进依法治国总目标	1.知道法治、法律的内涵；理解法律对国家、个人的意义；了解法律的精神和特征
2.梳理我国法治过程；正确看待法治中国建设中出现的问题；增强法治意识和法治能力	2.梳理我国法治建设的过程和个人法治意识的转变过程；简单运用法律知识联系生活；提高概念的整合与迁移能力；提升学科素养
3.增强法律意识；自觉成为法治的忠实崇尚者、自觉遵守者、坚定捍卫者	3.遵守法律法规、敬畏法律、增强法律意识；自觉成为法治的忠实崇尚者、自觉遵守者、坚定捍卫者

除了小学社会科教学设计不同类型的研究外，我国也出版了一批小学品

德与生活、品德与社会、道德与法治教学设计的案例研究，如钟守权主编的《品德与生活、品德与社会优秀教学课例、设计、论文点评》（广东高等教育出版社，2014），丁晓东主编的《小学品德与生活（社会）教学设计与案例分析》（中国人民大学出版社，2017），王小叶等主编的《〈道德与法治〉教材解析与教学设计》（南京师范大学出版社，2019），孔令兵等主编的《道德与法治教学设计》（辽宁大学出版社，2019），王丽敏等编的《统编小学道德与法治教科书：教学设计与指导》（华东师范大学出版社，2020）。研究者们选择具有个性或特色的教学设计或来自一线的课堂教学片段进行案例研究，展现了丰富多彩的社会科教学设计案例，这些成果有助于小学社会科教师拓宽研究视野，促进教学实践的开展。

五、小学社会科学习研究

社会科学习是学生获得公民素养的基本途径。70 年来，我国小学社会科学习研究在社会科学习理论、社会科学习兴趣和学习能力、社会科道德与价值观学习等方面取得了一些成果。

（一）社会科学习理论研究

1.社会科学习的理论基础研究

有研究者认为学习理论主要包括四个派别：刺激—反应学习理论流派、认知学习理论、认知—行为主义学习理论，人本主义学习理论，这些学习理论流派对社会科学习研究具有启发意义（阳光宁，2006）。有研究者认为，美国心理学家加德纳的多元智能理论能够为社会科学习提供理论指导，尤其是以多元智能理论为指导的全新的个性化教学理念和最优的教与学的方式为社会科学习提供了良好思路（阳光宁，2006）。还有研究者依据布卢姆认知目标分类学理论，从社会科学习结果类型入手阐释了社会科学习的心理学规律及其教学含义（王小明，2012）。此外，还有研究者对国外社会科学习理论进行介绍、研究，其中较为人们关注的理论有皮亚杰的道德发展阶段论、柯尔伯格的道德发展阶段理论以及班杜拉的社会学习理论。

2. 社会科学习类型研究

有研究者认为，社会科学习结果主要包括事实性知识、概念和原理、有组织的知识、程序、态度五种类型，每种类型的学习各有其心理学规律（王小明，2012）。例如，概念与原理的学习有两种基本方式：学习者从概念原理的例证中进行归纳、概括而习得概念原理；学习者从概念原理的界定中，利用其原有的概念、原理或经验而理解概念原理的界定。有研究者认为，学生的学习过程是一个学生亲自参与的、丰富生动的思维活动经历实践和创新的过程，自主学习、合作学习、探究学习都是非常重要的社会科学习方式（阳光宁，2006）。

（二）社会科学生学习兴趣和学习能力的研究

有关社会科的学习研究，在新中国成立初期到20世纪70年代之间并未受到重视，从80年代初开始，相关研究才逐渐丰富起来。茅蔚然在《怎样才能引起小学生学习历史的兴趣和注意点》中指出，应当应用故事性教学法激发学生的求知欲。同时，他结合小学生心理发展的特点，提出须运用有意注意和无意注意的交替教学法减少学生的分心情况（茅蔚然，1982）。除了对学生学习兴趣和注意点的研究之外，茅蔚然还研究了小学生在历史学习中的观察力、想象力和记忆力，并结合不同的课题分析了具体的运用方法（茅蔚然，1983）。有研究者关注小学历史学科中学生创造能力的培养，提出了培养学生创造力和创新兴趣的迫切性和必要性；主张通过发展思维能力、联想推理能力、识记能力，来提高学生的综合能力（李云高，1985；娄赫民，1985）。有研究者认为在地理教学中不能只培养识记能力，更要培养学生的创造能力，让其学会提出问题，丰富想象力；主张培养学生快速阅读的基本功和抽象概括能力、地理思维能力以及对地理知识的记忆能力（雷鸣富，1987；范丽才，1987）。有研究者探讨了历史和地理学习中学生兴趣的培养（哈步青，1988；陈国明，1993）。还有研究者关注小学地理教学中学生思维能力的培养，主张通过课堂提问、启发式教学原则等对学生进行思维训练（马国臻，1990；张北迎，1994；赵淑媛，1996）。到了品德与生活、品德与社会阶段，学习能力的研究仍然主要围绕着学习兴趣、自主学习能力、思维能力等方面展开。

其中，有关学生学习兴趣的研究最为丰富，研究者通过对教学现状或学生学习兴趣的分析，从学习氛围、教学形式、教学资源、评价方式（吕耀奎，2007；战芳，2013）对学生学习兴趣培养提出了建议；有研究者从课程导入、语言技巧、实践活动、评价方式、课程观念、教师素养、教学评价等多角度对学生学习兴趣的培养提出了建议。关于学生学习能力的研究主要侧重于对学生自主学习能力的培养，主张通过自主学习能力的培养提高学习的效率，主要通过对学生引导激发、讲授方法、家校联合、实践活动、调整教学方式、转变师生关系等方式来培养学生的自主学习能力（屈兴瑞，2015；俞晓英，2017）。

(三) 社会科品德学习研究

长期以来，我国小学社会科都非常重视对学生进行品德教育，我国研究者也对学生品德学习展开了丰富的研究。其中，学生品德的心理结构有哪些是备受学界关注的问题。从 20 世纪 70 年代至今，学界对品德结构问题先后提出过数十种具有代表性的观点。在 20 世纪 80 年代，有研究者认为品德结构包括三个方面，即政治品质、思想品质和道德品质（古人伏，1993）；还有研究者提出以世界观为核心的思想品德"三环结构说"，认为品德完整的心理结构，是品德心理要素环、品德的个性倾向环和品德的能力环三方面的有机结合，每一环又都有自己的亚结构，形成多方面、多层次的统一体（赵志毅，1987）；林崇德认为品德结构是人的道德活动特征的整体，是一个系统，既从属于社会系统，又从属于自然系统、心理系统，品德本身还包含着许多子系统以及不同层次、不同水平、不同序列的亚系统，品德及其结构的发展呈现出阶段性特征（林崇德，1988）。在 20 世纪 90 年代，研究者们从不同视角出发提出了品德心理结构的核心结构说（李雁冰，1995）、层次结构说（彭兰，1997）、系统分析说（左其沛，1990）、互动结构因素说（张志学，1990）、螺旋结构说等理论（肖兴政，1996）。2009 年以后，在"以人为本"的科学发展观指导下，学界反思、质疑"生活德育论"，提出实践理性的观点，品德结构的研究出现向人格本体"形上"复归的态势（赵志毅等，2011）。

此外，还有研究者对社会科教学中学生社会规范学习的心理过程与品德建构展开研究，提出社会规范学习的心理过程是实现依从、认同、信奉的转化，完成社会规范内化，建构品德结构的过程，情感是社会规范学习与品德建构的核心，活动是社会规范学习与品德建构的中介（王建敏，2000）。

第三节 反思与展望

通过梳理新中国成立70年来的相关研究可以发现，小学社会科教学研究取得了诸多可喜成就，对教学目标、教学功能、教学原则和方法等问题的认识愈加深刻，对教学内容和教学设计的相关研究也愈加丰富和完善。与此同时，研究还存在一些值得进一步反思的问题。通过思考这些问题，可以促进未来对小学社会科教育的深入研究。

一、研究反思

（一）理论研究与实践研究之间存在脱节

小学社会科教学研究的主体主要为一线教师群体，其次为相关专业的高校师生。一线教师的研究建立于自身的教学过程及其反思之上，通过对教学内容、教学方法、教学策略等问题的反思与研究，研究者能够对发现的问题及时进行调整，也能够将反思的成果运用于实践进行检验，这有利于教学效果的提升。与此同时，这类研究普遍存在着研究深度欠佳、对相关问题的讨论浮于表面等问题。理论研究主要是高校相关专业的师生，研究侧重于对教学问题的理论探讨。从数量上来讲，相对于一线教师围绕教学实践开展的研究，理论研究相对较少。学术专著和学术论文对教学问题的研究都很少涉及，这主要是因为理论研究者缺乏教学实践的过程。这样一来，理论研究和实践研究之间缺少联系和沟通，理论研究所关注的问题很难在实践中落实，实践研究对问题的探讨缺少足够的深度，也难以得到理论的总结和推广，造成了理论研究与实践研究二者之间的割裂。近几年来，硕、博士学位论文有了明显增长，此类研究一般基于对教学实践的相关调查之上，这在一定程度上弥补了这一缺陷。然而，纵观70年来的研究，这一问题至今依然是存在的。

（二）研究同质化较强

从早期的小学历史和地理的教学研究，到后来的社会科教学内容研究，再到品德系列课程的教学内容研究，同一时期的研究内容同质化现象比较严重。例如，早期的教学内容比较强调思想政治教育和爱国主义教育的渗透，因而相关研究也热衷于讨论思想政治教育和爱国主义教育的渗透方式、途径等问题。到了品德课程改革之后，生活化成为小学社会教育的基本价值取向，相关研究开始将大量关注点集中在生活化教学之上。研究的同质化虽然可以针对同一问题进行广泛谈论，但其问题更为明显。以生活化教学研究为例，几乎所有的研究都是在倡导生活教学的基础上提出相关教学策略，如情景体验教学、探究式教学、角色扮演、讨论交流等。不少研究成果都在低水平重复相似的教学策略，并没有起到推进教学研究的作用。

（三）研究方法单调，偏重经验研究

在研究方法上，小学社会科教学既有以经验研究为主的研究，同时也存在一定的实验研究与调查研究。具体来说，研究方法的单调主要体现在以下几方面：第一，自21世纪基础教育课程改革以来，我国涌现出大量的社会科教学课例研究，这些研究大多出于对实践经验的总结，而缺少理论的深度，这与研究方法的欠缺不无关系。第二，我国社会科研究在教学原则、方法、模式以及教学设计等方面取得了一定的成果，但是这些研究大多出于经验的总结或是国际经验的借鉴，缺少有效的证据支撑。第三，在社会科教学模式研究方面，我国学者进行了一定的实验研究，如高峡团队的开放式教学模式、北京市小学社会教学研究课题组的情景体验教学模式研究均是通过教学实验而展开。但纵观70年来的研究，小学社会科教学的实验研究相对较少。总的来说，小学社会科教学研究方法稍显单调，对教育行动研究、叙事研究、案例研究、实验研究等方法的运用不足，使得小学社会科教学研究滞后，影响了小学社会科教学理论和实践的发展。

二、未来展望

（一）加强社会科教学理论研究，发挥理论对实践的指导作用

正如前所述，尽管我国学者对小学社会科教学进行了研究，在小学社会科教学内容、教学原则、教学方法、教学模式、教学设计等方面均进行了探讨，也取得了一定的成绩。但是存在着理论研究深度欠佳，对实践中相关问题的指导性不足的问题。因此，未来研究需要从多方面进一步加强对小学社会科教学理论的研究。第一，不仅要从课程论、教学论的角度谈小学社会科教学内容，也要从哲学、文化学、社会学等角度，明晰小学社会科教学内容应有之范畴。第二，深入小学社会科教学实践内部去探究学科教学原则、方法、模式以及教学设计等问题，从而加强对小学社会科教学实践中具体问题的指导，如探讨辩论式教学、议题式教学等教学方法在社会科教学实践的应用程序、实施效果。第三，加强小学社会科教学国际比较研究。目前，我国研究者主要对美国、日本、加拿大等国家社会科教学理论和实践研究进行翻译和介绍，缺乏对其他国家社会科研究经验和成果的真正借鉴和比较。因此，有必要开阔视野，借鉴他国社会科教学研究成果，加强我国社会科的基础理论研究。

（二）不断拓展、丰富社会科教学研究内容

我国小学社会科教学研究存在同质化现象，教学内容、教学原则、教学方法等方面的研究成果均存在大量的重复，一定程度上限制了我国小学社会科教学研究与实践的发展。因此，未来研究可以在以下方面进一步拓展与丰富。第一，加强社会科不同内容领域教学的研究。70年来小学社会科教学研究尽管涌现许多关于社会科具体课时内容的教学案例研究，但是结合不同内容领域的教学研究较少。在小学社会科不同内容领域教学的研究中，我国研究者较关注思想教育、道德教育和爱国主义教育，而忽视历史文化、地理、社会认识教学的研究。未来小学社会科教学的研究应加强对社会科中历史文化、地理、社会认识教学的研究，推动我国小学社会科教学各内容领域的全面研究。第二，丰富小学社会科教学方法、模式的研究。近年来，我国研究者提出了一些新的教学方法和模式，但是对教学方法和模式的研究更应置于具体的教学实践情境中才能更具有阐释力和指导力。第三，重视小学社会科具体内容的教学设计研究。目前，我国研究者基于心理理论、教学理论提出了不同的社会科教学设计类型，但是对社会科不同内容领域、不同单元的教学设计关注甚少。因此，未来应基于不同理论、视角，关注小学社会科不同领域、不同单元的教学设计，完善我国小学社会科教学设计研究。第四，重视小学社会科学习研究。相比于小学语文、数学等学科学习的研究，小学社会科学习的研究较为薄弱。未来研究需要从哲学认识论、心理学等角度探讨社会科学习问题，关注社会科知识、技能、方法、态度以及价值观学习的研究，丰富社会科学习研究成果。

（三）转向基于证据的研究范式，运用多种研究方法

一个学科的进步与发展，离不开研究方法的不断深化。目前，我国小学社会科教学研究的方法稍显单调，偏重经验研究与课例研究，忽视对多样化研究方法的运用，缺少科学证据的支撑。未来，小学社会科教学的研究既要强调多样化方法的运用，更要向基于证据、扎根实践的研究范式转型。一方面，小学社会科教学研究应基于社会学、文化学、人类学、心理学等不同视角，综合运用教育行动研究、教育叙事研究、教育实验研究、国际比较研究、案例研究等多样化的研究方法探究社会科教学理论与实践问题，促进社会科教学的发展。比如，开展小学社会科教学观察，选择观察点，确定观察维度，对社会科教学方法在课堂中运用的实际情况开展实证研究，推动社会科教学的改进。再如，通过社会科教学实验研究，按照教育实验研究的流程，探索社会科教学模式的实施效果。另一方面，小学社会科教学研究应向基于证据、扎根实践的研究范式转型，强调研究成果的情境性效用，注重教学实践中实际问题的解决。证据并非仅仅是量化的数据，而是多元化的，包括历史事实、大型教育调查研究数据、教育实验数据、行动研究案例以及课例经验（虞天意等，2017）。要获得这些证据，需要研究者走向课堂，深入了解社会科教学实践。

第四章 小学社会科评价研究

教育评价是指按照一定的价值标准，对受教育者的发展变化及构成其变化的诸种要素所进行的价值判断（刘本固，2000）。可见，现代教育评价的对象主要包括两点：一是学生评价，重点关注学生在德、智、体、美、劳等方面的发展；二是与培养学生相关联的各种条件，例如学校领导的评价、教师工作评价、教学评价、思想政治工作评价等等，其中学生评价是教育评价的中心内容。本章小学社会科评价研究重点关注小学社会科学生学习评价、教师教学评价两方面。

第一节 研究历程

从新中国成立至20世纪80年代中期，我国小学社会科课程主要采用分科课程的形式，1986年我国进行课程教材改革，小学开始开设综合社会科课程。综观我国小学社会科教育评价的研究，既呈现出这种由分科到综合的鲜明的学科特色，又体现了我国义务教育课程改革的阶段性特征。据此，本章把小学社会科评价的发展历程划分为三个阶段，具体如下。

一、1949—1977年的小学社会科评价研究

（一）阶段背景

1949年至1977年是我国小学社会科评价研究的第一个阶段。其中，

1966—1977年小学社会科评价的研究较少。因此，本章主要介绍1949—1966年这一阶段的小学社会科评价研究。

这一阶段，我国由于长期受苏联课程体制的影响，小学实行分科的课程体系，与社会课程相关的主要有历史、地理等分科课程，而没有设置综合性的社会课，因此也没有相应的教学大纲。但是，这一时期，我国颁布的1952年《小学暂行规程（草案）》、1955年《教育部关于减轻中、小学校学生过重负担的指示》、1964年《关于克服中小学学生负担过重现象和提高教学质量的报告》等文件，均指出中小学学生课业负担过重，应对考核进行改进，为小学社会科评价提供了政策指导和要求。

（二）主要研究内容

这一阶段我国小学社会科采取分科设课的课程体系，因此小学社会科评价的研究主要分布在小学政治、历史、地理等学科教学法的相关研究中。例如，小学地理评价的相关研究主要包括：雷鸣蛰和范钦安翻译了苏联学者H·Ф·库拉佐夫的《地理教学法》（正风出版社，1953）、李德方和常凤德等人翻译了苏联学者鲍格达诺娃的《小学地理教学法》（人民教育出版社，1955）、1957年张文郁的《小学地理教学法讲话》、1957年严灌益的《小学地理教学经验谈》、1958年杨清波的《小学地理教学》等地理学科教学法著作均在某一章或某一节涉及小学地理评价的研究。小学历史学科方面，关于评价的研究主要在我国贝璋衡翻译的苏联学者卡尔曹夫的《小学历史教学法》（人民教育出版社，1953）以及李大方的《小学历史教学法》著作中有所涉及。

在研究内容方面，本阶段小学社会科评价研究主要聚焦在以下几点：平时考查的不同方式。这一阶段研究者较重视小学地理、历史等学科的平时考查。关于平时考查的方式，有研究者特别强调在小学地理课上通过提问进行考查，并具体说明了地理课最典型的五类问题（鲍格达诺娃，1955），还有研究者指出要通过考查性的课堂谈话检查学生是否正确地理解地理知识和掌握地理知识的程度，并在谈话后评分（张文郁，1956）。平时考查的方式除了提问以外，还有教师的课堂观察、家庭作业检查、课堂书面检测等（杨清波，1958）评定学生成绩的方法。以小学地理学科为例，考试题目的拟定应设置综合性问题、具体性问题以及比较性问题（李观方，1953）。对学生成绩的评定主要采用五级分制，即"5、4、3、2、1"五个不同的等级，并借鉴苏联的地理科五级评分标准，如评五分的标准是"叙述得完全、有条理、有次序、没有错误"（杨清波，1958）。

（三）阶段特征

综上所述，本阶段的小学社会科评价研究呈现出以下特征：第一，关于小学社会科评价的专门研究较少，主要分布在小学地理、历史等学科教学法研究中的某一章节。但这些研究虽有理性思辨的痕迹，但总体上仍处于经验总结或借鉴苏联做法的阶段。

第二，这一时期小学社会科评价的研究更关注对学生日常的考查。这一阶段，国家有关教育文件对小学政治、历史和地理等学科评价提出要求。如1952年《小学暂行规程（草案）》规定，对小学学生学业成绩的考查，主要采取平时考查、学年考察、毕业考查三种方式。1955年《教育部关于减轻中、小学校学生过重负担的指示》规定强调，要加强平时的成绩考查和改善考试制度。根据国家政策文件的要求，研究者更重视采用日常考查的方式开展小学社会科评价，特别是强调通过课堂提问考查学生课堂学习效果。

第三，学习苏联经验，开展小学社会科评价。20世纪50年代，国内学者翻译引进了大量的苏联教育著作。而直接影响我国小学社会科评价的主要是小学地理、历史学科教学法原著的全盘翻译和介绍，强调把日常考查作为评价学生的重要方式，采用五分等级制评定学生成绩，如 H·Φ·库拉佐夫的《地理教学法》、鲍格达诺娃的《小学地理教学法》。

二、1978—1999年的小学社会科评价研究

1978年，在党的十一届三中全会精神的指引下，我国的教育界开始拨乱

反正，教育工作得到恢复和调整。我国教育研究工作也得以重建和发展，教育界再次面向世界，借鉴、吸收国外教育学者的思想和理论。随着经验的积累和研究工作的深入，我国研究者在借鉴国外教育思想、理论的同时，逐步摆脱了单纯模仿的局限，教育研究获得了蓬勃发展。这一阶段的小学社会科评价研究正是在此背景下展开。

(一) 阶段背景

改革开放以后，为了积极适应社会主义现代化建设的需要，我国教育领域拉开了改革的序幕。这一阶段，小学社会科课程的设置几经变化：改革开放初期，1978年教育部颁发了《全日制十年制中小学教学计划试行草案》，规定小学四、五年级（五年制小学）开设政治课；1981年，教育部颁布《全日制五年制小学教学计划（修订草案)》，规定一至五年级每周开设一课时的思想品德课，同时开设地理、历史课；1988年，国家教委颁布了《义务教育全日制小学、初级中学教学计划（试行草案)》，规定小学设置社会科课程，代替原来的历史和地理课，并依旧设置小学思想品德课。根据小学社会科课程设置的变化，这一阶段小学社会科评价研究可以分为两个时间段：1978—1987年，小学社会科分科阶段为第一阶段，研究者们主要对小学政治、历史、地理、思想品德等学科的教育评价进行研究；1988—1999年，开设综合性小学社会科课程阶段，研究者们主要对小学综合性社会科评价进行研究。

这一阶段，我国教育部门陆续颁布了小学社会科教学大纲，对包括评价在内的教学相关方面进行了规定。1982年，我国教育部颁发了新中国成立以来的首个小学德育课程教学大纲，即《全日制五年制小学思想品德课教学大纲（试行草案)》。该大纲提出要注意研究思想品德课的考查问题。1986年《中华人民共和国义务教育法》颁布后，我国进行了基础教育课程教材改革，并颁布了1986年版的《全日制小学思想品德课教学大纲》，提出"思想品德课要进行考查。考查内容包括知识、能力和行为表现几个方面，考查方法可以多种多样"（教育委员会，1986）。20世纪90年代，小学社会科课程进入课程改革的议程，逐步进入到小学课程体系之中（严书宇，2004）。1992年，国家教委颁发了《九年义务教育全日制小学社会教学大纲（试用）》，规定"社会课只进行平时考查，不进行考试"。

（二）主要研究内容

随着我国小学社会科的改革、发展以及西方教育评价理论在我国的传播和发展，小学社会科评价研究逐渐展开和丰富。这一阶段，由于小学社会科课程设置经历了由分科至综合的变化，因此在论述小学社会科评价研究内容方面分为以下两部分进行：

1.对小学社会科分科课程教育评价的相关研究

1978—1987年，我国小学社会科依然设置分科课程，包括小学政治、地理、历史以及思想品德课程。我国研究者们对这些学科的教育评价展开了多方面的研究。这一时期论述小学社会科分科课程教育评价的代表性著作有张恒渤和商幸丰的《地理教学法》（1983）、孙大文的《小学地理教学指导书（上教版）》（1988）、倪鸿诰等人的《中小学地理教学实用手册》（1983）、茅蔚然的《中小学历史教学法》（1983）、孙恭恂和丁西玲的《历史教学法》（1983）、韦编贤等人的《中等师范教育手册》（1991）以及李丽兰的《小学德育全书》（1992）。这些著作中设有专门章节探讨小学地理、历史、思想品德等学科的学习评价、教学评价等方面。此外，还有一批公开发表在期刊上的学术论文对小学地理、历史、思想品德等学科的教育评价进行了探讨、分析，其中具有代表性的文章有马国林的《小学思想品德课课堂教学评价标准初探》（1989）、陈昌勋的《江西省小学思想品德课课堂教学评价指标及说明》（1992）、汪高义的《改革小学历史考试的一些尝试》（1992）、娄赫民的《小学历史课形成性评价探微》（1994）、马国臻的《地理考试命题的要求和类型》（1989）以及《小学地理课堂提问的基本原则》（1992）等。

本时期小学社会科分科课程教育评价的研究成果主要包括以下几方面的内容：

（1）小学历史、地理、思想品德等学科学生学习评价的研究

第一，小学历史、地理、思想品德等学科学习评价的内容。小学历史、

地理、思想品德等学科的研究者对各学科学生学习评价的主要内容进行了探究，根据我国教学大纲的要求，偏重关注知识、技能和技巧、行为实践等方面。例如，在小学思想品德学科，评价的主要内容包括认知能力评价和行为能力评价，着重考查学生的道德认识、道德判断能力和道德实践能力（中华人民共和国教育部，1997）。

第二，小学历史、地理、思想品德等学科学习评价的方法。这一类研究的成果是最为丰富的。研究者们从不同角度提出了小学历史、地理、思想品德等学科学习评价的方法。20 世纪 80 年代的研究者大多将学习评价的方法分为平时考查和总结性考试两种形式。其中，平时考查的形式主要有教师课堂观察、学生作业检查、口头提问、书面测验等（张恒渤、商幸丰，1983）。总结性考试则一般是指期末或期中考试。许多研究对小学历史、地理、思想品德等学科考试命题的原则、要求、做法等进行了分析。例如，在小学历史学科，研究者指出"要注意命题的科学性和革命性原则"，"试题要紧扣教材，在具体要求上要做到不出偏、难、怪、错题，试题的类型要多样化，试题内容的范围广，并有一定的深度、难度"（茅蔚然，1983）。随着教育评价理论的兴盛及在各学科领域的兴盛，在小学社会科评价领域，研究者们提出了形成性评价（娄赫民，1994）、行为表现评价以及学生自我评定（韦编贤，1991）、随机性单项评价与周期性综合评价（霍克林，1993）等具体的评价方式。

第三，小学历史、地理、思想品德等学科学习评价的标准。研究者在借鉴和运用布鲁姆的教育目标分类理论的基础上，结合我国学生的实际情况，构建了小学地理学科的评价标准。如有研究者结合我国小学地理教学实际，以小学地理知识目标为基础，提出学习水平分类表，并编制了小学地理总结性测验试题（孙大文，1988）。

(2) 小学历史、地理、思想品德等学科课堂教学评价的研究

这一时期，小学历史、地理、思想品德等学科教学论的著作对课堂教学评价问题有所涉及。此外，一些发表在期刊上的论文也对小学地理、思想品德等学科的课堂教学评价问题进行了专门论述。这一时期关于小学历史、地

理、思想品德等学科课堂教学评价的研究主要集中于课堂教学评价框架、标准以及量表的构建。例如，在小学思想品德学科，研究者从教学目的、教学内容、教学特点、教学过程、教学方法、教学基本功、教学效果等维度构建了小学思想品德课堂教学评价的指标（陈昌勋，1992）。

2.对小学综合社会科评价的相关研究

1988年，我国颁布的《义务教育全日制小学、初级中学教学计划（试行草案）》要求，小学设置综合社会课，取代原来的历史和地理课。同年，国家教委组织制订了《九年制义务教育全日制小学社会教学大纲（初审稿）》，并于1996年在全国各地的小学全面实施社会课。此后，越来越多的研究者对小学综合社会科评价开展研究。这一时期论述小学社会科评价的代表性著作有吴玉琦和陈旭远的《小学社会教育学》（1998）、张秉平和程振禄的《小学社会课教学评价》（1999）、吴金山和姚亚萍的《小学社会教学研究》（1999）、周勤振的《社会教育与素质教育》（1999）。此外，还有一些发表在期刊上的论文对小学社会科评价问题进行了探讨。但是，从整体上看，由于我国小学综合社会科课程刚起步，这一时期关于小学社会科评价的研究并不丰富。

（1）关于小学社会科学生学习评价的研究

①小学社会科学习评价主体的研究。这一时期，关于小学社会科学习评价的主体，有研究者提出应该开展多元主体的评价，学生、家长、教师都应参与其中（杨春柳，1998）。还有研究者认为小学社会科评价的主体应是客观评价者，要"排除来自主观的、客观的干扰，不能凭感情、凭愿望、凭领导意图去搜集材料做结论"（吴玉琦、陈旭远，1998）。

②小学社会科学习评价内容与标准研究。这一时期，由于小学社会科在我国刚起步，关于小学社会科学习评价内容与标准的研究并不够丰富。在已有研究中，张秉平和程振禄主编的《小学社会课教学评价》强调社会课教学效果评价应关注学生个性的发展、情感的变化（张秉平、程振禄，1999）。吴玉琦、陈旭远提出应从学习过程中的心理活动、学习行为、自我评价三个维度构建小学社会科学生学习活动的评价指标（吴玉琦、陈旭远，1990）。

③小学社会科学生学习评价方法研究。这一时期有许多研究者根据我国社会科课程大纲的要求,提出社会科只进行考查,不进行考试,平时考查的形式可以灵活多样。例如,吴履平、刘淑梅1992年的《九年义务教育小学社会教学大纲审查说明》和《谈谈义务教育小学社会教学大纲的基本精神》强调社会科应注重平时考查。崔明芳1999年的《社会课考核点滴》以及张秉平、程振禄的《小学社会课教学评价》提出应采用灵活多样的形式进行社会科考查。在小学社会科评价具体方法方面,这一时期有学者提倡采用量化的方法评价小学社会科学习,如吴玉琦、陈旭远提出应采用量表法收集小学社会科学生学习活动信息。还有学者提出了应采用多样化的方法评价小学生社会科学习,如杨春柳提出可采用问卷法、主观性测试法以及观察法、谈话法,祖国英、崔天升等人提出采用书面测验、评定等级以及操行加减法三种方法。此外,还有研究者(洪光磊,1993)介绍了美国小学社会科教学的三种评价方式,分别是日常评价、教师自编测验、标准化测验。

(2) 小学社会科教学评价的研究

第一,根据教育评价的一般理论以及我国社会科教学大纲的要求,研究者们探索了小学社会科教学评价的一般理论,包括社会科教学评价的概念、功能、原则以及意义。第二,对小学社会科教学评价方案开展理论与实践研究,一方面研究者提出小学社会科教学评价方案的理论框架,另一方面一些地方教育行政部门以及小学制订小学社会科教学评价的方案以及标准,如北京市于1998年颁布了《北京市小学社会学科课堂教学评价方案(试行)》(北京市教育委员会办公室,1999)。第三,根据教育评价的一般性方法,提出小学社会科教学评价方法,如按评价主体分自我评价法和他人评价法,按评价内容分专题评价法和综合评价法,等等。第四,构建小学社会科教学评价指标体系及框架、量表。

(三) 本阶段的特征

这一阶段我国小学社会科评价研究分为两个阶段,1978—1987年为分科形式的小学社会科评价研究，主要包括小学历史、地理、思想品德等学科；1988—1999 年，为综合形式的小学社会科评价研究。总体来看，这一时期我国小学社会科评价研究呈现出以下四方面的特点：

第一，研究者对小学社会科的学习评价和教学评价开展研究，但研究数量少。这一时期，只有一本关于小学社会科教学评价的专门著作出版，而关于小学社会科评价的期刊论文也并不多见，这与我国小学综合社会科开设时间短有一定关系。

第二，小学社会科评价的研究内容虽在各个维度都有所涉及，但研究不够深入，且内容有所失衡。对小学思想品德、地理、历史学科评价的研究内容较多，小学综合社会科评价的研究方法主要涉及小学社会科学生学习活动评价、教学效果评价、教学过程评价的原则、内容、方法、指标体系。对小学社会科具体内容的学习评价涉及较少，对社会科评价的具体方法研究主要停留在借鉴一般的教育评价方法层次，而未能提出体现小学社会科学科性质的方法。

第三，研究对象逐渐明晰，教学效果评价、学生学习活动评价、课堂教学过程评价均形成各自的领域。小学社会科教学过程评价在泰勒目标模式的基础上分析教学过程的主要环节和主要内容，构建课堂教学评价的指标体系及量表；小学社会科教学效果评价主要是对教学成果和学生本身变化进行，在评价方法和指标体系方面进行研究；小学社会科学生学习活动评价，研究者结合小学社会科学科特点，对小学生学习社会科的行为、态度、过程等方面的评价进行研究。

第四，关于小学社会科评价国际经验的借鉴较少。这一阶段小学地理、历史等学科评价研究主要借鉴了布鲁姆教育目标分类学以及国际教育评价的理论，但是综合性小学社会科评价方面对国际经验的介绍和研究成果较少。

三、2000—2019 年的小学社会科评价研究

（一）阶段背景

2001 年，随着新一轮基础教育课程改革的进行，我国对基础教育课程结构进行了改革，将原来的小学思想品德课程改为"品德与生活"（1—2 年级）和"品德与社会"（3—6 年级）两门课程，以适应儿童生活范围逐步从家庭扩展到学校、社会，经验不断丰富、社会性逐步发展的需要（彭泽平，2014）。2002 年，教育部正式颁布了《全日制义务教育品德与生活课程标准（实验稿）》《全日制义务教育品德与社会课程标准（实验稿）》，对品德与生活、品德与社会课程的评价目的、主体、内容和方法都做出了相应的规定。如小学品德与社会课程标准在评价目的中强调"本课程评价的根本目的在于获得反馈信息，以帮助教师改进教学，促进儿童发展，保证课程目标的实现，而不在于对学生品德与社会性发展水平做出终结性的评定，更不是利用评价结果对儿童进行比较与分析等。因此，要从每个学生的原有基础出发，尊重学生的个性特点，强调以鼓励为主的发展性评价"。2002 年，品德与生活、品德与社会课程进入国家基础教育课程改革实验区学校，此后扩展到全国省级实验区学校，最后在全国范围内普遍实施。2011 年，我国教育部修订了品德与生活、品德与社会课程标准，印发了《义务教育品德与生活课程标准（2011 年版）》《义务教育品德与社会课程标准（2011 年版）》。2014 年 10 月，中国共产党十八届四中全会通过了《中共中央关于全面推进依法治国若干重大问题的决定》，提出要"把法治教育纳入国民教育体系，从青少年抓起，在中小学设立法治知识课程"。为了贯彻落实这一要求，2016 年，教育部规定将义务教育小学和初中起始年级《品德与生活》《思想品德》教材名称统一更改为《道德与法治》。总体来看，2001 年以后，我国关于小学社会科评价的研究成果逐渐丰富起来。

（二）主要研究内容

随着我国小学社会科的发展以及我国教育评价理论与实践的发展，小学

社会科评价研究也得到了丰富和发展。特别是在 2002 年品德与生活、品德与社会两门课程实施以后,我国小学社会科教育的研究队伍不断壮大,不仅有一线的教师和教研员,也逐渐形成了小学社会科教育研究的专门研究队伍和具有影响力的小学社会科研究者。这一时期,关于小学社会科评价的研究数量显著增长,研究成果也逐渐丰富和完善。这一时期,关于小学社会科评价专门研究的代表性著作主要有:杨九俊的《小学品德与生活(品德与社会)课堂诊断》(2005),马玲和屈志红《小学教学评价——品德与生活(社会)》(2006),陈茜和张爱勤的《有效学业评价:小学品德与生活(与社会)练习测试命题问题诊断与指导》(2011),沈阳市教育局和沈阳市教育研究院的《小学品德与社会学业质量评价标准》(2012),张烨的《学习评价问题诊断与解决:小学品德与生活(社会)》(2015),北京教育科学研究院基础教育教学研究中心的《学科能力标准与教学指南:品德与生活、品德与社会》(2015),人民教育出版社课程教材研究所综合文科课程教材研究开发中心的《小学品德与社会学业评价标准(实验稿)》(2015),李世安和许雅茹的《义务教育小学品德与社会学业质量评价标准》(2017)。除了这些专门论述小学社会科评价问题的著作,还有一些关于小学社会科课程与教材、教育、教学的著作中也开辟了专门的章节对小学社会科评价进行研究,涉及社会科学业评价、教学评价、课程评价等方面。此外,还有一批硕博论文也对小学社会科评价进行了专门研究,如周全的《边疆多民族地区农村小学〈品德与社会〉课堂教学实效性研究》、刘星辰的《小学〈品德与社会〉学科课堂教学评价研究》。

本时期小学社会科评价的研究成果,主要包括以下几个方面的内容:

1.关于小学社会科评价的理念和原则的研究

我国研究者以教育评价学、德育学原理、心理学,以及国家教育政策、课程标准等为依据,对小学社会科评价的理念和原则进行了分析,指出应从侧重甄别转向促进发展,从侧重评价实施结果转向关注实施过程与结果的统一,从"单一化"转向多元化评价方式,采取激励性、全面性、客观性、公平性、实效性原则(湖南省教育厅,2009)。还有一些学者基于不同的评价理论，对小学社会科评价原则进行了深入分析。有研究者借鉴英国形成性评价的理论，提出"为了学习的评价"这一概念，并从评价目的、评价的价值取向、评价的方式与策略、师生关系等方面分析小学品德与生活（社会）课程评价理念的具体转变（张烨，2015）。有研究者根据发展性评价的理念，提出了关注学习过程、体现多元、实现三个"统一"的评价原则（沈晓敏、高峡，2015）。

2.关于小学社会科评价主体的研究

2002年，我国教育部颁发的《全日制义务教育品德与生活课程标准（实验稿）》《全日制义务教育品德与社会课程标准（实验稿）》，提出"评价是教师和儿童共同合作进行的有意义的建构过程"，"强调儿童的自评、互评等方式和家长以及其他有关人员的参与"。我国学者关于小学社会科教育评价主体的研究也大多围绕此展开。如张茂聪的《品德与社会课堂教学建构的几个核心问题》（2007），张烨的《学习评价问题诊断与解决：小学品德与生活（社会）》（2015），以及盛春荣、沈国明等人的《新课程与体验式教学》（2018）均提出小学品德与生活（社会）课评价的主体应多元化，从单向转为多向，强调被评价者成为评价主体中的一员，建立学生、教师、家长、管理者、社区和专家等共同参与、交互作用的评价制度。

4.关于小学社会科评价类型的研究

对于小学社会科评价类型的研究，我国研究者大多采用教育评价理论的分类方法，如诊断性、形成性、总结性评价；教师评价、学生自我评价、学生相互评价、家长和社会参与评价；定量评价与定性评价。除此之外，国外社会科的一些评价类型也开始进入研究者的视野并被深入探讨，如小学社会科档案袋评价、真实性评价、发展性评价等。

5.关于小学社会科学生学习评价的研究

小学社会科学生学习评价是最为我国研究者关注的，也是研究成果最丰富的内容。研究的焦点主要集中在以下方面：

第一，小学社会科学习评价内容与标准的研究。关于小学社会科评价内容与标准的研究较受我国研究者关注,相关研究成果较为丰富。2002年、2011年我国颁发的《义务教育品德与生活(社会)课程标准》对学科内容作了详细说明,为社会科评价内容与标准构建提供了基础性参考。我国学者也以此为依据纷纷对小学社会科教育评价的内容及具体标准进行了研究。如人民教育出版社2015年出版了《小学品德与社会学业评价标准(实验稿)》。此外,有研究者通过对学业水平目标重新分类并细化,制成学业水平考查细目表(廖光华,2014),有研究者将小学品德与生活、品德与社会的学习目标与内容分为六大类,并据此设置学生学习评价的内容(张烨,2015)。北京教育科学研究院基础教育教学研究中心2015年在《学科能力标准与教学指南:品德与生活、品德与社会》一书中对小学品德与生活学科的内容标准、学科能力及水平划分做了详细描述、分析。第二,小学社会科学习评价方法的研究。21世纪以来,关于小学社会科教育评价方法的研究逐渐增多。根据小学社会科课程标准中评价的有关要求,研究者们大多主张采用定性与定量相结合的方法进行小学社会科教育评价研究。如李稚勇认为小学社会课程评价常用的方法应包括观察法、调查法(问卷法、访谈法)、测验法(李稚勇,2001)。2002年,我国品德与生活课程标准提出应综合运用观察、访谈、问卷、成长记录袋评价、作品分析等评价方法对品德与生活课程进行评价(刘恩山、张春莉,2002)。林治金、张茂聪在《小学品德与社会课程标准研究与实施》一书中提出课程评价方法包括教师观察记录、描述性评语、学生自评、学生互评、作品评价、个案分析(林治金、张茂聪,2004)。彭智勇、龚奇柱在《中小学全面实施素质教育研究》一书中提出了小学社会学科学生综合素质考查评价方法(彭智勇、龚奇柱,2001)。2002年国家品德与生活课程标准组编写的《品德与生活课程的基本观点及其实施》、2012年赵亚夫的《新版课程标准解析与教学指导·品德与社会》等著作主张综合运用多种方法评价小学社会科学生学习情况。

6.关于小学社会科课堂教学评价的研究

关于小学社会科课堂教学的评价主要集中在以下几个方面:①在评价主

体方面，相关研究提出要实行自评和他评相结合的方式。如 1999 年，张秉平、程振禄的《小学社会课教学评价》、湖南省教育厅组织编写的《品德与生活（社会）教学论》等著作均提出这样的观点。②在评价方法方面，研究者们提出了定性、定量的评价方法。如 2016 年，顾谨玉采用录像课观察分析的方法对北京市小学社会科教师教学进行评价，湖南省教育厅组织编写的《品德与生活（社会）教学论》提出应将定量评价方法和定性评价方法相结合使用。③在评价内容和指标体系方面，有研究者针对品德与生活、品德与社会课程提出了社会科课堂教学评价的具体内容指标（顾谨玉，2016；湖南省教育厅，2009）。

7.国外小学社会科评价介绍与比较

我国对国外小学社会科评价的比较研究，目前主要集中于对美国小学社会科评价的介绍与比较。2003 年，廖珊、罗静等人翻译了美国学者汤姆·V·萨维奇（Tom V. Savage）和大卫·G·阿姆斯特朗（David G.Armstrong）的《小学社会课的有效教学》一书，该书详细介绍了小学社会科教学评价的多样化方法（中国轻工业出版社，2003）。2003 年，华夏出版社出版的系列丛书《美国中小学社会课教学实践》《美国中小学社会课教学策略》介绍了美国社会科教育评价的经验和具体做法，其中《美国中小学社会课教学实践》一书介绍了美国社会科课堂评价的方法、工具，并提供了具体的操作案例。

（三）本阶段的特征

随着我国综合性小学社会科课程在全国的广泛实施，这一阶段关于小学社会科评价的研究显著增多。总体来看，这些研究呈现以下特点：

第一，研究主题多样化。这一时期由于人们对小学社会科关注的增长，以及教育评价理论与实践的发展，小学社会科评价研究内容主题呈现出多样化的特点。研究者们对小学社会科评价理念、评价原则、评价主体、评价内容、评价标准、评价方法等学生学习评价方面，以及对小学社会科课堂教学评价原则、内容、标准、方法等方面均展开了丰富多样的探索。

第二，采用实证研究开展小学社会科评价研究。21 世纪以前，我国关于小学社会科评价的研究大多是教育研究者理性思辨或一线教育工作者经验总结的成果。而在这一阶段，许多研究者采用实证研究开展小学社会科评价研究，如通过大规模问卷调查、课堂观察、录像分析等方法开展评价研究。

第三，关于评价标准和评价方法的研究是关注的重点。这一时期，我国研究者对小学社会科评价标准和评价方法展开了大量研究。国家层面出台了义务教育社会科学业评价的标准，各地区出台了小学社会科评价方案和标准、指标体系。

第二节　主要成就

新中国成立至今，我国小学社会科适应社会变革与时代发展的需求几经变化，最终朝着综合化的方向迈进。小学社会科评价研究与我国教育事业的发展，特别是与基础教育课程的改革同步，经历了三个发展阶段：从最初的摸索，学习、借鉴苏联理论与经验，到改革开放初期的恢复创建，再到21世纪逐渐形成系统的具有中国本土特色的小学社会科评价理论体系。新中国成立以来，小学社会科评价研究的主要成就表现在以下几个方面：

一、小学社会科评价理论基础的研究

新中国成立以来，小学社会科评价的理论基础问题受到了研究者的关注和探讨。在我国小学社会科评价研究三个不同发展阶段，研究者们都基于所处时代的背景以不同的理论基础为指导对小学社会科评价进行研究。

新中国成立初期，基于马克思主义理论的哲学观和方法论——辩证唯物主义是我国教育评价的指导思想。根据辩证唯物主义系统观的观点，总是要把对象放到系统中去研究，考虑各个因素之间的关系、结构和功能。教学评价也要坚持系统的观点，要全面考虑影响教学的各种因素及其因素间的关系，教学的结构和功能等（李小融、魏龙渝，1988）。

改革开放之后，基于对布卢姆教育目标分类学、泰勒的目标评价理论、教育心理学和教育测量理论、维果茨基社会文化建构主义关于概念和思维发展的理论的借鉴，小学社会科评价研究开始围绕"目标导向"进行探索。在

评价原则方面，以泰勒的目标模式为基础，强调评价必须有明确的目的，不能盲目地进行；以布卢姆教育目标分类学和教育心理学、教育测量理论为基础，强调评价的内容或指标体系应遵循客观性原则，有较高的效率；以教育心理学为基础，强调评价活动应在宽松和谐的环境中进行，使评价者与被评的人都能积极参加（吴玉琦、陈旭远，1998）。

2001年基础教育课程改革之后，对小学社会科评价理论基础的研究更加充分、活跃。这一时期我国小学社会科评价研究者尤为关注的理论主要有多元智能理论、建构主义思想、有效教学理论、杜威的教育理论。20世纪90年代，美国发展心理学家加德纳提出多元智能理论，即人的智能由七种紧密关联但又相互独立的智能组成，它们是语言智能、音乐智能、数理逻辑智能、视觉空间智能、身体运动智能、自我认识智能、人际交往智能。有研究者提出多元智能理论对小学品德与生活（社会）评价的启示：评价标准应多元化、评价目的应该是促进学生良好品德形成和社会性发展，评价的来源应该是学生的活动，评价的核心是"全人"观（吴维屏、张振芝，2010）。美国教育家杜威说："我们必须把课程与生活紧密地结合起来，把生活与课程这两者看作同一过程的两个因素，这个过程本身是不断地重构我们的持续不断的完整生活的过程"（车广吉，2012）。为此，我国强调小学品德与生活课应视儿童生活为课程的重要组成部分，体现在儿童的学习和评价中。品德与生活、品德与社会课程理念强调对学生学习活动过程的评价，即使活动的最后结果没有达到预期的目标，也应该从学生获得宝贵生活经验的视角加以珍视（湖南省教育厅，2009）。

从总体上看，新中国成立至今，我国小学社会科评价研究者对国际上有影响力的、与社会科评价密切相关的理论都进行了关注与探讨，小学社会科评价研究所依据的理论基础已经与国际同步。

二、小学社会科评价指导思想与原则的研究

（一）小学社会科评价的指导思想研究

新中国成立之初，在借鉴、学习苏联经验的基础上，我国小学地理、历

史等学科评价着重探讨日常考查与期末成绩评定相结合的评价方式，在评价方法上注重教师的课堂提问、课堂观察、家庭作业检查等方面。这一时期的考查主要目的是巩固学生所学知识，改进教师教学。改革开放以后，国际教育评价理论在我国广泛传播。1983年，国际教育成就评价协会（IEA）前主席胡森（Torston.Husen）来华讲学，介绍了国际上有关教育评价的发展情况。1984年，我国正式加入IEA组织。随后，我国各地召开了多次教育评价理论研讨会，展开了教育教学评价的研究和实验工作（李小融、魏龙渝，1988）。我国小学社会科评价受此影响，有研究者指出评价的主要功能：导向的功能、反馈和调节的功能、激励的功能、经验分享的功能（张秉平、程振禄，1999）。2001年，基础教育课程改革以后，我国颁布了品德与社会、品德与生活学科的课程标准，课程标准中对品德与社会课程评价的根本目的进行了规定，应"积极促进学生发展，全面了解和掌握学生的道德和社会认知、判断、行为以及发现和解决问题等方面的能力，以帮助教师改进教学，提高教学的实效性，保证课程目标的实现"。据此，有研究提出小学品德课程评价应关注过程、关注整体、追求多元、追求开放，走向丰富、走向综合（许宏等，2013）。

进入21世纪，我国学生评价重视以核心素养为基础展开。2014年3月，教育部发布《关于全面深化课程改革，落实立德树人根本任务的意见》，首次在国家课程改革的文件中明确使用"核心素养"一词，并把研究学生发展核心素养作为落实立德树人的首要环节。有研究者认为，具体到小学道德与法治学科，把握核心素养有三个视角：从核心价值来看，注重"爱国主义、集体主义和社会主义教育"的培养；从基本功能来看，是一门培养认识社会、参与社会能力的课程；从培养目标来看，是一门以学生社会生活为基础，促进学生习得道德修养，树立法治意识的综合课程（杨晓亚，2017）。总体来说，我国关于核心素养在小学道德与法治学科如何落实，如何进行评价的研究较少。有研究者指出道德与法治学科评价落实核心素养需要：在评价的理念上要突出核心素养的培养，在评价的策略上要紧扣核心素养的培养，在评价的过程中要围绕核心素养的培养（杨晓亚，2017）。

（二）小学社会科评价原则的研究

新中国成立之初，我国研究者并没有明确提出小学社会科评价原则。但在有关小学地理、历史等学科的考查中大致可以总结出关于评价原则的思考，如课堂教学即时评价原则，在小学地理课要想使学生真正地理解地理知识、技能和技巧，牢固地掌握地理知识、技能和技巧，应该经常地进行平时考查（杨波，1958）。20世纪80年代以后，随着小学社会科学习评价指导思想的变化，研究者提出了评价的原则与要求。有研究提出小学社会科教学评价应贯彻正确导向原则、科学合理原则、简易可行原则（张秉平、程振禄，1999）。有研究者指出小学社会科教学评价的原则除了要遵循教育评价的一般原则外，还应该反映社会科学科特点，遵循目的性原则、客观性原则、实践性原则、心理和谐原则。

21世纪以后，我国许多研究者依据品德与生活、品德与社会课程标准以及道德与法治课程标准，对小学社会科的评价理念和原则进行分析、阐述。有研究者指出小学社会科评价应贯彻发展性评价的理念，遵循三条原则：关注学习过程，儿童活动过程中的情感态度、行为表现以及付出努力的程度都要纳入评价范围；体现多元，即评价主体多元、评价尺度多元，尊重个性多元等；实现"三个"统一，即认知和操作统一，综合性和简约性统一，显性表现和隐性品质相统一。还有研究者指出在设计小学社会科学习评价时应遵循以下原则：依据教学目标、兼顾多种目标、采用多种方法、进行多次评价、重视反应历程、强调主体参与（张烨，2015）。李稚勇根据课程标准的要求提出了遵循以学生发展为本的原则、实现评价的"真实性"和"过程性"原则、遵循多元化的评价原则、实现德育"知情意行"并举的原则（李稚勇，2006）。

还有研究者根据我国课程标准中提出的应实施多元主体评价的理念，强调实行评价主体多元原则，即评价主体应多样化，把评价看作教师和儿童共同合作进行的有意义的建构过程，儿童既是评价的对象，也是评价的主体。

强调儿童的自评、互评等方式和家长以及其他有关人员的参与。(国家品德与生活课程标准组,2002)还有研究者强调"评价主体多元化,从单向转为多向,增强主体间的互动,强调被评价者成为评价主体中的一员,建立学生、教师、家长、管理者、社区和专家等共同参与、交互作用的评价制度,以多渠道的反馈信息促进被评价者的发展"(张烨,2015)。

三、小学社会科评价类型与方法的研究

(一)小学社会科评价类型的研究

新中国成立之初,我国小学社会科没有关于评价类型的研究,学者们基于实践经验,提出以平时考查的方式进行学生评价,平时考查的形式主要有课堂提问、课堂观察、家庭作业检查、课堂书面检测等(杨清波,1958)。还有研究者主张以考试的方式评定学生成绩(李观方,1953)。到了20世纪80年代,研究者大多将小学地理、历史、思想品德等学科的评价方法分为平时考查和总结性考试两种,平时考查的形式主要有教师课堂观察、学生作业检查、口头提问、书面测验等(张恒渤、商幸丰,1983),总结性考试则一般是指期末或期中考试。到了1990年以后,随着国际教育评价理论的引进以及我国教育评价的发展,小学社会科学习评价的多元评价理念已在评价研究领域得到广泛认可。研究者们从不同角度出发,提出了小学社会科评价的不同类型。有研究者根据教育评价方法的一般理论,从评价实施时间和功能角度出发,提出小学社会科评价的三种类型:诊断性评价、形成性评价、总结性评价(沈晓敏、高峡,2015)。有研究者根据课程标准的要求,强调多元主体参与开展小学社会科评价,包括学生、教师、家长、管理者、社区和专家等,由此形成学生自我评价、教师评价、家长评价、学生小组合作评价等具体评价方法(吴顺耐,2016)。有研究者根据评价结果的呈现形式将小学社会科的评价方法分为定量评价和定性评价。此外,多元主体参与的评价方法、形成性评价、表现性评价以及档案袋评价在我国小学社会科评价领域得到了广泛关注和深入探讨。各种评价类型针对不同的评价目的和评价内容,在不同的

评价时机和情境中均具有一定意义，共同促进了我国小学社会科评价的实施和发展。

(二) 小学社会科评价方法的研究

21世纪以来，关于小学社会科教育评价方法的研究逐渐增多。根据小学社会科课程标准中评价的有关要求，研究者们大多主张采用定性与定量相结合，提倡采用多样化的方法进行小学社会科教育评价。

1.根据评价主体分类的评价方法研究

我国学者根据课程标准的要求，在研究中大多强调多元主体参与开展小学社会科评价，包括学生、教师、家长、管理者、社区和专家等，由此形成教师评价、家长评价、学生小组合作评价、学生自我评价等具体评价方法。有研究者在强调多元主体评价的同时，还提供了学生小组合作评价、家长评价方法实施的具体案例。家长评价的具体样例见案例4-1（吴顺耐，2016），学生小组合作评价样例见案例4-2（吴顺耐，2016）。

案例4-1 家长评价：共创美好生活

评价内容	评价要求	学业水平层次			具体情况说明
		合格	良好	优秀	
节日名称	能够知晓学会查询				
活动开展	积极参与牵手父母				
平时表现	习惯良好自觉遵守				

案例4-2 小组合作评价

【主题活动1】发表和平感言

让学生动手制作一件体现和平元素的作品，如剪贴和平鸽、橄榄枝，绘画蓝天、青草地等。之后，用自己的语言在作品中写下和平寄语，并在四人小组中交流分享。

1.我设计的体现和平元素的作品是：_____

2. 我的和平寄语是：_____

[评价方式]： 发表"和平感言"小组合作评价表

评价内容	评价要求	学业水平层次	评价方式
独立准备	个性创作 自由表达 认真书写 言简意赅		观察、作品评价
发表感言	大胆自信 富有激情 放飞心愿 热爱和平		观察、情境评价

此外，在有关研究中，部分学者特别强调学生自我评价方法在小学社会科学生学习评价中的重要性。如张烨在《学习评价问题诊断与解决：小学品德与生活（社会）》一书中提供了学生自我评价的实施案例，具体见案例4-3（张烨，2015）。

案例4-3：平安回家自评表

要求 时间	走路靠右边	过马路一停 二看三通过	横过车行道， 走人行横道	过马路绿 灯行,红灯停	行走时 不追逐打闹
周一					
周二					
周三					
周四					
周五					
一周小结					

注：在回家过程中能按要求做到的打"☆"，做得比较好的打"○"，不能按要求做到的打"△"，请你每天根据自己的表现实事求是地自评。

2.根据评价结果呈现形式分类的评价方法研究

根据评价结果的呈现形式不同，我国学者将小学社会科的评价方法分为定量评价和定性评价。有研究者认为小学社会课程评价常用的方法应包括观察法、调查法（问卷法、访谈法）、测验法的定量与定性相结合的办法（李稚勇，2001）。2002年，我国品德与生活课程标准组提出应综合运用观察、访谈、问卷、成长记录袋评价、作品分析等综合性的评价方法对品德与生活课程进行评价。其中，品德与生活课程成长记录袋评价的具体实施见案例4-4（张烨，2016）。

案例4-4：成长记录袋教学片段

一、分享成长的快乐

1.在小组中展示最能反映自己进步的作品。

2.集体展示，部分作品可放在投影仪上供全班同学观摩。（学生展示平时写的字、各科优秀作业、最满意的书画作品、参加比赛的照片、获奖证书、家长对自己的夸奖、老师的奖励、手工作品，等等）

部分有特长的学生在现场表演唱歌、跳舞等。

二、涂"进步果"，壮大"成长树"

1.过渡：瞧瞧，比起刚进学校时，大家的字写得越来越棒，画画得越来越好，还会唱歌、跳舞、记日记，等等。要说大家的进步还真不小，你们就像这棵小树一样，正在茁壮成长。（课件播放小树苗慢慢长大）老师建议大家互相祝贺一下！（齐鼓掌）

2.收获成长的果实

（1）我们每取得一点进步，"成长树"上就会多一个果子，那么你们得到了哪些果子呢？快拿出笔来先将自己的进步填在果子里，再涂上"红、黄、紫"等成熟果实的颜色。

学生动手写、画。

学生向大家介绍自己画的"果子"，老师及时予以肯定和鼓励。

（2）为自己正在努力的目标涂上未成熟果实的颜色。

刚才大家已经为"进步果"涂上了颜色，那些都是自己已经实实在在做到的，真好！有个同学问老师，正在努力养成做事不拖拉的好习惯，能不能写在果子上呢？你们说呢？是啊，可以把正在努力的目标也写下来，涂上未成熟果实的颜色（青色、绿色）。你们有正在努力的目标吗？（有）

生动笔涂色。

师提醒：还没有开始的，但已经计划好的就只能是白色的。

3.共建"成长树果园"

下面，让我们将自己的"成长树"贴到黑板上来，组成一个"成长树果园"吧。（生贴树）

这一棵棵成长树组成了一个果园，这里面有数不清的果子，真是一个丰收的果园！看到这么多的"进步果"，你们开心吗？请继续努力，老师相信"成长树"上成熟的果子会越来越多的。

但同时也有研究者认为品德与生活课程应重视质性评价，即不提倡全部采用量化的方式进行评价，而是重视对儿童在健康、安全的生活，愉快、积极的生活，负责任、有爱心的生活，动脑筋、有创意的生活等四个方面的个性化表现（品德与生活课程组，2002）。还有研究者提倡在小学品德与社会课学生评价中采用定性的评价方法，如教师观察记录表、描述性评语、学生自评、学生互评、作品评价、个案分析等（林治金、张茂聪，2004）。教师课堂观察记录表具体案例见表4-1（张烨，2016）。

表 4-1 教师课堂观察记录表

观察项目	★	★★	★★★	
学生知识、技能掌握情况（解答问题的情况、学生的表情状态）				说明： 好：★★★ 较好：★★ 一般：★
学生操作技能掌握情况（能判断操作的正误，独立、准确、有条理地进行操作）				
学生的注意力（整堂课集中注意力、大部分时间集中注意力、该集中注意力时能够集中、有时候集中注意力、注意力涣散）				
学生学习的参与情况				
学生的合作性				
学生的思维状况				
教师评价：				

四、小学社会科学习评价的研究

（一）小学社会科学习评价内容与标准的研究

随着我国小学社会科课程的建设与发展，我国学者们对小学社会科教育评价的内容及具体标准进行了深入而具体的研究，为我国小学社会科教育评价实践提供了支撑。如沈阳市教育研究院（2012）、人民教育出版社（2015）、李世安以及许雅茹（2017）分别研制了小学品德与社会科学业质量评价标准。人民教育出版社（2015）以品德与生活（社会）课程标准为依据，一方面对课程标准的内容标准进行了细化，另一方面提供了评价学生学习情况的评价方法建议和评价样例，为我国小学社会科学习评价实践提供了理论参考。

北京教育科学研究院基础教育教学研究中心（2015）对小学品德与生活学科的内容标准、学科能力及水平划分做了详细描述、分析。有研究者将小学品德与生活、品德与社会的学习目标与内容分为六大类，并据此设置学生学习评价的内容（张烨，2015）。还有研究者将品德与生活课程目标设为知识与技能、过程与方法、行为与习惯、情感与态度四类，制定具体的品德与生活课程评价标准，具体见表4-2（彭阳、林光耀，2003）。

表4-2　品德与生活课程评价内容

评价内容＼评价目标＼内容标准	情感与态度	行为与习惯	知识与技能	过程与方法
健康、安全地生活	热爱劳动，情绪稳定，学习愉快	有良好的饮食和卫生习惯，按时作息，做事用心，爱护环境，遵守交通规则	有一定的健康常识，知道正确的坐、立、走姿势，认识交通标志	能料理自己的生活，学会照顾自己，会基本的救助与自救方法
愉快、积极地生活	喜欢上学，喜欢与同学、教师交往，积极主动参与活动	能欣赏自己和别人的长处，能控制和调整情绪	懂得小学生活动、学习、交往的基本要求	愿意想办法解决问题，有勇气尝试富有挑战性的活动
负责任、有爱心地生活	有班集体荣誉感，积极主动做事，有爱心，崇敬英雄	懂礼貌、守秩序，行为文明，爱护公物，节约水、电、纸张等资源，会唱国歌	明白做事应认真，不敷衍，有耐心	能用自己的方式爱父母长辈，能初步分辨是非
动脑筋、有创意地生活	有好奇心，喜欢提问，有探索兴趣	尝试一物多用，废物利用，与人合作交流	了解生活中的自然现象、科学常识	能总结、提升经验，有简单的应用能力

此外，还有研究者通过对学业水平目标重新分类并细化，制成学业水平考查细目表对学生进行具体学习内容的评价，具体见表4-3（廖光华，2014）。这些研究探讨为小学社会科课程标准制订和评价体系框架的建构提供了有益的参考。

表 4-3　《品德与社会》五年级上册第一单元考查细目表

单元	主题	课题	考查点	课程内容标准
寻根问祖	文明的曙光	我们共同的祖先	1.知道我国是世界上最早进入农耕文明的国家（提取）；2.了解炎帝、黄帝、仓颉等历史人物以及他们的主要贡献（再认）	知道我国是有几千年历史的文明古国，掌握应有的历史常识，了解中华民族对世界文明的重大贡献，珍爱我国的文化遗产
		坚忍不拔的中华儿女	了解"精卫填海""三过家门而不入"等古代传说故事，知道它们反映了我国古代先民艰苦奋斗、勤劳勇敢等优秀品质（举例）	
		与历史为伴	知道公元纪年法，并能推算历史时间（推论）	
	伟大的发明	传递文明的纸	1.知道东汉蔡伦改进造纸术（提取）；2.了解在纸发明前人们的书写材料（再认）；3.了解纸的发明对人类文明的贡献，感受古代劳动人民的智慧（评判）	
		"文明之母"：印刷术	知道活字印刷术是北宋毕昇发明的，了解印刷术的演变过程，体会活字印刷术所蕴含的聪明智慧（比较与分析）	
		沟通全世界的指南针	1.知道指南工具的发展过程（提取）；2.了解指南针的发明对世界文明发展的典型贡献（举例）	
		火药加快了人类前进的脚步	1.知道火药是我国古代劳动人民的一项伟大发明（提取）；2.了解火药在推进人类文明发展中的一些典型事件（举例）；3.辩证思考火药的功与过（评判）	
	杰出的智者	思想家孔子	1.了解孔子的主要教育和道德思想（再认）；2.了解反映他思想的著作《论语》，知道他编订了《春秋》《诗经》《尚书》等书籍（提取）；3.知道孔子对后世及世界的影响（举例）	
		伟大的军事家孙武	1.知道孙武是春秋时期伟大的军事家，他的代表作是《孙子兵法》（提取）；2.了解一些《孙子兵法》的格言，并理解其意义（再认）；3.知道《孙子兵法》对我国及世界的影响（举例）	
		探寻古代科学家的足迹	了解我国古代科学家祖冲之、一行、郭守敬、张衡、李时珍等的生平及主要成就（再认）	

（二）小学社会科不同学习目标与内容的评价方式研究

在学生学习评价的操作层面上，小学社会科学习评价研究主要是围绕不同学习目标和内容提出了不同的评价方式。我国品德与社会课程标准指出评价内容应该包括：学习态度，指学生在学习过程中主动参与和完成学习任务的态度；学习能力和方法，指学生在学习中观察、探究、思考、表达的能力，搜集、整理、分析资料的能力，与人合作完成学习任务的能力等；学习结果，指学生完成学习任务的质量和进步程度。有研究者认为小学品德与生活（社会）评价内容包括三个维度：知识目标——基础知识评价，可以采用口头或书面形式的考查；方法与能力目标——活动作业、综合实践能力评价，活动作业评价可以采用等级加评语的方式，综合实践能力评价可以采用班主任品德评语的方式；情感态度与价值观目标——学习表现评价，主要采用观察记录加评语的方式（吴维屏、张振芝，2010）。

五、小学社会科课堂教学评价的研究

小学社会科课堂教学评价一直受到我国研究者的关注。自新中国成立以来，在借鉴、引进苏联教育学理论之下，研究者们对课堂教学的基本过程和阶段作出了规范。此后，随着我国教育事业的改革和发展，结合国外课堂教学评价的理论和我国小学社会科发展的经验，对课堂教学效果、教师教学过程与行为、学生社会科课堂学习、课堂教学评价框架和量表等方面展开了全面研究。总体来看，研究的内容主要有以下几个方面。

（一）对小学社会科课堂教学评价存在问题的调查与描述

许多研究者对我国小学社会科课堂教学评价现状进行调查研究，描述课堂教学评价中存在的问题。有研究者通过对地区以及学校课堂教学评价实施状况的调研发现：小学社会科课堂教学评价目标与评价过程轻重偏失，评价目标单一，侧重于横向比较评价，忽略个体自身发展的纵向评价；评价对象与评价关系失衡，易形成二元对立，有些评价忽视教师的个性（程明，2010）。有研究者通过课堂实录观察，分析了教学评价存在的问题：一是教师课堂教学评价很少有明确的、易于操作和实施的、开放的、适合中国教育现状的评价标准；二是课堂教学评价很少关注学生的学习过程（黄超文，2014）。还有研究者结合自身实践经验指出：小学社会科课堂教学评价仅将考试成绩作为最终结果，许多学生不懂将其应用到实际生活，教学评价的依据过于单一；教学评价过程中主体设置不合理；对教学评价的内容及意义认识不到位，导致学校、教师及父母等主体的评价意识淡薄（黄雅芳，2017）。

（二）对小学社会科课堂教学评价原则和要求的研究

有研究者提出小学社会科课堂教学评价的原则包括目的性原则、客观性原则、实践性原则、心理和谐原则（吴玉琦、陈旭远，1998）。有研究者提出小学社会科教学评价应遵循正确导向原则、科学合理原则、简易可行原则。有研究者认为应采取定量与定性相结合的综合性评价原则（张秉平、程振禄，1999）。有研究者提出品德与生活（社会）课堂教学评价体系构建的原则主要有导向性原则、个性化原则、简约性原则、可测性原则（陈吉明，2010）。还有研究者提出品德与生活（社会）课应进行体验式教学，对体验式教学的评价实行评价过程化、评价主体多样化、评价角度多样化、评价尺度多样化（盛春荣、沈国明，2018）。

（三）小学社会科课堂教学评价方法的研究

有研究指出小学社会科课堂教学评价应将定量评价方法和定性评价方法相结合使用，主要形式为自评和他评，他评主要包含学生评价、教师互评、领导评价和家长评价（湖南省教育厅，2009）。有研究者提出教师评价应以自评的方法为主，自评可以通过自我分析表、量表自查、学生问卷、工作总结等方法对自身的优势与不足进行评价（彭阳、林光耀，2003），如案例4-5中教师可以根据自评简案进行自我教学评价（彭阳、林光耀，2003）。还有研究者主张采用录像课观察分析的评价方法，并以此方法对北京市小学社会科教师的教学质量进行了调查（顾谨玉，2016）。

案例4-5：教师自评简案

1.本堂课中，你满意的有哪几个方面？不满意的有哪几个方面？

2.学生在本堂课中，道德认识是否在原有基础上有所提高？

3.教材使用是否有创意，活动设计是否贴近生活？

4.课堂氛围是否活跃，学生的参与度是否较高？

5.在达成教学目标的过程中，你遇到了哪些困难，今后准备采取何种措施加以克服？

6.反思自己的教学行为，你认为在成为学生学习的促进者、组织者、研究者方面还能做些什么？

……

（四）小学社会科课堂教学评价框架和量表的研究

小学社会科课堂教学评价框架和量表的研究是小学社会科课堂教学评价研究的焦点，成果十分丰富。这些研究成果按照研究内容可以分为两大类：一类是对分科形式的小学社会科教学评价的研究，主要是在2000年以前对小学地理、历史、思想品德等学科教学评价的研究；第二类是对小学社会课程以及后来的品德与生活、品德与社会、道德与法治课程教学评价的研究。

1.对分科形式的小学社会科教学评价框架和量表的研究

我国在20世纪80年代以前，由于历史的原因，没有全面地、有组织地、系统地开展对各级学校教育和教学工作的评价，但是有关教育和教学评价的实践活动有很多，如教学工作计划、检查和总结制度（李小融、魏龙渝，1988）。因此，这一时期我国小学地理、历史等学科的教学评价大多是以听课、评课的形式进行，也有研究者提出了小学课堂教学的基本要求。如在小学地理教学中，应达到的要求是：教学目的明确性、要正确地选择教材内容、选择适当的教学方法和课堂类型，合理地规划上课的构成和时间，注意课堂上的一切教学组织工作（杨清波，1958）。

改革开放以后，随着国际教育评价理论在我国的传播以及我国本土教育教学评价研究的发展，不少地区展开了教育教学评价的研究和实验工作，还有一些地区进行了课堂教学质量评价、教师教学工作评价。在小学思想品德学科，有研究者以优秀课评选的实践经验为基础，提出了八条课堂教学评价标准,即教学目的明确、教学重点突出、教材处理恰当、密切联系实际、教学结构合理、教学方法灵活、教师素养良好、教学效果明显(马国林,1989)。有研究者从教学目的、教学内容、教学特点、教学方法、教学基本功、教学效果、突出特色等维度构建了小学思想品德课课堂教学评价指标,并明确了评价要点和权重,具体见表4-4(陈昌勋,1992)。还有研究者从教学要求、教学内容、教学过程、教学方法、教学即时效果、教学基本功、教学效果几个维度构建了小学思想品德课课堂教学的评价指标(吴慧珠,1995)。

表 4-4 江西省小学思想品德课课堂教学评价指标

序号	评价项目	评价要点	权重
1	教学目的	①符合大纲要求,符合学生实际 ②明确、具体、恰当,相对集中,体现一课一得	0.10
2	教学内容	①正确理解教材,讲授无科学性错误 ②内容充实,重点突出 ③举例恰当,具有时代气息	0.14
3	教学特点	①观点正确、鲜明,说理清楚明白 ②明辨是非爱憎,激发道德情感 ③联系学生实际,指导行为实践	0.28
4	教学过程	①符合学生认知规律 ②层次清楚,密度适当 ③各环节安排合理,针对性强	0.10
5	教学方法	①符合教学原则,符合课型特点 ②直观形象,启发性强 ③灵活多样,讲究实效	0.18
6	教学基本功	①教态亲切、自然 ②语言生动、规范、富有情感 ③板书设计合理,突出主要观点 ④应变能力强,善于因势利导	0.10
7	教学效果	①完成教学任务,达到教学目的 ②从整体看呈现良好反应,学生接受所学道理,明确行为方式,并乐于实践	0.10

2.对综合性的小学社会科教学评价框架和量表的研究

1996年全国各地的小学全面实施社会课以后，我国关于综合性小学社会科教学评价框架和量表的研究逐渐丰富起来，教育研究者和各地教育行政部门纷纷研制了小学社会科教学评价方案、内容框架、指标体系。关于综合性小学社会科的评价框架和量表，研究者们从不同角度出发构建了小学社会科课堂教学评价内容框架和具体指标体系。

（1）从教学活动构成要素角度出发构建小学社会科评价的内容框架和指标体系。有研究者从教学目标、教材处理、教学方法、教学基本功、教学效果五个维度利用因素分解法构建了小学教师课堂教学评价指标（张秉平、程振禄，1999）。有研究者设计了教学目标、教学内容、教学过程和教学结果四个指标，对小学品德与社会课教学进行了调查、评价（顾谨玉，2016）。有研究者认为小学品德与生活（社会）教学评价指标主要包括：教学目标是否具有完整性、明确性、合理性；教学内容是否结构化、是否能帮助学生有效突破重点和难点；教学方法是否符合教学目标、教学内容的要求，能否促进学生的发展；教学过程是否具有开放性、活动性；教学效果；教学素养；等等。品德与生活、品德与社会课堂教学评价量化表案例具体见下表4-5（湖南省教育厅，2009）。

（2）从教学过程中教师教和学生学的角度出发构建评价内容和指标体系。有研究者认为小学社会科课堂教学评价应由质性评价和量化评价两个部分组成，既要通过质性评价关注教学过程的整体状态、教学效果，又要通过量化评价关注具体教学行为效果状态，对教学过程中教师教、学生学的具体行为状态进行评价，道德与法治课堂教学综合评价量化表具体案例见下表4-6（钟守权，2018）。

表 4-5 品德与生活、品德与社会课堂教学评价量化表

学校_____ 授课教师_____ 评课教师_____

一级指标	二级指标	评价分数 5	4	3	2
教学目标	符合课程标准、教材和学生发展的需要				
	知识与技能、过程与方法、情感态度价值观				
教学内容	注重联系学生的生活实际				
	知识准确、科学严谨				
	充分挖掘教学内容中的德育因素				
	重点、难点处理恰当				
	符合学生身心发展特点				
教学方法	重视调动学生的积极性、主动性				
	教学方法能顺利、有效达成教学目标				
	体现了现代信息技术与本学科的整合				
教学过程	各活动环节目标明确,顺序安排得当				
	充分发挥学生的主体作用,关注学生思维能力的培养				
	面向全体学生,注重个体差异				
	注重课堂教学的生成性				
教学素质	能灵活驾取课堂				
	语言清晰、简练、准确、亲切、幽默				
	会使用多媒体教育手段				
	板书工整,设计合理				
教学效果	课堂气氛活跃和谐,学生注意力集中				
	学生学习效果好,目标达成度高				

表 4-6 道德与法治课堂教学综合评价量化表

学校		执教者		班级	
课题				评课者	
项目	指标				得分
教学目标 （10分）	符合课标要求，注重多维目标的整合（6分） 符合学生实际，目标具体、有针对性（4分）				
教学 内容过程 （50分）	教学思维：逻辑性强，教学环节设计合理，连接有序（10分） 教学内容：科学准确，主题鲜明，选材得当，贴近儿童生活经验，符合儿童认知心理，容量适度，主次分明（10分） 教学方式方法：体现兴趣激发、示范引领、行为训练、情感烘托、知识技能领会、品德内化等基本法则。体现生活性、活动性、开放性等特点，并合理使用现代教育技术手段（10分） 教学评价：适时中肯，善用鼓励，调动全体学生积极参与。个性化评价与全体发展相得益彰（10分） 学生发展：兴趣浓厚，思维活跃，有感悟，能质疑问难，有探究发现，各层次学生均学有所得（10分）				
教学 基本素养 （15分）	教学理念以学生为本，生活性、开放性与综合性统一协调（5分） 教态有亲和力，观点正确，言语生动，有感染力（3分） 能创造性地使用教材，合理开发和利用课程资源（4分） 能有效捕捉并生成教育资源，及时呼应学生的需求（3分）				
教学特色 与创新 （10分）	在教学方法、教学语言、情感激发、知识广泛性运用、活动设计与组织、教材内容整合等方面有独到之处（5分） 在情感沟通、教学组织、资源开发运用、社会生活感悟、行为引导等方面有创意（5分）				
教学 综合评价 （15分）	过程性分段目标实现效果好（4分） 总目标达成建立在分段目标基础之上，效果明显（8分） 目标达成效果表达有艺术性，有利于持续驱动学生的品德行为和社会性良好发展（3分）				
综合得分			简要点评		

续表

地市学校			上课教师				课文			
流程	项目	教师活动(5分)				学生活动(5分)				项目得分
新课引入 (10分)	引入方式 (10分)	课文直授	提问导入	情境导入	参与导入	听老师讲	情境烘托	问题思考	活动体验	
		2分	3分	4分	5分	2分	3分	4分	5分	
教学过程 (75分)	教学目标体现 (10分)	目标抽象		目标有三维目标				三维目标清晰有层次		
		2分		5分				10分		
	教学内容实施 (30分)	教师活动(14分)				学生活动(16分)				
		单边灌输		师生合作		被动接受		自主获取		
		3分		7分		3分		8分		
		偏重结论		重视学习过程		接受学习		主体参与		
		3分		7分		5分		8分		
	教学过程中师生的交流互动 (30分)	态度互动	被动地听讲		启发性接受			激发性参与		
			1分		3分			5分		
		思维互动	回应性作答		限制性回答			开放性交流		
			6分		12分			15分		
		情感互动	情绪冷漠		情绪不高			激情投入		
			3分		5分			10分		
教学小结 (15分)	教师行为 (8分)	只有认识		认识与行为封闭结合		认识与行为开放结合		教师总结有持续意义		
		2分		4分		6分		8分		
	学生行为 (7分)	听教师总结				呼应教师总结		师生共同总结		
		3分				5分		7分		
评课时间			评课人				总分			

除了教育研究者外，一些地区的教研部门出于教育管理与教学督导的需求，也出台了小学社会科教学评价方案和量表。泉州市教研部门从教学目标、教学内容、教学过程、教师素养、教学效果五个维度构建了小学品德与生活课堂教学评价量表；南京市鼓楼区教研部门从教学过程的设计与实践、教学内容的容量与开发、学生的学习效果与发展、教师的教学技能与师德四个维度研制了品德与生活、品德与社会课堂教学评价量表（程明，2010）。在评价内容方面，彭智勇、龚奇柱等在《中小学全面实施素质教育研究》一书中制定了《重庆市小学社会学科课堂教学评价标准》，并用于课堂教学中加以验证。此外，北京市教研部门从导向性原则、科学性原则、整体性原则、可行性原则出发构建了小学社会科课堂教学评价方案，具体评价指标共有教学目标、教学内容、教学过程、教学方法、教学能力、教学效果6项，评价方案详情见案例4-6。

案例4-6：北京市小学社会科课堂教学评价方案（试行）

一、确定小学社会科课堂教学评价指标的原则

课堂教学评价既是教学工作的一个重要组成部分，也是学校教育教学评价的一个重要方面。为了使教学评价起到指导、推动教学的积极作用，在确定小学社会科课堂教学评价指标时，遵循的主要原则是：

1.导向性原则

小学社会科课堂教学评价指标，是社会科教学大纲的具体化，是实现教学目标的规范化要求和评价课堂教学质量的依据。评价指标注意引导教师明确社会科教学的基本任务要求，特别是在教学过程、教学方法、教学效果等方面积极探讨，努力实践。

2.科学性原则

小学社会科课堂教学评价指标，是依据国家教委制定的社会教学大纲而确定的。评价项目及权数的确定力求科学、合理，以利于社会科教学评价的规范化和科学化，并能客观、准确地评价社会科课堂教学，提高社会科课程教学质量。

3.整体性原则

小学社会科课堂教学效果是由多方面因素构成的。因此，在确定小学社会科课堂教学评价指标时，应从整体出发，全面考虑影响社会科课堂教学效果的各种因素在教学中的地位，以利于实现社会科课堂教学的整体优化。

4.可行性原则

考虑到各种因素，小学社会科课堂教学评价方案要力求简单，易于操作。

二、小学社会科课堂教学评价指标

小学社会科课堂教学评价指标共6项14个要点。小学社会科课堂教学评价指标中的每个评价项目均分为A、B、C、D四个等级。现对A级标准做如下说明。见表4-7。

1.教学目标

（1）教学目标的确定：所确定的教学目标符合教学大纲、教材的基本要求。在知识、能力、思想教育等方面有具体恰当的要求。

（2）教学目标的体现：教学过程中的每一环节，都能充分体现所确定的教学目标。

表4-7 小学社会科课堂教学评价指标

评价项目	评价要点	权数
教学目标	(1)教学目标的确定 (2)教学目标的体现	0.10
教学内容	(1)教学内容的安排 (2)教学内容的讲授	0.15
教学过程	(1)课堂结构 (2)师生活动	0.25
教学方法	(1)教法的选择 (2)教法的运用	0.15
教学能力	(1)教态及语言 (2)教具的使用 (3)板书设计 (4)应变能力	0.15
教学效果	(1)教学任务的完成 (2)学生的学习活动情况	0.2

2.教学内容

（1）教学内容的安排：重点、难点确定准确，教学内容组织有序，安排恰当。

（2）教学内容的讲授：讲授科学、准确，难易适度。

3.教学过程

（1）课堂结构：结构安排合理，层次清楚，过程完整，过渡自然，时间分配合理。

（2）师生活动：教师引导作用发挥得好，充分利用学生已有的知识使学生有更多的时间参与课堂活动。

4.教学方法

（1）教法的选择：教法选择合理，符合学生实际和教材内容。

（2）教法的运用：教法运用恰当，有利于调动学生学习的积极性，有利于学生掌握知识，有利于完成教学任务。

5.教学能力

（1）教态及语言：教态自然亲切，语言清晰、准确，讲普通话。

（2）教具的使用：能准确、恰当地选择有关教具，操作熟练。

（3）板书设计：板书设计合理，突出教学重点，书写工整，字迹规范。

（4）应变能力：能妥善处理突发问题，顺利完成各项教学任务。

6.教学效果

（1）教学任务的完成：能较好地完成教学任务，达到预期的教学目标。

（2）学生的学习活动情况：学生学习热情高，能主动回答问题，能完成各种提问与练习，学生能在教师的引导下充分参与课堂实践活动且效果良好。

二、小学社会科课堂教学评价方案的使用

本方案按照定性和定量相结合的原则，采用综合评价的方法。教师在教学过程中，全部达到上述要求，可评为A级；基本达到上述要求，有些不足，可评为B级；如存在一些明显问题，可评为C级；有严重错误的，评为D级。见表4-8。

赋值得分：A 级 95 分，B 级 80 分，C 级 65 分，D 级 50 分。

计算得分：分项得分=等级赋值×权数

将各个评价项目的分项得分相加，即可得出总分。

表 4-8 小学社会科课堂教学评价项目等级分值表

等级 评价项目	A	B	C	D
教学目标	9.5	8.0	6.0	5.0
教学内容	14.0	12.0	9.0	7.0
教学过程	24.0	20.0	16.0	12.0
教学方法	14.0	12.0	10.0	8.0
教学能力	14.5	12.0	11.0	8.0
教学效果	19.0	16.0	13.0	10.0
总分	95	80	65	50

六、小学社会科评价的比较研究

改革开放以后，我国研究者对国外小学社会科教育评价研究成果进行了翻译和介绍。研究者们介绍了世界各国小学社会科评价研究的理论与实践成果，为我国小学社会科评价提供了参考与借鉴。其中，具有代表性的研究主要有：

（一）国外小学社会科课程标准中的评价研究

有研究者对中国与英国、美国、加拿大、澳大利亚、日本、韩国、新加坡、印度等国家的社会科课程标准进行了比较研究，其中涉及课程标准中的评价比较研究。例如，通过与澳大利亚新南威尔士州社会科课程标准中评价体系的比较得出启示，我国应构建强有力的课程标准评价体系，考虑课程评价的保障体系和支持体系，细化社会科课程标准的设计和实施程序，重视评价结果的呈现和使用（赵明玉等，2017）。还有研究者专门介绍美国社会科课程标准中学生评价的内容，通过案例（见表 4-9）集中呈现了怎样基于真实的教学过程中学生的表现来实现对学生学业成就的评价,即如何进行社会科的表现性评价(杨莉娟,2009)。

表 4-9 表现性评价案例

案例主题	教学活动及其表现性任务	评价标准
人、地与环境	案例:让六年级学生通过使用地球仪来拓展对移民观点的理解;学生分成小组,每个小组代表一个州,研究这个州并了解这个州的民族群体文化;了解随着时间的推移移民方式的变化;最后小组合作制作地图	1.每个小组所呈现的历史和地理知识的准确性 2.合作制成的地图的质量 3.对人类迁移式样知识的掌握状况 4.研究技能的发展状况 5.与人交往的能力 6.呈现数据与观点的能力
全球关联	案例:用头脑风暴的方式集体讨论出一个学生感兴趣的关于世界各地自然、文化社会、经济发展等方面的主题;随后,学生以小组合作的形式找出一些主题进行研究;在每个主题研究结束时,学生都要向全班同学汇报	汇报的有效性、准确性和清楚程度,学生进行的小组评价以及自我评价,汇报内容通常要包括数据、地图、图表或表格
时间、连续与变化	案例:对苏联的布尔什维克革命进行小组合作研究,要求通过查找资料,撰写一篇社论以表明自己对布尔什维克革命的立场;邀请历史学家参与全班研讨与评判	资料的可信性和可靠性,所运用的证据的相关性,论点的逻辑推演以及分析的公平性

(二)对国外小学社会科课程评价理论与实践的研究

在对国外小学社会科课程评价理论与实践的研究中,较具代表性的有 2003 年华夏出版社出版的系列丛书《美国中小学社会课教学实践》《美国中小学社会课教学策略》,以及廖珊、罗静等人翻译的汤姆·V·萨维奇(Tom V. Savage)的《小学社会课的有效教学》。这些译著均对美国小学社会科评价的多样化方法进行了介绍。例如,《小学社会课的有效教学》一书详细介绍了美国小学社会科评价的具体方法，包括教师观察、学生讨论、学生自主测验等非正式方法，也包括其他方法，具体见表 4-10。此外，还有研究者对国外的正式性评价、档案袋评价、表现性评价进行了介绍与研究（沈晓敏、高峡，2015）。

表 4-10　小学社会科评价方法

非正式评价方法	其他方法
教师观察	持续记录
学生讨论	正式性评价
学生自主测验	等级评定
我最喜欢的内容	知识清单
新闻摘要	态度列表
新闻报道	论述题测试
词语配对	正误判断
复习字母游戏	多项选择测试
寻找神秘词语	配对练习
再生词游戏	完形填空练习

第三节　反思与展望

一、研究反思

（一）研究数量繁多，但内容不均衡

21 世纪以来，随着教育评价理论的发展以及我国小学社会科教育实践经验的积累，关于小学社会科评价的研究显著增长。既有一批专门研究小学社会科评价问题的专著、论文出现，也有各地区小学社会科评价的方案以及框架、标准出台。但在研究数量繁多的同时，也存在着研究内容不均衡的问题，具体表现在以下几个方面：（1）研究者们侧重于小学社会科学习评价、教学评价的研究，而忽视了小学社会科课程评价的研究。这在一定程度上影响了我国小学社会科课程改革的发展。（2）研究者们关注小学社会科学习评价内容和标准的构建，但忽视了对小学社会科不同内容如何评价的实际问题。关于各种评价方法分别适用于评价小学社会科内容的哪一方面的研究鲜少见到。（3）研究者们重视对小学社会科评价方法、评价标准等方面的研究，但对社会科评价结果如何科学呈现、有效使用的研究重视度不够。

（二）研究的本土性未得到充分彰显

我国小学社会科很长一段时间以分科的形式存在，因此关于小学社会科的评价主要分布在小学地理、历史、思想品德等学科评价中。直到20世纪90年代，综合性的小学社会科才在全国范围内实施。因此，我国关于小学综合性社会科评价的研究起步较晚。但是我国社会科评价研究与教育评价研究的发展一样，具有典型的"后发外启型"特征，一方面，我国研究者"直接翻译、引进国外长时间积累，已经相当成熟的文化、理论和科学技术，并在一个相当高的起点上开始自己的发展建设"（陈玉琨、李如海，2000），另一方面在很大程度上省略了理论研究的"原始积累"阶段，导致我国小学社会科评价研究的本土性未得到充分彰显。例如，在小学社会科评价方法研究中，真实性评价、表现性评价、档案袋评价等方法均由国外引入，但这些评价方法如何在我国本土运用，适应我国小学社会科教学的实际状况依然值得研究者深入探讨；在小学社会科评价标准研究方面，研究者们关注美国社会科课程标准与评价标准的研究，但是对我国小学品德与生活、品德与社会、道德与法治等课程评价标准的研究关注度却不够，相关研究较少。

（三）研究力量薄弱，缺少具有影响力的研究者

教育评价是一项专业性极强的工作，要由受过评价学与测量学训练的专业人员实施。就小学社会科评价而言，不仅需要熟悉教育评价理论与实践的专业人员开展，还需要由评价专业人员与学科专家共同合作展开评价工作研究。目前，我国从事小学社会科评价研究的人员主要由两部分组成：一类是从事社会科教育、品德教育以及教育评价的研究者，对小学社会科评价的理论与实践问题进行了深入研究；另一类是从事小学社会科教育的教师和教研

人员，对小学社会科评价实践层面进行探究，为我国小学社会科评价研究提供了丰富多样的实际案例。正是由于这些研究人员的努力，我国小学社会科才能涌现出数量繁多的研究。但同时也应看到，我国目前还没有专门的对小学社会科从事研究的专家团体，更缺少在全国范围内有影响力、知名度的小学社会科评价专家。

二、未来展望

（一）不断拓展、丰富小学社会科评价研究的内容

新中国成立之初，受苏联经验影响，我国小学社会科评价研究主要关注小学历史、地理等学科学生学业成绩的日常考查，但这一时期多数研究是对教育经验的总结或是对苏联经验的引进、介绍。21世纪以来，随着小学品德与生活、品德与社会、道德与法治等课程的开设，小学社会科评价研究逐渐引起研究者们的关注。我国研究者对小学社会科教师教学评价、学生学习评价等方面进行了大量研究，但是小学社会科评价研究仍然存在着内容不均衡的问题。因此，未来需要从多方面拓展、丰富小学社会科评价研究内容。具体包括：第一，在开展小学社会科教师教学、学生学习评价的同时，也应加强小学社会科课程、教材评价，对社会科课程标准、课程内容、教材质量等方面开展评价研究。第二，在对小学社会科学生学习评价内容与标准开展研究的同时，加强小学生具体学习情况的评价，如对小学生社会科知识学习、学习态度和情感、法律素养以及公民素养等方面开展评价研究。第三，不仅要对小学社会科评价类型、方法、内容、标准开展研究，也应加强小学社会科评价结果的呈现和使用研究，特别是随着我国学生综合素质评价的发展，小学社会科评价研究结果如何使用的问题更应得到人们的重视。

（二）建构小学社会科评价本土化理论体系

朱辉军在论及文化研究发展的问题时认为：要赶上先进国家的文化水平，通常要经过以下几个途径：直接翻译；间接评述；用外来的理论框架阐释本国的文化现象；吸收外来的东西构建自己的框架（朱辉军，1988）。这一描述

也符合我国小学社会科研究的发展状况。21世纪以后，随着品德与生活、品德与社会、道德与法治课程的实施，我国研究者引入、借鉴西方社会科评价的理论与实践研究成果，到今天我国已形成了一批具有我国特色的研究著作和论文。但是在小学社会科评价研究中，依然存在着简单地移植西方社会科评价理论体系和理论观点的倾向，对我国社会科评价的现实问题关注度不够的问题。由于社会科具有强烈的体现本国社会发展的特征，小学社会科评价研究应区别于西方资本主义国家的发展状况，注重小学社会科评价研究的本土化，构建符合我国小学社会科评价需求的理论体系。具体而言，可以从以下三方面开展小学社会科评价本土化研究：第一，丰富小学社会科评价案例研究，为我国小学社会科评价实践提供有效指导；第二，在借鉴国外社会科评价方法的同时，探索多种评价方法在我国小学社会科评价中的具体应用；第三，对小学道德与法治学科课程标准、评价标准展开具体化研究，为小学社会科评价提供依据。

（三）逐渐壮大社会科评价研究队伍

近年来，我国小学社会科评价研究队伍逐渐壮大。一方面，由于我国教育领域对于小学德育工作的重视，小学社会科作为德育的重要课程载体，也吸引了越来越多的研究人员的关注。另一方面，我国教育评价和教育测量专业的发展，为我国培养了大量的教育评价专业人员。特别是随着研究生教育规模的扩大，小学学科教育评价方向的研究生显著增加，为我国小学社会科评价研究队伍注入了新生力量。但同时，也要看到，我国目前依然缺少小学社会科评价研究的专业团队以及具有影响力的学者。壮大社会科评价研究队伍，既需要教育评价和教育测量研究者、社会科学科专家等专业人员对社会科课程评价、教学评价等问题进行深入探讨，也需要高校研究者与中小学社会科教师之间的深度合作，共同围绕社会科评价内容、评价工具和方法、学生学习评价等问题展开丰富多样的研究。

第五章 小学社会科教师发展研究

新中国成立 70 年来，我国的教师教育事业经历了一个跌宕起伏的发展过程，在艰辛探索与砥砺前行中逐步建立和发展。随着我国教师教育的改革与发展，教师发展研究也逐渐成为教育研究的一个重要领域，小学社会科教师的研究也逐渐引起人们的关注。回顾 70 年来小学社会科教师发展研究的历程，可以在一定程度上为小学社会科教师发展提供参考依据。

第一节 研究历程

一、1949—1977 年的小学社会科教师研究

（一）阶段背景

1949 年新中国成立以后，改造旧教育，提高人民文化水平，培养国家建设人才成为教育事业的主要任务。从教师队伍建设来看，面临的紧迫问题是改造旧的教师教育，培养大批适应新中国建设的人民教师。1949 年 12 月，第一次全国教师工作会议对相关师范大学和各地师范教育问题进行了讨论（蔡华健、曹慧英，2019），并于次年颁布《北京师范大学暂行规程》为全国的高等师范教育改造与规范提供了基本方向。1951 年 8 月、9 月召开了第一次全国师范教育会议，提出了我国教师培养实行"正规师范教育与大量短期训练

相结合的办法"。1951年10月，我国颁布了第一个学制——《政务院关于改革学制的决定》。该学制规定，由师范学校和初级师范学校培养初等教育师资。与此同时，我国政府还出台了《师范学校暂行规程（草案）》《关于高等师范学校的规定（草案）》《师范学院教学计划（草案）》《师范学校教育实习办法》《师范专科学校暂行教学计划（二年制）》等一系列政策文件。在上述文件的推动下，我国教师教育得以迅速发展，从1949年全国仅有12所高等师范院校，增加到1957年的58所（王泽普，2001）。1958年，新办了大量师范院校，但很快又纷纷停办。1961年10月教育部在北京召开了全国师范教育会议，总结了1958年以后师范教育的经验教训，讨论了是否要办、如何办好师范教育以及在职教师的进修、提高等问题（教育大词典编纂委员会，1990），在一定程度上推动了我国当时师范教育的健康发展。

新中国成立之初，小学社会科课程采用分科设置的方式，主要开设有政治、地理、历史等课程。因此，这一时期小学阶段主要设有专职的历史、地理、政治教师。1952年的《师范学校暂行规程（草案）》规定，在培养小学教师的初等师范学校以及师范速成班均应开设地理及教学法、历史及教学法、政治及教学法等教学科目，满足小学地理、历史、政治等学科教学的需求。

（二）主要研究内容

这一时期，关于小学社会科教师的专门研究较少，主要侧重于探讨师范教育如何加强小学历史、地理等学科教师的培养。此外，还有研究对小学历史、地理教师应当具备何种素养的问题进行了探讨。研究的主要内容聚焦在：（1）师范教育如何培养小学历史、地理学科教师，有关研究大多强调在师范教育中开设有关课程，培养师范生历史、地理等学科的教育教学经验。如1956年姚瀛艇的《关于小学教师如何进修"历史"问题的一些意见》以及1958年马历发表的《在师范学校历史教学中贯彻"面向小学"方针的体会》均对小学历史教师的培养和发展相关问题进行了论述；王钧衡1959年发表的《我国普通学校地理教育发展简况》对当时我国地理教师的培养进行了概括性介绍，并阐述了对苏联地理教学先进经验的学习。（2）对小学历史、地理学科教师具备素养的研究。如杨清波认为小学地理学科教师应具备马列主义的立场观点和方法、地理专业知识、教育科学理论知识和教学技巧（杨清波，1958）。

（三）本阶段的特征

小学社会科教师专业发展的研究分布于政治、地理和历史等不同学科的研究之中，关于教师发展的专门性研究不多，但已有研究呈现出以下特点：关注在师范教育中采取具体措施加强对历史、地理等学科教师的培养；重视小学历史、地理等学科教师思想政治素质，特别是马列主义的立场观点和方法以及爱国主义思想；在教师培养研究方面，呈现出浓厚的苏联色彩，重视苏联师范教育经验学习，如翻译、引进苏联师范教育地理、历史学科教学大纲。

二、1978—1999 年的小学社会科教师研究

（一）阶段背景

1978 年，十一届三中全会召开后，我国教育事业经过"拨乱反正"和初步恢复、重建，开始步入正轨，反映在小学社会科教师发展领域有两大重要转变。

第一，20 世纪 80 年代以后，我国出台了一系列的法律、法规和政策，我国教师专业性逐渐得到明确，并为进一步推动教师专业化提供了基本的法治保障。1986 年，我国颁布的《中华人民共和国义务教育法》提出建立教师资格制度。1993 年，我国出台的《中华人民共和国教师法》规定"教师是履行教育教学职责的专业人员"，第一次从法律角度确认了教师的专业地位，并对取得教师资格的条件进行了明确规定。1995 年，国务院颁布《教师资格条例》，逐步建立教师资格准入制度。教师专业性逐渐明确。此外，这一时期教师培训作为提升教师素质的重要手段日益受到重视。1986 年，国家教委颁发的《关于加强在职中小学教师培训工作的意见》、1989 年的《国家教委关于加强全国中小学校长培训工作的意见》等文件均提出了教师队伍在职培训的具体要求。1990 年，国家教委召开的"全国中小学教师继续教育工作座谈会"，明确了中小学教师继续教育的任务与工作方针，标志着我国中小学师资培训

工作发展到了一个新阶段（李琼、丁梅娟，2017）。此后，我国又陆续印发了《关于开展小学教师继续教育的意见》《中国教育改革和发展纲要》，要求进一步加强教师培养培训工作。总的来说，这一时期我国教师教育向着专业化、规范化、制度化的方向迈进。

第二，我国小学社会科课程由分科型转向综合型。1986年，《中华人民共和国义务教育法》正式颁布后，我国启动了改革开放后第一次基础教育课程教材改革。这一次课程改革规定，设置综合科，用社会课代替了原来的历史和地理课，减少了课程门类。1988年，我国颁布了新中国成立以来的第一个小学社会课教学大纲——《九年制义务教育全日制小学社会教学大纲（初审稿）》。1992年在对1988年版教学大纲修订的基础上，教育部又颁布了《九年义务教育全日制小学社会教学大纲（试用）》。随着综合性小学社会科课程的设置，我国研究者从关注小学历史、地理学科教师的发展，转变为关注小学社会科教师的发展。

（二）主要研究内容

本阶段我国小学社会科由最初分科设置的历史、地理、思想品德课程，向综合性社会科课程转变。然而，小学社会科教师多由过去历史、地理课教师担任，或者其他教师代课、兼课，师资状况堪忧。因此这一阶段关于小学社会科教师的研究主要集中在分析社会课教师发展现状以及呼吁提高社会科教师质量等方面。

1.小学社会科教师培养途径与方式研究

由于这一时期小学社会科师资不容乐观的状况，有部分学者开始关注小学社会科教师的培养问题。如1996年满小螺的《小学社会课要锐意改革大胆创新》、1997年陈旭芬的《对小学社会课的几点思考》等论文研究探讨了解决我国社会科师资问题的有效办法。有研究者对小学社会科教师专业发展过程中面临的具体问题进行了分析与探讨。如张肇丰在1999年发表的《中小学社会学科综合课程研究（下）》一文中对社会科师资发展面临的三大问题进行了具体分析。

2.小学社会科教师专业素养研究

有研究者对小学社会科教师应当具备的专业素养进行全面阐述，如吴玉琦、陈旭远在《小学社会教育学》一书中提出社会科教师应具备思想政治素质、职业道德素质、科学文化素质、专业技能素质等，还有研究侧重于小学社会科教师专业素养的某一方面，如冯忠跃1993年发表的《小学教师应如何适应社会课的教学》分析了社会课教师应具备的专业知识，张秉平、程振禄1999年发表的《小学社会课教学基本功及技能训练》分析了社会科教师应具备的十一项教学基本技能。

3.小学社会科教师教学评价

吴玉琦、陈旭远1998年在《小学社会教育学》一书中构建了小学社会科教学过程评价指标体系，并提出了采用非数量化方法进行评价。吴慧珠的《小学教学全书：思想品德卷》对小学思想品德课课堂教学的评价方法进行了研究。

（三）本阶段的特征

由于20世纪80年代末我国开始设置综合性小学社会科课程，社会科教师大多由过去的历史、地理等学科的教师担任，师资状况堪忧，所以这一阶段的研究表现出这样两个特征：一是分析小学社会科师资不足、质量不高的问题，呼吁采取措施提高社会科教师的数量和质量。二是研究与以往的历史、地理教师相比，综合性的社会科教师应当具备的专业素养，但是这一类研究往往也是出于研究者的经验之谈，而少见科学严谨的探究。但是，这些为数不多的研究表明针对社会科教师的研究已经开始进入人们的研究视野。

三、2000—2019年的小学社会科教师研究

（一）阶段背景

21世纪以来，随着科学技术的迅猛发展，人才竞争的日益激烈，推动教师教育改革、全面提高教师教育质量成为我国教育改革的一项紧迫任务。2001年颁布的《国务院关于基础教育改革和发展的决定》，提出"完善以现有

师范院校为主体，其他高等学校共同参与、培养培训相衔接的开放教师教育体系"。这是我国教育政策中首次用教师教育取代师范教育，强调将教师的职前培养、入职教育、职后教育作为一个统一整体。2002年，《教育部关于"十五"期间教师教育改革与发展的意见》颁布，要求"初步形成以现有师范院校为主体，其他高等学校共同参与，培养培训相衔接，体现终身教育思想的开放的教师教育体系"。2004年颁布的《2003—2007年教育振兴行动计划》提出要"改革教师教育模式，将教师教育逐步纳入高等教育体系，构建以师范大学和其他举办教师教育的高水平大学为先导，专科、本科、研究生三个层次协调发展，职前职后教育相互沟通"的现代教师教育体系。2012年2月，我国教育部印发了《小学教师专业标准》；同年8月，我国颁布了《国务院关于加强教师队伍建设的意见》；同年9月，出台了《关于深化教师教育改革意见》。这些政策的颁行，为深化我国教师教育改革，全面提升教师教育培养质量，推动教师教育优质均衡发展提供了政策思路与组织保障。2014年，教育部颁布了《关于实施卓越教师培养的意见》，提出建立高校与地方政府、中小学"三位一体"的系统机制，培养"专家型"卓越教师。2018年，我国颁布的《中共中央、国务院关于全面深化新时代教师队伍建设改革的意见》，是新中国成立以来党中央出台的第一个专门面向教师队伍建设的政策文件，对加快教师教育发展具有重要意义。

2001年，我国开始进行新一轮基础教育课程改革，教育部颁发的《基础教育课程纲要（试行）》规定，"小学阶段以综合课程为主"，将原来的小学思想品德课程改为"品德与生活"和"品德和社会"两门课程。2002年，教育部正式颁布了《全日制义务教育品德与生活课程标准（实验稿）》《全日制义务教育品德与社会课程标准（实验稿）》。2014年10月，中国共产党第十八届四中全会通过了《中共中央关于全面推进依法治国若干重大问题的决定》，提出要"把法治教育纳入国民教育体系，从青少年抓起，在中小学设立法治知识课程"。为了贯彻落实这一要求，教育部规定从2016年起，将义务教育小学和初中起始年级"品德与生活""思想品德"教材名称统一更改为"道德与法治"。

(二) 主要研究内容

1.小学社会科教师专业素养的研究

一是对小学社会科教师应当具备的专业素养的全面分析,如李稚勇2001年的《小学社会课程概论》,季晓军2017年的《指向专业成长的课堂观察研究与实践——以小学品德与社会学科为例》。二是对小学社会科教师专业知识的研究。如李稚勇在《小学社会课程概论》一书中系统地分析了小学社会科教师知识的构成,杨平2011年的硕士论文《〈品德与社会〉课教师专业知识现状的研究》调查了品德与社会课教师专业知识发展现状,李子建2009年的《综合人文学科:课程设计、教学与实施》一文也对小学社会科教师的专业知识构成进行了分析。三是对国外社会课教师素养进行了介绍,如闫龙2011年的《美国社会科教师专业标准的知识取向》。

2.小学社会科教师专业发展标准的研究

2012年北京教育学院研制了《中小学教师专业发展标准及指导·社会科》,指导我国中小学教师的专业发展,这也是我国第一次研制中小学社会科教师专业发展标准。王远美、方美玲2012年的《中小学社会科教师专业发展标准研制及应用的思考》一文探讨了我国中小学社会科教师专业发展标准研制的意义、功能定位、特点以及实施建议。相比于对我国小学社会科教师专业发展标准的研究,更多的是关注国外特别是美国社会科教师专业发展标准的研究。如2015年,李潇君发表的《美国社会科教师"专业品性"论析及其对我国师德建设的启示》对美国社会科教师的专业品性要求进行了系统分析,闫龙2011年的《美国社会科教师专业标准的知识取向》,范微微、张鸣晓2017年的《美国社会科教师国家标准解析》,王欣玉2019年的《美国社会科教师专业发展要求及其启示——基于〈美国社会科教师国家培养标准〉(2018) 的解读》等文章都对美国社会科教师专业发展标准进行了介绍和分析,为我国社会科教师的专业标准建设提供了参考与启示。

3.小学社会科教师专业发展途径

研究者们从不同角度提出了小学社会科教师专业发展的具体途径。如北京教育科学研究院基础教育教学研究中心2006年出版的《小学社会课程教与学方式的研究与实践》调查了教师们所期望的专业发展途径，2008年李秀的《论小学品德与生活（社会）教师的专业化成长》提出了促进小学品德与生活（社会）教师专业化成长的多种途径，陈远峰2014年的《社会科教师培训课程设计与实施——以90学时社会科教师培训为例》提出了社会科教师培训改进和提高的措施，季晓军2017年的专著《指向专业成长的课堂观察研究与实践——以小学品德与社会学科为例》提出了通过课堂观察和团队合作促进社会课教师专业成长的基本思路。

4.小学社会科教师专业发展现状的调查研究

从2001年我国小学开设品德与生活、品德与社会课程以来，有许多学者对小学社会科教师专业发展过程中面临的问题与挑战进行了探讨。这些研究一部分是一线实践者的经验之谈，另一部分是研究者通过调查进行的实证研究。如北京教育科学研究院基础教育教学研究中心2003年开始对北京全市小学社会学科的教师进行了调查，徐爱杰2008年对北京市小学品德与生活（社会）任职教师素质进行了调查，程振禄2012年的《关于品德与社会课程整体建设的几点思考》呈现了对吉林省小学社会科教师的调查结果。

5.小学社会科教师评价的研究

关于小学社会科教师的评价主要集中在教师教学评价方面。在评价主体方面，相关研究提出要实行自评和他评相结合的方式。如张秉平、程振禄的《小学社会课教学评价》、湖南省教育厅组织编写的《品德与生活（社会）教学论》。在评价方法方面，研究者们提出了定性、定量的评价方法。如2016年，顾谨玉采用录像课观察分析的方法对北京市小学社会科教师教学进行评价，湖南省教育厅提出应将定量评价方法和定性评价方法相结合使用。在评价内容方面，《品德与生活（社会）教学论》均提出了相关的内容指标。

（三）本阶段的特征

第一，对小学社会科教师的研究呈现明显增长的趋势，出现一些专门著作探讨小学社会科教师专业发展与成长的问题。如 2006 年北京教育科学研究院基础教育教学研究中心的《小学社会课程教与学方式的研究与实践》一书，2012 年中小学教师专业发展标准及指导课题组的《中小学教师专业发展标准及指导·社会科》。

第二，与以往相比，这一阶段对小学社会科教师的实证研究显著增多，如吕立杰 2007 年发表的《教师课程行动转变的动因———一位〈品德与生活〉教师的课程故事》，徐爱杰 2008 年发表的《北京市小学〈品德与生活（社会）〉任职教师素质调查》，程振禄 2012 年发表的《关于品德与社会课程整体建设的几点思考》等文章均属此类研究。

第三，研究领域得以拓展，主要是小学社会科教师专业发展标准的研究开始出现，不仅介绍了国外小学社会科教师专业发展的标准，还研制了我国小学社会科教师专业发展的标准，这可以说是我国小学社会科教师研究的一项重要进展。

第二节 主要成就

新中国成立以来，我国小学社会科课程形式几经变化，从最初分科设置地理、历史、政治、思想品德等课，演变为综合设置品德与生活（社会）、道德与法治课程。随着小学社会科课程的变革以及我国教师教育的发展，我国小学社会科教师发展研究焦点也发生转变，从最初关注作为小学地理、历史、思想品德等学科教师的培养，到关注小学综合社会科教师培养和教师素养发展，再到关注小学社会科教师专业标准和专业发展。经过近 70 年的发展，我国小学社会科教师发展研究取得了一定的成果，具体表现在以下方面：

一、小学社会科教师专业素养的研究

（一）基于教师共同素养，结合学科特性的小学社会科教师素养研究

新中国成立之初，由于小学社会科采取分科课程的形式，关于小学社会科教师素养的研究主要出现在小学地理、历史、思想品德等学科教师的相关

研究中。21世纪以来，随着综合性社会科课程的设置与发展，越来越多的研究者关注小学社会科教师应当具备的专业素养。其中，部分研究者基于小学教师共同素养探究社会科教师专业素养的内容。譬如，有研究者指出社会科教师应当具备的基本素质包括：思想道德素质、专业知识素养、专业技能素养以及教学艺术（湖南省教育厅，2009）。有研究者指出小学社会科教师的基本素养包括三方面：一是品德素养，应做到敬业、树魂、规范以及诚信；二是心理素养，应做到耐心、细心、信心以及平常心；三是专业素养，主要指教师的教育理论素养、专业知识素养以及教学能力素养（吴维屏、张振芝，2010）。此外，还有研究者指出品德与生活、品德与社会科教师的基本素质包括三方面：首先是思想道德素质，应有高尚的思想和道德以及崇高的职业道德素质；第二，应具有专业知识素质，分为广博的科学文化知识、坚实的教育专业知识；第三，应具备专业技能素养，既包括一般教学能力，如教师的观察能力、思维能力和表达能力等，也包括职业能力，如教育能力、班级管理能力和教学能力（李稚勇，2006）。

除了基于教师共同素养对小学社会科教师专业素养的研究外，还有研究者提出小学社会科教师不仅应该具备小学教师的共同素质，还应显示出作为社会科教师而有别于其他学科教师的特殊性（殷宇，2000）。有研究者提出小学社会课教师应掌握十一项教学基本技能，主要包括理解和贯彻执行社会科课程教学大纲的基本技能、分析社会科课程教材的基本技能、进行社会科课堂教学设计的基本技能、选择与运用社会科课堂教学方法的基本技能、编写社会课教案的基本技能、运用教学语言的基本技能、板书设计与书写的基本技能、绘制简易示意图的基本技能、运用教学地图和教具的基本技能、运用电教手段的基本技能、分析和评价社会科课堂教学效果的基本技能等（张秉平、程振禄，1999）。有研究者指出，小学品德与社会学科的教师既应该具备教师群体的共性素养，也应该具备适应小学品德与社会学科教学特殊要求的个性素养，包括更为严格的道德与人文素质要求，更加综合的组织协调和引领能力要求，更强的专业态度和教育情怀要求（季晓军，2017）。此外，还有研究者提出，小学道德与法治教师的专业素质构成至少应包括思想政治素养、道德素养、法治素养、社会参与素养、信息化素养、教学活动组织能力素养等六方面（钟守权，2018）。

（二）聚焦教师专业知识分类的小学社会科教师素养结构研究

此外，还有许多研究者对小学社会科教师应当具备的专业知识进行了专门研究。我国研究者李子健认为，小学社会科教师知识模块应包括社会科学与人文科学知识、关于学习的知识、学科教学法的知识、专业反思的知识和能力（李子建，2009）。杨平在其硕士论文《〈品德与社会〉课教师专业知识现状的研究》中根据舒尔曼对教师专业知识的分类，将小学社会科教师专业知识分为六个维度，分别是学科内容知识、学科教学法知识、课程知识、一般教学法知识、学习者及学习特征知识、教学情境知识。有研究者分析了不同类型的社会课教师知识的构成，如李稚勇 2001 年的著作《小学社会课程概论》指出小学社会科教师的专业知识应包括基础文化知识、学科专业知识（历史学、地理学和社会学这三门学科的基础性知识是社会科专业知识的支柱；经济学、法学、政治学、伦理学以及民族学、民俗学、宗教等学科领域的基础知识，也是社会科专业知识中必不可少的组成部分）、相关学科知识（教育学、心理学知识）。还有研究者介绍了国外社会科教师专业知识的要求，如闫龙的《美国社会科教师专业标准的知识取向》一文介绍了 2008 年美国教师教育鉴定委员会对社会科教师的专业知识内容的具体规定，主要包括文化领域的知识，历史及自然的知识，人类认知及情感领域的知识，社会传统、法律体系及信仰的知识，政治机构及体系的知识，市场体制及经济决策的知识，有关科学、技术及社会的知识，教育教学方法论知识（闫龙，2011）。

（三）基于教师专业发展的小学社会科教师素养研究

为促进小学教师专业发展，建设高素质小学教师队伍，根据《中华人民共和国教师法》和《中华人民共和国义务教育法》，教育部于 2011 年 12 月公布了《小学教师专业标准（试行）》。《小学教师专业标准（试行）》从"师德为先、学生为本、能力为重、终身学习"4个基本理念出发,用3个维度、13个领域和60项基本要求规定了小学教师的合格标准,具体内容见表5-1:

表5-1 《小学教师专业标准(试行)》的基本内容

维　度	领　域
专业理念与师德	(一)职业理解与认识
	(二)对小学生的态度与行为
	(三)教育教学的态度与行为
	(四)个人修养与行为
专业知识	(五)小学生发展知识
	(六)学科知识
	(七)教育教学知识
	(八)通识性知识
专业能力	(九)教育教学设计
	(十)组织与实施
	(十一)激励与评价
	(十二)沟通与合作
	(十三)反思与发展

2012年,我国第一次研制了小学社会科教师的专业发展标准。该标准基于教师专业发展总标准的指导思想,并结合社会科学科特性,将社会科教师专业发展分为"从新手到熟练""从熟练到成熟""从成熟到卓越"三个阶段,并依据这三个阶段描述社会科教师的发展任务和发展目标,以对不同发展阶段的教师进行专业引领。其中,小学社会科教师所需社会科课程的知识标准及其结果具体指标见表5-2,小学社会科教师设计合理的教学方案标准见表5-3,小学社会科教师"教育教学反思与行动研究"标准及其结果指标见表5-4(王远美、方美玲,2012)。

表 5-2 关于社会科课程的知识标准及其结果指标简表

维度	领域	标准	结果指标		
			从新手到熟练	从熟练到成熟	从成熟到卓越
专业基础	二、学科与教育教学专业知识	(七)关于社会科课程的知识	7.1.1 了解社会科所任学科的课程目标、课程内容、课程组织和课程评价等知识 7.2.1 理解课程改革中提出的理念并努力实践课改中倡导的价值与行为	7.1.2 掌握社会科所任学科的课程目标、课程内容、课程组织和课程评价等知识 7.2.2 理解课程改革中提出的理念并知道如何实践课改中倡导的价值与行为	7.1.3 深谙课程改革的基本理念和所任社会科课程在学生发展中的意义 7.2.3 丰富所任社会科课程设计、课程实施、课程资源和课程评价等方面的知识

表 5-3 设计合理的教学方案标准及其结果指标简表

维度	领域	标准	结果指标		
			从新手到熟练	从熟练到成熟	从成熟到卓越
专业基础	三、促进学生的学习和发展	(十一)设计合理的教学方案	11.1.1 能够基于所任社会科课程标准、学习内容、初步的学情分析确定教学目标并进行正确表述 11.2.1 熟悉教材内容，初步学会分析教材，确定学习重点 11.3.1 能够从学生已有的知识基础和生活经验出发，确定学习难点	11.1.2 能够基于所任社会科课程标准、学习内容、学情分析确定具体而清晰的教学目标进行准确表述 11.2.2 能够正确把握教材中的基本内容及其联系，确定学习重点 11.3.2 能够准确地确定学习难点，并掌握突破难点的方法	11.1.3 整合多元教学目标，不仅关注学生获得知识、提高认知能力，还关注培养学生的责任感与非智力因素 11.2.3 根据学生认知发展规律，整体安排学段教学进程和创造性地设计教学单元，能够进行教学设计背后的学理分析

续表

维度	领域	标准	结果指标		
			从新手到熟练	从熟练到成熟	从成熟到卓越
专业基础	三、促进学生的学习和发展	（十一）设计合理的教学方案	11.4.1 能够依据教学目标设计教学进程 11.5.1 能根据教学目标设计评价方式 11.6.1 能够提供一定的学习资源	11.4.2 能够依据教学目标设计合理的教学进程，设计学习活动 11.5.2 能够依据教学目标设计合理的评价方式 11.6.2 能够提供相应的学习资源	11.3.3 深谙不同类型知识的学习策略，具有丰富、系统且有创造性的教学策略，在教学设计中运用智慧优化教学过程 11.4.3 设计中能有效运用多媒体手段，能为学生提供丰富的学习资源，以促进学生理解 11.5.3 积极研究中高考的命题规则和评价标准，做好复习与考试的整体设计

表5-4 "教育教学反思与行动研究"标准及其结果指标简表

维度	领域	标准	结果指标
专业实践	四、教育教学研究与专业发展	（十八）教育教学反思与行动研究	18.1 经常有意识地反思自己的教学，养成教学反思习惯 18.2 具有问题意识，能够把工作中遇到的问题进行梳理，在他人的帮助下，转化为研究课题 18.2 学习课题确立与实施的基本方法

二、小学社会科教师专业发展途径研究

（一）小学社会科教师在职培训研究

由于综合性小学社会科是 20 世纪 80 年代末开始启动的一门课程，所以很多师范类院校并未开设社会科教育专业，小学社会科任课教师组成一般采取专、兼职相结合的办法。因此，在职培训成为我国小学社会科教师专业发展的重要途径，有许多研究关注我国小学社会科教师的在职培训，全国也有诸多地区实施小学社会科教师在职培训。

第一，在小学社会科在职培训的具体方式方面，有研究者提出，应基于对小学品德与生活（社会）课程学科核心素养对社会科骨干教师开展培训，并进行三方面的创新：基于学科知识开展开放式培训、基于思维发展开展参与式培训、基于专业素养开展专题式培训（鱼霞，2019）。还有研究者提出应开展"学习共同体"式品德与社会青年教师培训，即参加培训的青年教师在共同目标的引领下，在同伴的支持和知识共享的基础上，通过对话、分享、协商、反思等实践活动，以达到有意义的学习（如品德与生活学科理念的提升）为目的，以促进个体发展为要旨，以追求共同事业为目标的一种培训组织形式（徐淀芳，2012）。

第二，在小学社会科教师在职培训的内容方面，有研究者提出道德与法治教师培训内容规划应包括找准教师发展点、确定培训对象、任务要求、内容和方法等，将教师的时事政治学习、法治教育、实践活动方式教育作为培训重点（钟守权，2018）；还有研究者提出应从理论知识、实践指导、资源利用等方面对小学道德与法治教师的法治教育综合能力进行培训，具体见表 5-5（李强，2019）。

表 5-5 教师法治教育综合能力培训目标

项目	理论知识	实践指导	资源利用
法学基础知识	法理学基础、教育法学基础	小学阶段规则、纪律和责任教育等	司法机关教育资源
相关法律知识	各学段教育设计的法律法规等	对各学段教育涉及的法律法规进行讲解	网上相关教育资源
法治教育文件	《青少年法治教育大纲》等	法治教育目标落实策略	各级教育管理部门文件及说明
教育实践创新	课堂设计、教育实践活动设计	学校实践的特色成果总结提升	各类法治教育实践基地
法治教育评价	评价原则方法及实施策略	教师的法治教育成果评价	其他省市、地区的实践经验
其他	伦理学知识等	社会公益	社会公益基地

第三，小学社会科教师在职培训的实践研究。除了小学社会科教师培训的理论研究外，我国各级教育主管部门开展了不同层次的小学社会科教师培训，如天津市对小学思想品德与社会学科市级骨干教师开展培训，见案例 5-1（周金虎，2004）。还有研究者根据地区小学社会科教师培训的实际情况，提出提升培训效果的有关措施。如陈远峰在《社会科教师培训课程设计与实施——以 90 学时社会科教师培训为例》一文中分析了浙江省实行的小学社会科教师培训制度，提出了改进小学社会科教师培训的措施，包括从课程标准出发，增强培训内容的适切性，注重培训形式的多样化，同时要加强培训保障，切实提高社会科教师的培训效果。

案例 5-1：小学思想品德与社会学科市级骨干教师培训方案

(一) 培训对象

小学思想品德和社会学科市级骨干教师。

(二) 培训目标

通过学习现代教育教学理论，了解中外小学品德教育发展的最新动态，确立现代教育观、教学观、教师观、学生观、学习观，强化敬业精神和职业道德，深化创新和改革意识；研究小学生品德心理结构与特点；深刻理解小学思想品德与社会科课程改革的背景、实质和内容，深入研究小学思想品德与社会课新课程标准与新教材，赋予小学思想品德与社会科课程改革中的热点问题理性思考和创造性见解，不断提高教学改革实践的水平；具有主动改善知识结构的能力，不断拓展学科知识，提高人文素质；掌握教育科学研究的基本方法和现代教育技术手段，自觉运用现代教育教学理论进行教学改革实验，充分利用现代教育技术不断提高教学效果；成为在全市乃至全国具有一定影响力的高水平的小学思想品德教育专家，对推动全市乃至全国的小学思想品德与社会科教学改革进程、全面实施以培养创新精神和实践能力为核心的素质教育起到示范和辐射作用。

(三) 培训内容

培训总学时为 240 学时，折合 30 学分。其中，培训课程 168 学时（21 分），教学实践与课题研究 72 学时（9 学分）。

培训学制为 1 年。其中，前 3 个月集中进行理论学习和教学实践考察，后 9 个月自学研修和教学科研，最后 1 周进行论文答辩。

1.课程设置

课程板块	课程名称	授课形式	课时	学分
基础教育课程改革	小学思想品德与社会科课程标准与教材分析	课程	24	3
	小学思想品德与社会科教学设计与教学模式研究	课程	32	4
	小学思想品德与社会科教学热点、难点问题研究	课程	16	2
	现代课程改革趋势与小学思想品德课程改革	讲座	8	1
	小学思想品德与社会科和其他学科教育的关系	讲座(二选一)	8	1
	小学思想品德与社会科教师的人格特征及教学艺术			

续表

课程板块	课程名称	授课形式	课时	学分
道德素养	现代教师观与教师角色	讲座	8	1
知识更新技能提高	科学、技术、社会与思维方式	讲座	8	1
	知识经济与现代教育观念	讲座	8	1
	现代学习理论与研究性学习	讲座	8	1
	中外学校道德教育与社会教育比较研究	讲座	8	1
	中国传统文化与现代化建设	讲座	4	0.5
	儿童心理学	讲座	4	0.5
	教学课件制作方法	讲座	8	1
	网络资源的获取与利用	讲座	4	0.5
	现代教育技术与教学一体化	讲座	4	0.5
教育研究	教育科研的基本方法与论文写作	讲座	8	1
	教师如何做质的研究	讲座	8	1
合计			168	21

（方案执笔人：王琪）

（二）小学社会科教师校本培训研究

校本培训研究也是小学社会科教师专业发展研究的重点之一。有研究者提出以校为本的社会科教师专业发展活动类型，主要包括开展课堂教学改革的实验，进行校本课程的开发，邀请有关专家来学校做讲座，根据学校和教师自己发展的需求进行个人化的学习和自修，优秀教师对新教师的辅导，开展各种公开课和讲课比赛并进行观摩研讨，学校之间的教师经验交流，以科研课题为纽带带动教师的专业发展等（阳光宁，2005）。有研究者提出了小学社会科教师校本教研的具体做法，主要有：组长领衔与自主学习相结合，专题学习和课例研究相结合，骨干示范与结对帮教相结合，教学评比与同伴互助相结合，观摩研讨与专家引领相结合（唐勇，2014）。还有研究者对品德与生活、品德与社会教师校本培训进行了全面系统的探讨，培训内容包括活动化教学的实施、学习方式的更新等专题（王卫平，2008）。

此外，还有研究者调查了小学社会科教师们所期望的专业发展途径，其中较多教师所期望的形式依然是基于学校的教师专业发展方式，如组织优秀教师的示范课、研究课；学术讲座、报告；教材教法辅导、教学研讨、集体备课；教学论文和课例的评优活动；外出考察等活动，以使老师们依托课例、讲座等形式，在专家引领、同行互助、相互观摩学习中得到提高（北京教育科学研究院基础教育教学研究中心，2006）。

（三）小学社会科教师自我发展研究

针对小学社会科教师专业发展问题，我国研究者较为关注教师的自我发展。有研究者指出小学社会科教师的自我发展首先要有个性化的发展目标；其次，要积极开发和利用学习资源，再次，要有明确的、可行的发展方案和策略；最后，要不断反思与自我评价，并持续加强与改进（阳光宁，2005）。

自我反思是促进小学社会科教师专业成长的重要途径。教学反思作为教师自我反思的重要内容，受到我国研究者的关注。关于教学反思的途径，有研究者提出主要有：①写好教学反思日记；②自我提问；③集体会诊法；④写好教育随笔、教学案例、教学叙事等（丁锦辉、沈艳华，2008）；还有研究者指出教学反思的基本方法有自我分析反思法、交流研讨反思法、观摩研究法、撰写教学后记法等（张烨，2015）。关于教学反思的内容，研究者指出主要有：教学目标是否能促进学生的发展；教学内容是否科学合理；教学方法是否以学生为主体，教学是否体现新课程理念（湖南省教育厅，2009）。通过教师的自我反思，教师能够更好地改进教学方式，提升自我能力，案例5-2即为典型的教学反思案例（张烨，2015）。

案例5-2：小学社会科教师教学反思：《男生女生不一样》公开课之后

今天，我执教了高年级的品德与社会公开课《男生女生不一样》。上完课，我有种怅然若失的感觉。准确地说，我觉得这节课上得有些糟糕，尤其是辩论赛和"AB镜"环节，学生表现一般。本该是亮点的环节没有收到预期的效果。但孩子们出奇地兴奋，课后还在热烈地讨论着。我终于忍不住问道：

"你们对刚才的课满意吗?"出乎我的意料,孩子们居然异口同声地回答:"满意!"我当时一愣,有些疑惑:"为什么?""以前品德与社会课的话题都有些严肃,可对今天'男生女生谁更聪明'的小辩论,我非常感兴趣!""我特别喜欢男生女生'PK'的那个活动!""我觉得男生女生'AB镜'很有意义,让我们看到了对方眼中的自己,我很惊讶!"孩子们对这堂课满意的理由,一个个铺天盖地向我飞过来。

仔细想来,这节课中的不少设计的确非常贴近孩子们的生活实际,真正调动了他们内心深处的需求,所以孩子们都自然而然地投入到了课堂学习活动中。我心中的不快,就这么被他们自豪的表情、兴奋的话语驱散了,我的眼角也不知不觉温润了。是的,我们的课是上给孩子们的,好不好,他们的心中有一把衡量的尺子。

专业的课堂观察也是促进教师自我发展的途径之一。有研究者提出,课堂观察能够促进教师专业成长的基础是依据一定的标准对教师当前的行为进行观察、评价并提出改进建议。而推进课堂观察标准最为有效的途径是设计科学合理、可共享的课堂观察量表,如案例5-3(季晓军,2017)。研究者们研发了不同维度的课堂观察量表,构筑了通过课堂观察促进教师专业成长的有效路径。

案例5-3:小学品德与社会学科有效情境的创设课堂观察量表

学校:_____ 教者:_____ 课题名称:_____

班级:_____ 组别:_____ 观察人:_____

研究问题: 情境创设与学生兴趣的激发	被观察者小组座位分布图示
观察维度: 学生反应 情景类型	

续表

活动①		活动②		活动③	
教师	学生	教师	学生	教师	学生
情境创设的类型：（请对所观察的执教者创设情景时的语言、神态、动作等进行描述）	（请对情境创设下学生活动中的情绪进行描述，如表情、动作、发言）	情境创设的类型：（请对所观察的执教者创设情景时的语言、神态、动作等进行描述）	（请对情境创设下学生活动中的情绪进行描述，如表情、动作、发言）	情境创设的类型：（请对所观察的执教者创设情景时的语言、神态、动作等进行描述）	（请对情境创设下学生活动中的情绪进行描述，如表情、动作、发言）

三、小学社会科教师队伍及专业发展现状的研究

教师是课程与教学改革的最终实施者，也是教育教学发展中最重要的因素。随着小学社会科课程的开设和发展，越来越多的研究者关注小学社会科教师专业发展的问题，并对社会科教师开展了不同规模的调查。

第一，关于小学社会科教师队伍状况的综合调查。新课改以后，较早对小学社会科教师专业发展现状进行调查的是2003年北京教育科学研究院基础教育教学研究中心报告的《北京市小学社会学科教师队伍调研报告》，经过对北京全市小学社会学科的教师进行调查发现：①社会学科的专职教师严重缺失；②社会学科教师教学观念有所转变，能够认识到课程新理念对教学实践的影响；③大多数社会科教师能正确认识综合社会课程性质；④传统的教育教学观念仍然很大程度上影响着教师的教育教学行为，但超半数的教师逐渐接受多样的教学方式；⑤大多数教师通过多种途径促进自身专业成长；⑥许多教师在专业发展过程中遇到困惑，如学生学习兴趣弱，理论知识不够用等，

但同时也希望在本学科领域有所发展；⑦教师期望教研部门能组织优秀教师示范课、研究课，学术讲座、报告等多种形式的活动（北京教育科学研究院基础教育教学研究中心，2015）。有研究者对小学社会科教师素质进行了调查，调查发现了小学社会科教师发展中存在的问题，如相关的背景知识与教育心理学理论知识相对欠缺；与其他任课教师相比年龄偏大，教龄偏长，专业发展面临更大的阻力与挑战，有较多的教师兼任其他课程的教学或工作，小学社会科课程仍然属于小学教育中的边缘课程，没有得到应有的重视（徐爱杰，2008）。

第二，关于小学社会科教师专业发展影响因素的调查。有研究者通过对小学社会科教师的访谈，将小学社会科教师专业发展动机类型分为被动选择型、利益权衡型、兴趣趋向型、他人影响型，而教研参与是将外在动机转化为内在动机的关键因素（罗嫣才、蔡檬檬，2021）。另有研究者通过社会科教师的个案研究，发现社会科教师课程实施的关注点经历了工作难点、教学设计、学生生活世界三次转变，而教师对变革成本知觉的变化，尝试行为的成功以及专业发展自主性在教师的转变中起到了核心作用（吕立杰，2007）。

第三，关于农村小学社会科教师专业发展状况的调查。有研究者对城市、农村中小学道德与法治课教师进行调查、比较，发现农村中小学道德与法治教师队伍建设存在政策不够完善、队伍结构不合理、学科地位不高、教师自身等方面存在问题（吕晓新，2021）。有研究者自编问卷对农村小学道德与法治教师队伍进行调查，发现当前农村小学道德与法治教师队伍建设存在结构不合理、整体专业素质有待提高、人事管理有待完善等问题（许欣，2021）。

四、小学社会科教师专业发展的比较研究

新中国成立之初，我国研究者主要介绍苏联、美国等国家小学地理、历史学科教师专业发展的经验。21世纪基础教育课程改革以后，小学开设综合性品德与生活、品德与社会课程，我国研究者开始关注国际小学社会科教师发展的研究成果。

在小学社会科教师专业发展的国际比较研究中，最为研究者们关注的是美国社会科教师专业标准。有研究者对1971年、1997年、2018年三个时期美国社会科教师专业标准的发展历程进行了系统的梳理与分析（王欣玉，2020）。其中，1971年美国社会科教师专业标准主要包括教师职业准备、教师候选人的筛选、教师招募与分配、教师在指导和学习过程中与学生的关系与扮演的角色以及教师成功教学的基本条件等内容；1991年美国《社会课教师国家标准》对社会科教师应具备的专业知识、技能与专业品性作出了规定。2018年美国社会科研究委员会（NCSS）颁布的《社会科教师培养的国家标准》受到我国学者的关注。有研究者详细解析了《社会科教师培养的国家标准》中规定的美国社会科教师的五项核心能力：①掌握学科内容知识，熟悉学科概念、事实和工具；②通过计划应用内容，培养学生为公民生活做准备；③设计实施教学评估，调整教学活动；④利用学习者知识，创造跨学科的协作环境；⑤明确专业责任，采取明智行动。

还有研究者对其他国家社会科教师专业标准中的专业知识内容进行了分析，主要包括美国全国教师教育鉴定委员会修订的社会科教师专业标准要求和社会科教师专业知识的具体要求：文化领域的知识；历史及自然的知识；人类认知及情感领域的知识；社会传统、法律体系以及信仰的知识；政治机构及体系的知识；市场体制及经济决策的知识；有关科学、技术及社会的知识；教育教学方法论知识（闫龙，2011）。也有研究者分析了美国社会科协会指定的《社会科教师培训的国家标准》中要求的教师专业知识（范微微、张鸣晓，2017）。社会科教师专业化所采取的策略也得到了研究者的关注，有研究者总结了美国社会科教师专业化发展策略的经验：开发社会科教师专业标准；提高社会科教师教育的专业化程度；不断丰富社会科教师专业化的时代内涵（倪羽佳、唐汉卫，2020）。此外，有研究者对美国社会科教师的角色进行了分析（任京民，2009）；还有研究者对加拿大小学社会科教师教学实践状况进行了个案研究（郑璐，2019）。总的来说，我国研究者结合我国小学社会科教师专业发展的现实情况，重点探究美国小学社会科教师专业发展的研究动态，为我国小学社会科教师专业发展提供可供借鉴的理论框架和实践经验。

第三节 反思与展望

一、研究反思

回顾新中国成立至今小学社会科教师发展研究历程，取得一定成就的同时，也存在以下几个方面的不足。

（一）研究取得了一定理论成果，但理论的创新性和应用性有待加强

新中国成立以来，我国小学社会学科几经变化，由分科设置政治、思想品德、历史、地理等课程至综合设置小学品德与生活、品德与社会、道德与法治课程，与社会科课程的变化相适应，我国小学社会科教师的地位也逐渐受到重视。但是回顾这一历程，我国小学社会科教师发展远远滞后于小学社会科课程改革的实践，小学社会科教师专业发展的研究也远远滞后于社会科教师专业发展的实践需求。总的来说，我国小学社会科的研究，在结合我国社会科课程改革以及教师教育发展趋势的基础上，已经取得了一定的理论成果，但是理论的创新性和应用性均有待加强。

21世纪以后，随着小学社会科综合性课程的设置，小学社会科师资问题成为亟待解决的现实问题，越来越多的研究者关注社会科教师的专业发展问题。研究成果中，最为丰富的是社会科教师素养的研究、社会科教师在职发展的研究以及社会科教师发展现状的调查研究。但由于对小学社会科教师专业发展中的一些基本问题，如小学社会科教师专业标准、职前培养、专业发展阶段和影响因素研究的探讨不够充分，缺乏系统、深入地研究与反思，更缺少将已有理论应用于实践的研究，导致社会科教师研究在一定程度上缺乏理论创新性和实践应用性。

（二）研究数量较多，但研究内容不够均衡

新中国成立70年来，小学社会科教师专业发展研究的内容已经得到极大拓展，研究成果也较为丰富，但同时也存在着研究内容不均衡的问题，具体

表现在以下几个方面：

第一，有关小学社会科教师素养的研究较多，但有关小学社会科教师专业发展标准的研究较少。小学社会科教师应具备何种素养是我国研究者较为关注的问题。研究者们或从教师一般素养的角度出发，或从教师知识分类的视角，或从教师专业发展的视角对社会科教师的素养展开研究。但总的来说，关于小学社会科教师专业发展标准的研究较少。2012年北京教育学院研制的《中小学教师专业发展标准及指导（社会科）》是我国唯一的针对社会科学科性质研制的教师专业发展标准。但实际上，世界上一些教育发达国家，特别是美国在不同时期研制了多个版本的社会科教师专业标准。相比之下，我国关于社会科教师专业发展标准的研究是远远不够的，虽然有研究者对美国社会科教师专业标准进行介绍、分析，但总的来说无法适应我国社会科课程改革的需求。

第二，有关小学社会科教师职后发展的研究较多，但有关职前培训以及教师专业一体化的研究较少。在小学社会科课程分科设置的阶段，我国小学地理、历史、政治教师的职前发展、职后培训均受到研究者的关注。但21世纪以来随着综合性社会科课程的设置，小学社会科教师经常由班主任或其他教师兼任，于是出现研究者对社会科教师职后发展的关注较多，对职前发展关注较少的状况，甚少有研究者关注教育学院和师范院校需要开设何种课程来培养专业的小学社会科教师。而关于小学社会科教师职前、职后发展一体化的研究更是鲜少见到。

第三，小学社会科教师专业发展途径的研究较多，但缺乏对社会科教师专业发展阶段以及影响因素的研究。我国研究者较为关注小学社会科教师专业发展途径的研究，在小学社会科教师的在职培训、校本培训、自我发展等方面均有探索、思考，但对小学社会科教师专业成长的具体阶段、影响专业发展的因素缺乏充分的认识和探讨。现有的一些研究也主要是对社会科教师专业发展现状的调查研究，调查的内容也主要针对小学社会科教师发展过程中存在的问题，关注的是小学社会科教师专业发展的理想要求，对小学社会科教师自主发展过程中各阶段的现实状况缺少系统、深入的研究。

（三）研究方法逐渐多样，但研究视域有待拓宽

就研究方法而言，当前我国研究者采用多样化的研究方法对小学社会科教师开展研究。例如，有研究者采用调查研究方法，调查各地区小学社会科教师专业发展状况；有研究者采用访谈法、观察法，了解小学社会科教师专业发展背后的动力；有研究者采用个案研究分析小学社会科教师行动改变背后的深层原因；有研究者采用比较研究法，分析美国教师专业发展标准以及对我国研制教师专业标准的启示；也有较多研究者侧重理论层面与经验总结。总的来说，研究小学社会科教师的方法逐渐多样，理论研究、调查研究较多，案例研究、行动研究有待丰富。但与研究方法逐渐多样的趋势相比较，我国小学社会科教师专业发展研究的视角较为单一，主要是从教育学的视角，而甚少从心理学、历史学、社会学、文化学等视角进行探讨。但实际上，小学社会科教师专业发展涉及的因素非常复杂，受到国家、社会、教师、学生等诸多因素的综合影响，仅从单一视角出发很难真正厘清这些因素之间的关系。

二、未来展望

纵观我国小学社会科教师专业发展的相关研究，虽然在结合教师教育发展及课程改革趋势的基础上取得了一定的研究成果，但在研究应用性、研究内容、研究视角等方面仍然存在一定问题。基于此，对我国小学社会科教师研究进行以下展望：

（一）进一步加强小学社会科教师理论的探讨与应用

新中国成立至今，我国小学社会科教师专业发展作为一个较新的研究课题，目前已经得到一些研究者的关注与重视，并且也已经取得了一些成果，但由于社会科教师专业发展起步较晚，理论基础薄弱，且许多理论尚未能用来指导实践。因此，我国小学社会科教师专业发展研究，一方面应继续加强一些基本理论问题的研究，丰富社会科教师的理论研究成果。例如，继续探讨小学社会科教师专业发展的内涵、特征、成长阶段等方面，深入研究社会

科教师专业标准研制，探寻社会科教师成长规律。另一方面，在理论研究同时，应加强理论的应用性，多考虑如何应用理论去具体指导实践，解决社会科教师发展中的实际问题，特别是对小学社会科教师培养课程设置、农村社会科教师培养机制、社会科教师专业成长动力激发等问题的探究。

(二) 拓展小学社会科教师研究内容，加强其他主题的研究

小学社会科教师的研究对于我国社会科教师队伍建设以及社会科课程有效实施具有重要意义。我国学者也已经认识到社会科教师研究的重要性，对社会科教师专业素养、专业发展途径、专业发展现状、国际社会科教师专业发展等方面进行了详细研究，但是研究内容不够均衡，一些研究主题尚未涉及。因此，适应我国社会科教师发展的实际需求，我国应加强以下主题的研究：第一，在现有社会科教师专业素养研究的基础上，开展目前社会科课程即道德与法治教师专业标准的研究；第二，采用多种研究方法对小学社会科教师专业发展阶段以及影响因素等开展深入研究；第三，在继续深切关注社会科教师职后培养的基础上，加强对社会科教师教育课程设置以及教师教育一体化的研究；第四，加强对国外社会科教师专业发展理论和实践的研究，以便为我国社会科教师专业发展提供经验。

(三) 更新研究视角，完善研究方法

研究视角也可称为研究立场，是人们看待事物和问题的角度。不同的研究视角会产生不同的研究内容和研究结论。目前，我国小学社会科教师研究的视角较为单一，主要从教育学视角进行分析，缺乏多学科、多视角的分析。今后，应更新研究视角，从社会学、心理学、历史学、文化学、政策学等视角探讨社会科教师专业发展的研究。例如，从心理学视角研究小学社会科教师专业发展动力，从文化学视角探讨农村社会科教师的培养问题和职后发展问题。提升小学社会科教师研究的水平不仅需要多学科的研究视角，也离不开科学、多样的研究方法。英国实证主义哲学家皮尔逊（Karl Pearson）指出："科学方法是通向绝对知识或真理的唯一入口和唯一道路。"目前，我国小学社会科教师专业发展的研究方法日益多样化，研究者较多地采用问卷调查法、

访谈法、课堂观察法、个案研究法、比较研究法等。但小学社会科教师研究方法的使用仍存在一些问题，如个案研究、行动研究方法使用率低，定量研究停留于简单统计。因此，在研究方法上，应进一步加强实证研究，采用行动研究方法，也应进一步加强研究方法的综合运用，增强研究的科学性、规范性。

参考文献

一、图书著作

［1］白以娟，刘嘉瑜.社会学基础（第2版）［M］.北京：中国轻工业出版社，2010.

［2］北京教育科学研究院基础教育教学研究中心.小学社会课程教与学方式的研究与实践［M］.北京：首都师范大学出版社，2006.

［3］北京教育科学研究院基础教育教学研究中心.学科能力标准与教学指南：品德与生活、品德与社会［M］.北京：北京师范大学出版社，2015.

［4］北京市教育委员会办公室.北京市教育委员会文件选编1998［M］.北京：航空工业出版社，1999.

［5］卞绍斌.马克思的"社会"概念［M］.济南：山东人民出版社，2010.

［6］车广吉.课程标准案例式导读与学习内容要点：小学品德与生活（与社会）［M］.长春：东北师范大学出版社，2012.

［7］常建华.中国社会历史评论（第17卷）［M］.天津：天津古籍出版社，2016.

［8］程健教."国小"社会科教学研究［M］.台北：五南图书出版公司，1991.

［9］程继隆.社会学大辞典［M］.北京：中国人事出版社，1995.

［10］程明.有效教学：小学品德与生活、品德与社会教学中的问题与对策（新课小学版）［M］.长春：东北师范大学出版社，2010.

［11］陈吉明.新课程课堂教学实施疑难与案例评析·小学品德与生活（社会）［M］.北京：北京理工大学出版社，2010.

［12］陈桥驿.小学地理教学法讲话［M］.杭州：浙江人民出版社，1956.

［13］陈茜，张爱勤.有效学业评价：小学品德与生活（与社会）练习测试命题问题诊断与指导［M］.长春：东北师范大学出版社，2011.

［14］丁锦辉，沈艳华，于东.有效备课：品德与生活（社会）［M］.北京：光明日报出版社，2008.

［15］丁尧清.学校社会课程的演变与分析［M］.广州：广东教育出版社，2005.

［16］丁晓东.小学品德与生活（社会）教学设计与案例分析［M］.北京：中国人民大学出版社，2017.

［17］段俊霞.中小学社会科课程统整研究［M］.哈尔滨：黑龙江教育出版社，2009.

［18］董敬畏.十六大以来文化建设与社会公共性问题研究［M］.杭州：浙江工商大学出版社，2012.

［19］杜文艳.深度探究：小学品德与生活（社会）课程教学践行与反思［M］.长春：东北师范大学出版社，2011.

［20］高峡，赵亚夫.新课程与新教学的探索［M］.北京：北京师范大学出版社，2003.

［21］古人伏.德育学教程［M］.上海：华东化工学院出版社，1993.

［22］郭秋源.教育的情怀与智慧［M］.长春：吉林人民出版社，2021.

［23］黄超文.直击新课程学科教学疑难：品德与生活（社会）［M］.北京：教育科学出版社，2014.

［24］胡玲.品德与社会有效教学［M］.北京：北京师范大学出版社，2015.

［25］湖南省教育厅.品德与生活（社会）教学论［M］.长沙：湖南科学技术出版社，2009.

［26］季晓军.指向专业成长的课堂观察研究与实践——以小学品德与社会学科为例［M］.上海：上海教育出版社，2017.

［27］教育大词典编纂委员会.教育大辞典第2卷（师范教育、幼儿教育、特殊教育）［M］.上海：上海教育出版社，1990.

［28］课程教材研究所编.20世纪中国中小学课程标准·教学大纲汇编：历史卷［M］.北京：人民教育出版社，2001.

［29］课程教材研究所.20世纪中国中小学课程标准·教学大纲汇编：自然·社会·常识·卫生卷［M］.北京：人民教育出版社，1999.

［30］孔令兵.道德与法治教学设计［M］.沈阳：辽宁大学出版社，2019.

［31］李秉德.教学论［M］.北京：人民教育出版社，1991.

［32］李大方.小学历史教学法研究［M］.上海：新知识出版社，1958.

［33］李丽兰.小学德育全书［M］.北京：中国书籍出版社，1992.

［34］李琼，丁梅娟.社会变迁中的我国中小学教师队伍发展研究［M］.北京：北京师范大学出版社，2017.

［35］李世安，许雅茹.义务教育小学品德与社会学业质量评价标准［M］.大连：辽宁师范大学出版社，2017.

［36］李绪武，苏惠悯.社会科教材教法［M］.台北：五南图书出版公司，1990.

[37] 李小融，魏龙渝.教学评价［M］.成都：四川教育出版社，1988.

[38] 李子建.综合人文学科：课程设计、教学与实施［M］.南京：南京师范大学出版社，2009.

[39] 李稚勇，方明生.社会科教育展望［M］.上海：华东师范大学出版社，2001.

[40] 李稚勇.历史教育学新论：国际视野中的我国历史教育改革［M］.北京：人民教育出版社 2010.

[41] 李稚勇.品德与生活、品德与社会课程与教学［M］.北京：高等教育出版社，2006.

[42] 李稚勇.社会科教育概论［M］.北京：高等教育出版社，2005.

[43] 李稚勇.小学社会课程概论［M］.上海：上海教育出版社，2006.

[44] 刘本固.教育评价的理论与实践［M］.杭州：浙江教育出版社，2000.

[45] 刘超.新课改小学课程教学研究与实践：数学、语文、科学、品德与生活（社会）［M］.北京：国防工业出版社，2010.

[46] 鲁洁，王逢贤.德育新论［M］.南京：江苏教育出版社，1994.

[47] 林治金，张茂聪.小学品德与社会课程标准研究与实施［M］.济南：山东教育出版社，2004.

[48] 马克思，恩格斯.马克思恩格斯文集（第1卷）［M］.北京：人民出版社，2009.

[49] 马克思，恩格斯.马克思恩格斯文集（第5卷）［M］.北京：人民出版社，2009.

[50] 马克思，恩格斯.马克思恩格斯文集（第8卷）［M］.北京：人民出版社，2009.

[51] 马玲，屈志红.小学教学评价——品德与生活（社会）［M］.北京：光明日报出版社，2006.

[52] 茅蔚然.中小学历史教学法［M］.兰州：甘肃人民出版社，1983.

[53] 毛泽东.毛泽东选集.第1卷［M］.北京：人民出版社，1991.

[54] 倪鸿浩，黄孝旸，方惠源.中小学地理教学实用手册［M］.长沙：湖南教育出版社，1983.

[55] 彭阳，林光耀.品德与生活教学实施指南［M］.武汉：华中师范大学出版社，2003.

[56] 彭泽平.嬗变与超越——新中国基础教育课程改革史［M］.成都：电子科技大学出版社，2014.

[57] 秦红.道德与法治一课一教：基于学科核心素养的单元教学设计［M］.上海：上

海教育出版社,2022.

[58] 人民教育出版社课程教材研究所综合文科课程教材研究开发中心.小学品德与社会学业评价标准(实验稿)[M].北京:人民教育出版社,2015.

[59] 盛春荣,沈国明,蒋云兵.新课程与体验式教学[M].杭州:浙江工商大学出版社,2018.

[60] 孙大文.小学地理教学指导书[M].上海:上海教育出版社,1988.

[61] 孙恭恂,丁西玲.历史教学法[M].郑州:河南人民出版社,1983.

[62] 孙宽宁.综合课程论[M].北京:人民教育出版社,2003.

[63] 司琦.社会科教学研究与实习[M].台北:复兴出版社,1981.

[64] 沈晓敏,高峡.小学品德与社会(生活)课程研究[M].上海:华东师范大学出版社,2015.

[65] 沈晓敏.社会课程与教学论[M].杭州:浙江教育出版社,2003.

[66] 沈晓敏.在社会中成长——社会主题的研究性学习[M].广州:广东教育出版社,2006.

[67] 沈阳市教育局,沈阳市教育研究院.小学品德与社会学业质量评价标准[M].大连:辽宁师范大学出版社,2012.

[68] 唐勇.以"思辨智慧"向"行动智慧"转变——我们与重固小学同行[M].上海:上海社会科学院出版社,2014.

[69] 田正平.中国小学常识教学史[M].济南:山东教育出版社,1996.

[70] 王丽敏.小学道德与法治教科书:教学设计与指导[M].上海:华东师范大学出版社,2020.

[71] 王玲,王仓等.小学思想品德课教学[M].北京:北京教育出版社,1992.

[72] 王莉韵.我和导师毛蓓蕾:一个年轻教师的专业成长[M].上海:上海教育出版社,2009.

[73] 王卫平.品德与生活(社会)校本培训指导手册[M].广州:广东高等教育出版社,2008.

[74] 王小叶.《道德与法治》教材解析与教学设计[M].南京:南京师范大学出版社,2019.

[75] 王祥珩.小学地理教学问题[M].广州:华南人民出版社,1953.

[76] 王泽普.中国师范教育改革与发展研究[M].桂林:广西师范大学出版社,2001.

[77] 韦编贤，农宇品，黄焕勋.中等师范教育手册［M］.北京：华文出版社，1991.

[78] 吴慧珠.小学教学全书：思想品德卷［M］.上海：上海教育出版社，1995.

[79] 吴金山，姚亚萍.小学社会教学研究［M］.苏州：苏州大学出版社，1999.

[80] 吴维屏，张振芝.小学品德与生活（社会）课程与教学［M］.北京：中国人民大学出版社，2010.

[81] 吴维屏.小学品德与生活（社会）课程与教学（2版）［M］.北京：中国人民大学出版社，2014.

[82] 吴玉琦，陈旭远.小学社会教育学［M］.长春：东北师范大学出版社，1998.

[83] 徐淀芳.教者有其道：2012年度上海市青年教师教育教学研究课题评选成果集［M］.上海：上海教育出版社，2012.

[84] 徐祥运，刘杰.社会学概论（第5版）［M］.大连：东北财经大学出版社，2018.

[88] 许宏等.童心课堂——基于儿童文化的小学品德生本课堂［M］杭州：浙江教育出版社，2013.

[86] 许建兵，李艳荣，宋喜存.社会学教程［M］.长春：吉林大学出版社，2016.

[87] 鱼霞.首届北京名师名校长论坛论文集（三）［M］.北京：知识产权出版社，2019.

[88] 易益典.社会学教程［M］.上海：上海人民出版社，2007.

[89] 严灌益.小学地理教学经验谈［M］.武汉：湖北人民出版社，1957.

[90] 严书宇.寻求理解之路：社会科课程研究［M］.上海：上海教育出版社，2016.

[91] 袁理舒.小学地理教学研究［M］.长沙：湖南人民出版社，1958.

[92] 袁滢.道德与法治课程与教学［M］.长沙：湖南大学出版社，2020.

[93] 阳光宁.社会科教育学概论［M］.合肥：合肥工业大学出版社，2006.

[94] 杨九俊.小学品德与生活（品德社会）课堂诊断［M］.北京：教育科学出版社，2005.

[95] 杨清波.小学地理教学［M］.武汉：湖北人民出版社，1958.

[96] 杨晓亚.学生发展核心素养视域下的课堂教学指南·小学道德与法治［M］.长春：东北师范大学出版社，2017.

[97] 祖国英，崔天升，张玉田.小学教育评价［M］.长春：吉林教育出版社，1991.

[98] 朱辉军.艺术创造主体论［M］.沈阳：辽宁教育出版社，1988.

[99] 朱慕菊.走进新课程：与课程实施者对话［M］.北京：北京师范大学出版社，

2002.

[100] 朱煜，崔恒秀，赵明玉.小学历史·地理·社会课程 60 年（1949—2009）[M].长春：吉林出版集团有限责任公司，2012.

[101] 周金虎.中小学骨干教师培训的理论与实践 [M].北京：中国人事出版社，2004.

[102] 周勤振.社会教育与素质教育 [M].北京：中华工商联合出版社，1999.

[103] 翟楠，薛晓阳.小学思想品德课程 60 年（1949—2009）[M].镇江：江苏大学出版社，2011.

[104] 赵明玉，翟楠.中外小学社会课程标准比较研究 [M].兰州：甘肃教育出版社，2017.

[105] 赵亚夫，胡玲.品德与社会有效教学模式 [M].北京：北京师范大学出版社，2014.

[106] 赵亚夫.理解历史 认识自我：中学历史教育研究 [M].北京：光明日报出版社，2020.

[107] 赵亚夫.学会行动：社会科课程公民教育的理论与实践 [M].北京：高等教育出版社，2004.

[108] 张秉平，程振禄.小学社会课教学特点及教学方法 [M].长春：东北师范大学出版社，2000.

[109] 张恒渤.地理教学法 [M].郑州：河南人民出版社，1983.

[110] 张茂聪.品德与社会教学导论 [M].济南：山东教育出版社，2006.

[111] 张舜徽.说文解字约注（第二册）[M].武汉：华中师范大学出版社，2009.

[112] 张文郁.小学地理教学法讲话 [M].武汉：湖北人民出版社，1956.

[113] 张文郁.小学历史教学法讲话 [M].武汉：湖北人民出版社，1956.

[114] 张烨.学习评价问题诊断与解决：小学品德与生活（社会）[M].长春：东北师范大学出版社，2015.

[115] 张玉成.英国小学社会科课程之分析 [M].台北：三民书局股份有限公司，1992.

[116] 郑璐.加拿大社会科课程研究 [M].上海：上海教育出版社，2020.

[117] 钟启泉.国外课程改革透视 [M].西安：陕西人民教育出版社，1996.

[118] 钟守权.传承与发展：道德与法治课程教学初论 [M].广州：广东教育出版社，2018.

[119] 钟守权.品德与生活、品德与社会优秀教学课例、设计、论文点评 [M].广州：

广东高等教育出版社，2014.

［120］中华人民共和国教育部.全日制义务教育品德与社会课程标准（实验稿）［M］.北京：北京师范大学出版社，2003.

［121］中华人民共和国教育部.小学思想品德课和初中思想政治课课程标准（试行）［M］.北京：人民教育出版社，1997.

［122］中小学教师专业发展标准及指导课题组.中小学教师专业发展标准及指导·社会科［M］.北京：北京师范大学出版社，2012.

二、期刊文献

［1］艾荣宝.小学《品德与社会》课堂教学中应体现生活化的教学理念［J］.新课程（教育学术版），2015（10）：9.

［2］博府.对于理解和掌握小学历史教学目的任务的几点意见［J］.湖北教师，1956（17）：29.

［3］宾秀玲.要重视小学地理教学［J］.小学教学研究，1990（11）：35.

［4］卞玉琴.小学道德与法治课的开放式教学［J］.教学与管理，2020（08）：62—64.

［5］白金英.运用电教手段进行爱国主义教育［J］.内蒙古教育，1994（4）：15.

［6］白耀.要重视和加强中小学的地理教学［J］.人民教育，1980（10）：48—49.

［7］蔡芙蓉等.小学德育（社会）教材融入传统文化教育的比较分析——以"人教版""康轩版"和"东京书籍版"为例［J］.中小学德育，2018（12）：42—45.

［8］蔡海英.《品德与社会》教学中爱国主义教育的渗透［J］.新课程（上旬刊），2012（5）：114—115.

［9］蔡华建，曹慧英.新中国成立70年我国教师教育政策的演变、特点与启示［J］.河北师范大学学报（教育科学版），2019（4）：37—45.

［10］蔡苏瑜，吴洁.体验性学习的价值意蕴、生成可能与实施策略［J］.中学政治教学参考2020（10）：37—39.

［11］曹金龙.适应新要求·迎接新挑战——小学《道德与法治》课程中法治教育的实施建议［J］.福建教育，2019（21）：40—46.

［12］崔军.如何在《品德与社会》课中对学生进行爱国主义教育［J］.辽宁教育，2017（5）：78—79.

［13］崔明芳.社会课考核点滴［J］.江苏教育，1999（5）：45.

[14] 陈昌勋.江西省小学思想品德课课堂教学评价指标及说明［J］.江西教育，1992（02）：20.

[15] 陈大卫.小学地理教材的爱国主义内容和教学方法［J］.广西教育，1983（10）：8—9.

[16] 陈桂虹."指尖"上的传统文化——小学品德课中传统文化的传承与发展践行［J］.福建教育学院学报，2014（12）：82—84.

[17] 陈国明.历史教学中如何培养学习兴趣［J］.江西教育，1993（2）：43.

[18] 陈光全.《品德与生活课程标准（实验稿）》的解读［J］.教学与管理，2003（23）：45—47.

[19] 陈光全.新课程教学设计的理论基石：品德教育新理念对教学设计的引领［J］.小学教学设计：语文.品德版，2004（7）：87—89.

[20] 陈光全.新课程新理念的内蕴解析（上）（下）：《谈品德与生活》课程的四条新理念［J］.湖北教育，2004（7），（9）.

[21] 陈光全，高琼.生活德育理念的三维解读——2011年版《义务教育品德与生活（社会）课程标准》学习体会［J］.中小学德育，2012，18（06）.

[22] 陈晔，艾尔肯·努拉合曼.中日小学《品德与社会》教材的比较与分析［J］.现代中小学教育，2007（11）：64—67.

[23] 陈建方.小学历史课采用直观教学效果好［J］.江西教育，1996（5）：45.

[24] 陈萍.新德育课程与课堂教学［J］.课程·教材·教法，2003（3）：57—60.

[25] 陈淑芬.浅谈品德课构建"生活化"课堂的教学设计［J］.贵州教育，2006（5）：33—34.

[26] 陈旭芬.对小学社会课的几点思考［J］.学科教育，1997（7）：37—38.

[27] 陈兴明.聚焦学科核心素养的教学设计［J］.中学政治教学参考，2022（11）：86—87.

[28] 陈亚昌.必须重视小学历史的思想教育［J］.江苏教育（小学版），1986（4）：34—46.

[29] 陈亚昌.就小学历史课本下册进行爱国主义教育谈几点意见［J］.课程·教材·教法，1985（5）：37—39.

[30] 陈迎春.《品德与生活》教学方法谈［J］.安徽教育，2012（10）：53.

[31] 陈远峰.社会科教师培训课程设计与实施——以90学时社会科教师培训为例

[J].宁波教育学院学报，2014（5）：41—43.

[32] 陈友芳.义务教育道德与法治学业质量标准操作性转化问题研究［J］.课程·教材·教法，2022（6）：29—34.

[33] 陈延平.小学地理教学：地理教学与爱国主义教育［J］.吉林教育，1982（8）：48.

[34] 陈玉琨，李如海.我国教育评价发展的世纪回顾与未来展望［J］.华东师范大学学报（教育科学版），2000（1）：1—12.

[35] 陈月平.关于品德与社会课程与信息技术整合的问题与策略［J］.中国教育信息化，2012（24）：53—54.

[36] 陈一真.对《品德与生活》和《品德与社会》学科教学目标的有效设计与实施的思考［J］.基础教育课程，2011（3）：52.

[37] 程宏宇.浙江、台湾两地小学德育教材比较研究［J］.比较教育研究，2000（S1）：143—147.

[38] 程伟.新中国成立以来小学德育教材建设的回顾与展望［J］.基础教育课程，2021（13）：58—65.

[39] 程振禄.关于品德与社会课程整体建设的几点思考［J］.课程·教材·教法，2012（12）：35—40.

[40] 褚亚平.中小学地理课程设置与教材结构问题［J］.中学地理教学参考，1985（06）：1—3.

[41] 戴耳氹.小学社会课型［J］.山东教育，1998（C1）：84—85.

[42] 戴世和.乡村小学的历史和自然教学亟待加强［J］.小学教学研究，1987（10）：46.

[43] 杜文艳.用社会主义核心价值观润泽学生的心灵：以苏版《品德与生活》《思想品德》修订教材为例［J］.中小学德育，2014（7）：22—26.

[44] 丁洁文.我怎样教小学地理［J］.天津教育，1950（7）：42—43.

[45] 丁然.我教《中国历史朝代顺序歌》［J］.江苏教育（小学版），1986（7）：44—48.

[46] 段玉兰.小学地理教学例谈［J］.教育研究资料，1991（1—2）：9—11.

[47] 董念祖.思想品德测评的内容及其原则［J］.上海教育，2000（3）：12.

[48] 董潜，冯昌.试拟"高级小学历史课本第三册"课时教学计划［J］.历史教学，

1954（7）：32—35.

[49] 董新.文化中的规矩与方圆——小学《道德与法治》教学中优秀传统文化的渗透[J].基础教育论坛，2018（17）：8—9.

[50] 董一红.品德课培育社会主义核心价值观的"四有"良方[J].中国德育，2016（6）：49—53.

[51] 范丽才.小学地理教学中培养儿童读书能力的几点做法[J].江西教育，1987（10）：30.

[52] 范敏等.《品德与社会课程标准（2011年版）》目标修订解读[J].福建教育，2013（Z1）：64—66.

[53] 范微微，张鸣晓.美国社会科教师国家标准解析[J].外国教育研究，2017（12）：29—38.

[54] 樊雪红.传统文化教育融入品德与社会课的思考与实践——以人教版"引人入胜的京剧"一课为例[J].中国德育，2018（11）：66—69.

[55] 费师英.在地理教学中注意同语文学科相联系[J].江苏教育，1988（21）：46.

[56] 冯忠跃.小学教师应如何适应社会课的教学[J].学科教育，1993（1）：21—22.

[57] 高德胜.从问答走向对话：突破"品德与社会"教学改革的新困境[J].思想理论教育，2004（4）：7—12.

[58] 高德胜.美国社会研究课程述评[J].课程·教材·教法，1999（12）：55—58.

[59] 高腾达.历史教学与其他学科横向联系例谈[J].小学教学研究，1988（11）：35.

[60] 高峡.美国公民教育课程的设计与内涵——美国社会科课程标准主题探析[J].全球教育望，2008（09）：53—59.

[61] 高峡.品德与社会课程标准修订要点简述[J].基础教育课程，2012（Z1）：23—25.

[62] 高峡.品德与社会内容标准解读[J].课程教材教学研究，2003（9）：1.

[63] 高峡.社会科和公民素养教育——从美国和日本社会科的建立谈起[J].全球教育展望，2002（9）：13—16.

[64] 高峡，杨莉娟.社会课课程与教学一体化改革的研究与实验[J].2000（5）：67—71.

[65] 高颖，马会萍，张琦.北京景山学校校本课程"小学低年级社会综合课"的研究与实践[J].课程·教材·教法，2010，30（05）：87—92、77.

[66] 高益民, 郑璐. 加拿大社会科课程的本土化演进 [J]. 教育学报, 2017 (4): 45—56.

[67] 龚瑾. 《思想品德》与《社会》课程整合后的儿童公民观教育——《品德与生活》《品德与社会》课程实施对策 [J]. 南京晓庄学院学报, 2003 (02): 104—108.

[68] 顾贵先. 谈小学地理教学 [J]. 上海教育（小学版）, 1958: 28—32.

[69] 顾海梅. 电教在小学历史教学中的作用 [J]. 内蒙古教育, 1997 (1): 25—32.

[70] 顾谨玉. 北京市品德与社会教学质量评价与建议——基于19节录像课的分析 [J]. 中小学德育, 2016 (07): 65—67.

[71] 顾润生. 道德与法治课程性质界定与误区分析——基于课程内容的思考 [J]. 中小学德育, 2018 (2): 23—25.

[72] 顾卫红. 适切, 让品德与社会课堂缤纷呈现——"怎样到达目的地"教学谈 [J]. 基础教育论坛, 2017 (19): 47—48.

[73] 国家教育委员会. 全日制小学思想品德课教学大纲 [J]. 人民教育, 1986 (6): 6—8.

[74] 国家品德与生活课程标准组. 品德与生活课程的基本观点及其实施 [J]. 学科教育, 2002 (12): 1—7.

[75] 郭德光. 如何合理拓展品德与社会课的教学内容 [J]. 新课程（小学）, 2014 (5): 88.

[76] 郭洁雯. 小学地理教案选 [J]. 环境杂志, 1987 (5): 26—28.

[77] 郭连芳. 寓爱国主义教育于小学历史教学——《义和团廊坊大捷》一节教学 [J]. 天津教育, 1984 (10): 14—15.

[78] 郭启文. 小学历史课应重视字词教学 [J]. 陕西教育, 1983 (2): 37—38.

[79] 郭雯霞. 道德教育的实效性如何落实——兼论《品德与生活》《品德与社会》学科建设 [J]. 课程·教材·教法, 2005 (4): 53—57.

[80] 郭雯霞. 谁替代了学生的感受——小学品德课堂的教学反思 [J]. 思想理论教育, 2006 (7): 58—61.

[81] 郭雯霞. 图画故事书作为品德与社会课程资源的教学尝试：走进《西雅图酋长的宣言》世界 [J]. 思想理论教育, 2008 (22): 66—69.

[82] 哈步青. 培养小学生学习历史兴趣的一些体会 [J]. 宁夏教育, 1988 (1): 27.

[83] 郝耀东. 小学道德与法治教学内容生活化研究 [J]. 教育教学论坛, 2015 (47):

276—278.

[84] 韩福祥.小学地理教学要注意发展学生的智力［J］.江苏教育（小学版），1990（5）：42—43.

[85] 韩秀梅.关注并解决儿童生活中的实际问题——对《义务教育品德与生活课程标准（2011年版）》的几点认识［J］.西藏教育，2012（07）：18—20.

[86] 韩雪.美国社会科课程的历史嬗变［J］.首都师范大学学报（社会科学版），2002（6）：112—117.

[87] 何锦洪.小学品德教学之关键——立足学科素养，促进学生全面发展［J］.教育科学（全文版），2018（3）：103.

[88] 何剑明.小学历史教学引导学生质疑问难八法［J］.历史教学问题，1985（5）：59—60.

[89] 何剑明.小学历史课的电化教学［J］.宁夏教育，1986（9）：32—34.

[90] 洪光磊.学会在社会中生存——美国小学"社会科"的课程、教材与教学［J］.外国教育资料，1993（5）：15—23.

[91] 洪良清.别让家长输在品德与生活起跑线上——家校联系促进《品德与生活》课程有效实施的策略研究［J］.福建教育学院学报，2014，15（05）：118—119.

[92] 胡春娜.试论品德教学中的情感、态度、价值观［J］.江苏教育研究，2011（34）：25—27.

[93] 华芳琰.十岁了，我能为爸爸妈妈做些什么?——苏教版《品德与生活》三年上册《现在的我能做什么》课例分析［J］.思想理论教育，2007（12）：25—26.

[94] 惠长春.领会大纲精神，明确教学任务［J］.宁夏教育，1997（C1）：44—45.

[95] 黄长发.小学《品德与社会》课程资源的多元化开发［J］.新课程（教师版），2006（05）：14—15.

[96] 黄庆来.小学历史课的爱国主义教育［J］.江西教育，1983（10）：6—7.

[97] 黄雅芳.《品德与社会》课堂教学评价探究［J］.内蒙古教育，2017（6）：42—43.

[98] 黄占军.历史教学要突出整体性原则［J］.小学教学研究，1989（11）：41.

[99] 黄志源.民族团结教育与小学历史教学［J］.江苏教育（小学版），1992（5）：43—44.

[100] 黄莹.在生活中发展，在发展中生活：对《品德与生活（社会）》课堂教学评价

的思考［J］.湖北教育，2009（7）：14—17.

［101］贾美华.小学历史课电教手段运用之我见［J］.北京教育，1995（5）：36—37.

［102］贾美华，宗富恒.小学《社会》课程研究与教学探索［J］.课程·教材·教法，2001（7）：11—18.

［103］贾世明.以"情、景、理"激发爱国主义情感——谈小学历史课教学［J］.北京教育，1994（5）：40—41.

［104］江苏教育学院小学历史教材编写组.关于改编高级小学历史课本第一册的几点说明［J］.江苏教育，1958（14）：54.

［105］蒋喜华.核心素养导向的逆向教学设计——以"国家好，大家才会好"一课为例［J］.思想政治课研究，2019（3）：146、149—152.

［106］金红.校本德育课程开发的现实价值与方法论基础［J］.思想·理论·教育，2003（04）：55—59.

［107］金力.小学历史（上册）备课建议［J］.宁夏教育，1984（9）：36—37.

［108］金丽芳.轻轻拨动孩子的心弦——《品德与社会》第二册《有多少人为了我……》教学活动方案设计［J］.江苏教育，2005（2）：36—37.

［109］金启根.小学品德与生活（社会）课程的综合性拓展探究［J］.教学与管理，2007（17）：32—33.

［110］荆玉英.小学地理课堂教学一例［J］.复印报刊资料（小学各科教学），1982（5）：29—32.

［111］柯智勇.《品德与社会》生活化教学设计［J］.福建基础教育研究，2013（9）：118—119.

［112］柯智勇.提高品德与社会课教学实效刍议［J］.福建教育（小学版），2008（2）：61—62.

［113］康宁.紧扣教材讲清基本史实和线索［J］.江西教育，1989（10）：37.

［114］孔蕴珠.一图多用［J］.江苏教育，1987（15）：25.

［115］李安启.应该加强中小学的历史课教学［J］.山西师大学报（社会科学版），1982（4）：86—88.

［116］李观方.结合地理教学谈复习考试拟题［J］.人民教育，1953（04）：46—47.

［117］李红梅.边疆民族地区小学《道德与法治》教学现状调查及对策研究——以云南省D州为例［J］.思想政治课研究，2019（6）：213—216.

[118] 李汉森.巧用插图弥补空缺［J］.天津教育，1985（12）：37.

[119] 李辉瑛.小学历史教学方法刍议［J］.江西教育，1987（11）：27.

[120] 李季湄，张华.调整·充实·完善·提高——品德与生活课程标准修订说明［J］.基础教育课程，2012（Z1）：19—22.

[121] 李景珍.小学历史上册《虎门销烟》教学设计［J］.辽宁教育，1995（Z2）：87—88.

[122] 李黎红.小学社会课开放式教学的组织与评价［J］.教学与管理，2002（14）：48.

[123] 李璐.提升小学道德与法治学科教师课堂提问的有效性［J］中国教育学刊，2018（S2）：170.

[124] 李立.兴·观·群·怨：品德与社会《不屈的中国人》教学反思［J］.新课程（小学版），2012（11）：75.

[125] 李莉.公民教育视角下的"品德与社会"教材比较［J］.思想理论教育，2012（04）：23—27.

[126] 李莉.《品德与生活》教科书的特征分析与问题研究［J］.课程·教材·教法，2011（08）：69—74.

[127] 李丽兰，郑彤.小学思想品德课教材的内容与形式应儿童化［J］.中国教育学刊，1990（04）：33—34.

[128] 李敏.积聚小学品德课教师专业发展的力量［J］.中国教育学刊，2012（8）：84—87.

[129] 李强.教师专业素养："道德与法治"教育的瓶颈与破解［J］.天津市教科院学报，2019（4）：71—76.

[130] 李沂，许卫兵.使用《小学地理填充图册》初探［J］.江苏教育（小学版），1989（6）：47—48.

[131] 李荼晶.谈思想品德课的教学目的［J］.天津教育，1988（2）：13.

[132] 李维枢.小学历史教材中有关改革开放内容的分析及教学建议［J］.云南教育（基础教育版），1992（12）：14—17.

[133] 李维枢.《小学社会教学大纲》的基本特性［J］.云南教育，1997（10）：37—38.

[134] 李晓弘.巧用生活策略 培育生活智慧——小学"品德与社会"历史题材教学方式

生活化探究［J］.教育教学论坛，2015（47）：276—278.

[135] 李潇君.美国社会科教师"专业品性"论析及其对我国师德建设的启示［J］.思想理论教育，2015（6）：64—67.

[136] 李秀.论小学品德与生活（社会）教师的专业化成长［J］.内蒙古师范大学学报（教育科学版），2008（6）：62—65.

[137] 历祥.历史教学的电化教具——投影幻灯片［J］.历史教学，1983（7）：63.

[138] 李祥义.让历史在国土上沉思——谈小学地理教学中的某些偏差［J］.江苏教育，1988（21）：44.

[139] 李雁冰.品德结构新探.［J］.齐鲁学刊，1995（3）：117—119.

[140] 李亦菲.新课程三维目标整合的 KAPO 模型［J］.天津师范大学学报（基础教育版），2010（1）：1—10.

[141] 李云高.历史教学培养创造能力初探［J］.历史教学，1985（10）：47—52.

[142] 李云高.小学历史学科与小学生创造能力的培养［J］.历史教学问题，1985（4）：56—58.

[143] 李毓秀.利用小学历史课本中的数据进行思想教育［J］.河南教育，1996（10）：19—20.

[144] 李泽玉.在小学地理教学中的美育渗透［J］.湖北教育，1989（5）：37—38.

[145] 李祖祥等.苏教版《品德与生活》与台湾南一书局的《生活》的比较与分析——以"我与家"单元为例［J］.湖南师范大学教育科学学报，2011（06）：15—19.

[146] 廖光华.品德与社会课程校本化实施的特征与策略［J］.现代教育科学，2012（02）：157—158、146.

[147] 林崇德.论品德的结构［J］.北京师范大学学报，1988（1）：57—65.

[148] 林燕.谈小学《品德与生活》课程资源的有效开发［J］.江西教育，2017（15）：34.

[149] 卢丹丹.近 20 年小学德育课程育人功能的演变及超越［J］.吉林省教育学院学报，2020（12）：46—49.

[150] 鲁洁.重新认识道德和道德教育［J］.人民教育，2015（19）：72—75.

[151] 鲁洁.回归生活："品德与生活""品德与社会"课程与教材探寻［J］.课程·教材·教法，2003（9）：2—9.

[152] 陆宏英.课堂深度对话：内涵、特征及教学建构——以统编教材小学《道德与法

治》教学为例［J］.上海教育科研，2021（12）：87—90.

［153］卢有林.如何开发和利用小学品德与社会课程资源［J］.江西教育，2012（09）：44.

［154］吕本太.在贯彻小学地理教学大纲（草案）中的点滴体会［J］.安徽教育，1957（07）：21—22.

［155］吕立杰.教师课程行动转变的动因——一位《品德与生活》教师的课程故事［J］.全球教育展望，2007（3）：26—30.

［156］吕耀奎.多种途径激发学生学习兴趣——小学思想品德课教学体会［J］.宁夏教育，2007（6）：49.

［157］雷鸣富.小学历史教学要注意创造能力的培养［J］.江西教育，1988（10）：35—36.

［158］雷鸣富.小学生学习历史的心理调查［J］.江西教育，1987（9）：28—29.

［159］雷鸣富.知识性·趣味性·思想性——小学历史教学杂谈［J］.四川教育，1982（11）：27.

［160］罗嫣才，蔡檬檬.我为什么选择小学道德与法治学科——基于18名骨干教师专业发展动机访谈数据的质性分析［J］.中国教育学刊，2021（7）：90—95.

［161］林德芳.对小学历史常识教学的几点意见［J］.历史教学问题，1981（4）：42—43.

［162］刘恩山，张春莉.品德与生活课程的基本观点及其实施［J］.学科教育，2002（12）：1—7.

［163］刘国光.学习小学地理教学大纲（草案）的几点心得［J］.安徽教育，1957（01）：18.

［164］刘敬波.如何恰当制定小学品德与生活（社会）教学目标［J］.新课程（中），2015（1）：28

［165］刘加路，高海燕.谈目标和谐教学法的特点［J］.当代教育科学，1996（1）：79—80.

［166］刘建效.关于品德与生活、品德与社会课程实施的思考［J］.人民教育，2003（19）：28—29.

［167］刘丽芳.例谈低年段儿童法治教育——以粤教版《道德与法治》一年级教材为例［J］.中小学德育，2017（2）：37—39.

［168］刘立群.小学品德与生活教学的评价策略［J］.教育科研论坛，2010（6）：16—17.

［169］刘秋萍.从饮食文化的角度弘扬中华优秀传统文化——小学低段《道德与法治》课堂教学的几点尝试［J］.基础教育论坛，2018（17）：14—15.

［170］刘瑞琦.历史课中要进行商品经济意识教育［J］.小学教学研究，1994（2）：36—40.

［171］刘少平.在小学地理教学中加强爱国主义教育［J］.江西教育，1983（10）：10.

［172］刘淑梅.义务教育小学社会课程、教材建设初探［J］.课程.教材.教法，1993（07）：31—34.

［173］刘淑梅.增强和改进学校地理课的德育［J］.地理教育，1991（1）：2—4.

［174］刘伟傅.关于小学历史教材教学时间安排的商榷［J］.江苏教育，1954（9）：24—25.

［175］刘勇武.浅谈《品德与社会》教学目标的定位［J］.教学月刊（小学版），2011（7）：35—36.

［176］娄赫民.点·引·讲·看·结——小学历史科课堂教学法初探［J］.湖南教育，1984（5）：23—24.

［177］娄赫民.历史教学要重视发展学生智力［J］.云南教育（基础教育版），1985（10）：16—18.

［178］娄赫民.历史课堂教学的整体性［J］.湖南教育，1989（1）：27—28.

［179］娄赫民.浅谈小学历史备课与课堂教学设计［J］.小学教学研究，1987（1）：44—45.

［180］娄赫民.小学历史教材中爱国主义思想教育因素的开掘［J］.小学教学研究，1992（2）：39—40.

［181］娄赫民.小学历史课形成性评价探微［J］.小学教学研究，1994（06）：35—36.

［182］马国林.小学思想品德课课堂教学评价标准初探［J］.课程·教材·教法，1989（05）：4—6.

［183］马国臻.地理考试命题的要求和类型［J］.小学教学研究，1989（12）：36.

［184］马国臻.浅谈幻灯模象在地理教学中的作用［J］.小学教学研究，1990（8）：41.

［185］马国臻.谈谈小学地理教学怎样进行爱国主义教育［J］.江苏教育，1988（15）：43—44.

[186] 马国臻.小学地理课的教学控制［J］.湖北教育，1991（11）：90—91.

[187] 马国臻.小学地理课堂提问的基本原则［J］.江西教育，1992（05）：44.

[188] 马俊峰，陈海欧.马克思社会有机体理论及当代启示［J］.湖北大学学报（哲学社会科学版），2023（3）：1—9.

[189] 马丽.小议小学地理教学中情感教育的实施［J］.林区教学，1999（2）：74—75.

[190] 马历.在师范学校历史教学中贯彻"面向小学"方针的体会［J］.历史教学问题，1958（7）：40—42.

[191] 马士力.让家庭生活成为有效的品德课程资源——《父母的疼爱》教例反思［J］.教学月刊小学版（综合），2011（05）：43—44.

[192] 马圆圆.真实性评价："道德与法治"课程教学评价的新路向［J］.内蒙古师范大学学报，2021（5）：117—122、146.

[193] 满小螺.小学社会课要锐意改革，大胆创新［J］.现代中小学教育，1996（5）：12—13.

[194] 毛必林.提高分县乡土地理教材编写质量刍议［J］.课程.教材.教法，1985（03）：49—52.

[195] 茅蔚然.训练和丰富小学生学习历史的观察力和想象力［J］.历史教学问题，1983：51—52.

[196] 茅蔚然.怎样才能引起小学生学习历史的兴趣和注意力［J］.历史教学问题，1982（5）：49—50.

[197] 苗建，李晓恬.生命教育下学校"润养体验式"德育课程的实施——以山东省实验小学为例［J］.现代教育，2019（10）：29—31.

[198] 闵从新.浅谈小学地理灯片的教学功能［J］.中小学电教杂志，1994（1）：14—15.

[199] 梅杰松.基于核心素养的小学道德与法治课堂教学思考［J］.新课程（上），2018（7）：158.

[200] 倪谷音.用历史知识培育祖国花朵［J］.历史教学问题，1981（10）：44—45.

[201] 倪羽佳，唐汉卫，王欣玉.美国社会科教师专业化：内涵、经验及启示［J］.上海教育科研，2020（10）：59—64.

[202] 欧阳先霞.谈《宝岛台湾》一课的爱国主义教育［J］.广东教育，1983（11）：13.

[203] 欧阳先霞.小学地理教学中的爱国主义教育［J］.湖北教育，1984（2）：29—41.

[204] 欧阳先霞.怎样在地理教学中进行爱国主义教育［J］.江苏教育，1982（20）：32—33.

[205] 品德与生活课程组.品德与生活课程的基本观点及其实施［J］.学科教育，2002（12）：1—7.

[206] 彭兰.品德心理结构新探［J］.广西师范大学学报，1997（12）：23—28.

[207] 彭志贤.读—讲—议—练——小学历史四段教学法尝试［J］.湖南教育，1988（4）：34.

[208] 钱扑，辛敏芳.中美社会科教材比较研究——以美国《学校与家庭》和中国《品德与社会》为例［J］.全球教育展望，2009（06）：82—86.

[209] 秦名发.结合历史教材特点，进行爱国主义教育［J］.江苏教育，1986（13）：45—46.

[210] 屈兴瑞.浅谈小学思想品德如何培养学生的自主学习能力［J］.学周刊，2015（19）：85.

[211] 邱宗池.我怎样教小学地理的［J］.江苏教育，1954（9）：19—20.

[212] 任京民.当代美国社会科教师角色论析［J］.教育科学研究，2009（01）：72—75.

[213] 任京民.美国社会科有效教学的原则及其实现条件［J］.外国中小学教育，2010（7）：42—45.

[214] 人民教育出版社政治室品德组.总结经验，继续前进——小学思想品德课开设十年回顾［J］.课程·教材·教法，1991（12）：17—22.

[215] 阮青青等.小学《品德与社会》实验教材中的成人性别角色分析——以浙江版、江苏版、教科版、北师大版（三年级）实验教材为例［J］.全球教育展望，2004（02）：48—53.

[216] 苏东明.基于核心素养的小学道德与法治课堂教学思考［J］.教师，2017（22）：19.

[217] 石坚.小学历史教学经验点滴［J］.新史学通讯，1955（4）：2.

[218] 石明礼.素质教育对社会课教师的要求［J］.小学教学研究，1998（1）：39.

[219] 石鸥，侯静敏.在过程中体验［J］.课程·教材·教法，2002（8）：10—13.

[220] 石雨晨，曹曙，刘群英.学生参与小学《道德与法治》论证式议题教学的学习体

验［J］.全球教育展望，2022（10）：87—104.

［221］石雨晨等.学生参与小学《道德与法治》论证式议题教学的学习体验［J］.全球教育展望，2022（10）：87—102.

［222］石雨晨，刘芷楠，曹曙.议题式教学在德育课堂中的应用［J］.课程·教材·教法，2023（5）：72—79.

［223］石玉成.谈小学历史乡土教材的编写［J］.甘肃教育，1989（08）：39.

［224］舒英华.小学历史教学的政治思想教育问题［J］.黑龙江教育，1960（4）：22.

［225］孙柏祥.学习毛泽东思想，改革小学历史教学［J］.黑龙江教育，1960（19—20）：42—44.

［226］孙捷.美国基础教育社会科国家课程标准探微［J］.外国教育研究，2003（11）：31—33.

［227］孙民.论马克思历史唯物主义中的"社会"概念［J］.哲学研究，2014（6）：21—25.

［228］孙世书.小学历史教学应注意的几个问题［J］.小学教学研究，1996（3）：43.

［229］孙越.上好小学地理课的点滴体会［J］.江苏教育，1959（7）：20—21.

［230］帅宁华.基于问题情境的道德与法治教学［J］.教育理论与实践，2020（8）：56—58.

［231］盛平.怎样在一课时内教完一课历史课文——学习小学历史教学大纲（草案）的一点体会［J］.安徽教育，1957（1）：20.

［232］宋殿宽.关于改革小学思想品德课的思考与探索［J］.课程·教材·教法，1989（C2）：62—112.

［233］宋殿宽.小学思想品德课改革探究［J］.课程·教材·教法，1988（10）：37—41.

［234］苏峰.让品德课堂拥有鲜活的"儿童表情"——品德与生活绘本课程资源库的开发策略［J］.小学德育，2010（21）：25—27.

［235］陶元红.品德与社会课堂教学评价的价值取向与实施策略［J］.中小学教材教学，2006（3）：3—7.

［236］谭利华.美国1996~1997年各州社会学科课程标准改革述评［J］.外国中小学教育，1999（02）：29—32.

［237］谭为发.小学历史教学中插图的运用［J］.江苏教育，1992（23）：4.

［238］汤书平.创新教育理念，改进教学方式，提高品德与生活教学效率［J］.新课程

（教育学术版），2009（12）：10.

［239］唐汉卫，倪羽佳.美国社会科课程统整：历程、模式和困境［J］.全球教育展望，2021（9）：63—79.

［240］唐燕.教学如何"接童气"——论小学道德与法治课堂教学逻辑的生活化［J］.课程·教材·教法，2020（02）：77—84.

［241］唐英强.现代信息技术与品德与社会课堂教学的整合探究［J］.新课程（中），2016（12）：111.

［242］唐智松，钟昭会.中小学人文社会科教师专业发展研究［J］.天津师范大学学报（社会科学版），2012（6）：77—80.

［243］万邦.我是这样教小学历史课的［J］.江西教育，1983（10）：18—19.

［244］万婷，薛家平.心理游戏在道德与法治课教学中的运用［J］.教学与管理，2019（16）：57—58.

［245］汪高义.改革小学历史考试的一些尝试［J］.江西教育，1992（06）：42.

［246］王建霞.从生活中探寻小学品德课程资源［J］.山东教育，2017（28）：52—53.

［247］汪静，李炳煌.大概念统整的道德与法治逆向教学设计［J］.中学政治教学参考，2022（19）：54—56.

［248］汪景丽.关于小学社会课的演变及今后发展的思考［J］.内蒙古师范大学学报（教育科学版），2009（10）：52—56.

［249］王秉环.在新形势下,改进小学思想品德教育的尝试［J］.吉林教育科学，1994（9）：34、46.

［250］王福伦.以《黄河》为例，谈小学地理备课［J］.陕西教育，1988（7）：33—34.

［251］王广成.基于核心素养的小学道德与法治课堂教学探讨［J］.新课程（中），2019（4）：23.

［252］王红.开发课程资源，让品社教学更有效［J］.辽宁教育，2009（05）：53.

［253］王洪明.在小学历史教学中应注意消灭夹生现象［J］.江苏教育，1953（13）：15.

［254］王建敏.社会规范学习心理与品德建构［J］.教育研究，2000（08）：48—53.

［255］王钧衡.我国普通学校地理教育发展简况［J］.北京师范大学学报（自然科学版），1959（3）：97—100.

［256］王钧衡.中学地理教学中的矛盾及其解决途径的探讨［J］.地理，1964（1）.

[257] 王玲.一堂生动活泼的小学地理课［J］.宁夏教育，1987（1）：35—36.

[258] 王双莲.在陶行知的"生活教育理论"中探寻"品德与社会"课程校本化［J］.中小学教师培训，2013（07）：54—56.

[259] 王世铎.我国小学《品德与生活》《品德与社会》教材中农村文化呈现特征分析研究——以人教版和北师大版教材为例［J］.教育科学，2014（06）：51—55.

[260] 王彤.践行社会主义核心价值观 彰显品德课程的育人魅力：《千年不衰的汉字》教学例谈［J］.吉林教育，2013（1）：113.

[261] 王夏军.如何提高品德与社会教学的有效性：根据教学内容需要，合理利用教学素材和资源［J］.新课程（小学版），2013（9）：12—13.

[262] 王晓莉，郑航.为了儿童道德成长的德育教材建设——基于五种版本《品德与社会》教科书的比较［J］.思想理论教育，2012（10）：31—35.

[263] 王晓香.浅谈品德教学目标、内容、过程及评价生活化［J］.教育实践与研究，2004（9）：43—44.

[264] 汪晓勇.探寻品德与社会教学发展新方向——基于新旧课标的对比解读［J］.江苏教育研究，2012（18）：14—16.

[265] 王欣玉.美国社会科教师专业发展要求及其启示——基于《美国社会科教师国家培养标准》（2018）的解读［J］.中国德育，2019（19）：20—24.

[266] 王秀玲，季文华，丁祖全.小学道德与法治课堂教学现状调研——以安徽省为例［J］.中国德育，2019（16）：31—37.

[267] 王元杰.记一堂小学历史课的观摩教学［J］.上海教育，1957（14）：20—27.

[268] 王一路.《林则徐虎门销烟》一课教学设计［J］.江西教育，1991（2）：40.

[269] 王远美，方美玲.中小学社会科教师专业发展标准研制及应用的思考［J］.北京教育学院学报，2012（4）：18—24.

[270] 王永品.小学历史课的阶级教育［J］.河北教育，1963（12）：8—10.

[271] 魏芙塘.在小学历史课中运用苏联教学方法的初步体验［J］.江苏教育，1953（11）：11—12.

[272] 魏燕.品德与社会课程中地图教学四方法［J］.新课程教学（电子版），2015（5）：39—40.

[273] 韦志榕.对社会课中历史、地理社会常识的思考与认识［J］.课程·教材·教法，1996（11）：33—36.

［274］文智云.北师大版《品德与社会》六年级上册 《假如我是人民代表》教学设计［J］.小学德育，2009（15）：21—22.

［275］吴飞.略谈《品德与社会》课程实施中的困惑与对策［J］.科教文汇（上旬刊），2007（05）：150.

［276］吴宏祥.小学地理教学中的情感教育［J］.江苏教育，1994（2）：47—48.

［277］吴慧珠.小学德育的整体改革及其实施［J］.课程·教材·教法，1989（5）：1—4.

［278］吴慧珠.学习和实施《品德与社会课程标准》［J］.中小学教材教学，2003（31）：6—10.

［279］吴康宁.小学"社会课"教学大纲（课程标准）中的"社会架构"——中国大陆与台湾小学"社会课"教学大纲（课程标准）的比较分析［J］.教育研究与实验，2001（02）：6—14.

［280］吴履平.九年义务教育小学社会教学大纲审查说明［J］.学科教育，1992（4）：32—35.

［281］吴履平，刘淑梅.谈谈义务教育小学社会教学大纲的基本精神［J］.课程·教材·教法，1992（7）：17—20.

［282］吴履平，王宏志.关于小学社会教科书编写的几个问题［J］.学科教育，1999（11）：4—6.

［283］吴清津.寓教于乐，事半功倍——小学地理愉快教育三例［J］.河南教育，1996（8）：22.

［284］吴顺耐.小学品德期末开放评价探微——以浙教版《品德与社会》六年级下册为例［J］.中小学德育，2016（4）：39—41.

［285］吴益中.略谈小学社会课与现行小学历史、地理课的差别［J］.江西教育，1992（1）：18—19.

［286］吴镇国.我对地理教学目的任务的几点认识［J］.湖北教师，1956（1）：18—19.

［287］邬冬星.品德与社会课程史地内容教学存在的问题与对策建议［J］.中小学德育，2011（6）：16—17.

［288］武宜娟.品德与社会课程结构的特点及其改进与优化［J］.思想理论教育，2013（11）：61—66.

［289］夏俊丽，陈惠贤.小学德育课程实施现状的调查研究［J］.教育与考试，2009（03）：81—85.

[290] 夏志庆.加强联系 促进提高——谈小学史地课的横向联系 [J].江苏教育，1993 (17)：43—44.

[291] 肖兴政.品德结构新论 [J].西南师范大学学报，1996 (2)：40—42.

[292] 谢欧等.加拿大安大略省小学社会课程标准（2013修订版）述评 [J].比较教育研究，2015 (05)：98—103.

[293] 谢小燕.浅谈品德与生活课程教学的多元化评价 [J].基础教育研究，2008 (7)：10—11.

[294] 谢永良.提高地理教学质量的几个问题 [J].黑龙江教育，1959 (8)：26.

[295] 谢竹艳.美国小学社会科课程特点初探 [J].教育评论，2013 (6)：153—155.

[296] 邢志刚.小学历史教学中思想教育的点滴体会 [J].安徽教育，1988 (9)：29.

[297] 熊素芳.《〈品德与生活〉课程标准》解读 [J].南昌教育学院学报，2003 (01)：44—50.

[298] 熊至宝.比较法在小学历史教学中的运用 [J].安徽教育，1984 (6)：23—24.

[299] 徐爱杰.北京市小学《品德与生活（社会）》任职教师素质调查 [J].教育科学研究，2008 (4)：29—32.

[300] 徐斌.怎样编写好小学思想品德课教材 [J].课程.教材.教法，1985 (02)：80—81.

[301] 胥传红.一次触动心灵的成长之旅——品德与社会《塑料与我们的生活》教学反思 [J].江苏教育，2006 (18)：39—40.

[302] 许光增.《品德与社会》教学现状剖析及改正策略 [J].福建论坛（社科教育版），2005 (10)：62—63.

[303] 徐静.让社会主义核心价值观走进小学品德课堂 [J].中小学德育，2014 (12)：30—32.

[304] 许健坤."品德与社会"课程中"史地"内容的教学策略——以"巨龙腾飞"主题单元教学为例 [J].教学月刊（小学版），2015 (30)：34—36.

[305] 徐生梅.小学德育新课程实施中的教师适应性探究 [J].内蒙古师范大学学报（教育科学版），2006 (10)：86—88.

[306] 许万明.小学历史应注重教学的宏观性 [J].小学教学研究，1994 (10)：35—40.

[307] 薛清泉.小学品德与社会课课堂教学生活化的教学设计研究 [J].课程教育研究，

2016（36）：34—35.

[308] 严国勇.基于教育剧的小学体验式德育课程实施流程及策略探讨[J].试题与研究，2018（35）：112.

[309] 严黎俊，沈晓敏.全球化背景下传统文化教育意义的开发：以品德与社会课《满街粽香话端午》课案为例[J].基础教育研究，2010（10）：9—11.

[310] 严琦松.巧用数据，提高历史教学的教育效果[J].江西教育，1988（12）：28.

[311] 闫生厚.道德与法治课堂讨论存在的问题及其对策[J].中学政治教学参考，2017（24）：43—44.

[312] 闫龙.美国社会科教师专业标准的知识取向[J].现代中小学教育，2011（5）：70—73.

[313] 杨春柳.社会课的教学与考评[J].江苏教育，1998（3）：46—47.

[314] 杨德恩.对高小学地理第一册教材教法的分析[J].黑龙江教育，1957（8）：19—21.

[315] 杨发山，贾世铭.在小学地理课中加强地图教学培养学习兴趣的体会[J].江西教育，1988（1）：54—55.

[316] 杨广祥.试析小学《道德与法治》课程实施中的公民教育实践[J].中小学班主任，2017（04）：55—57.

[317] 杨海云.巧设情境，妙编绘本，小学道德与法治教学也能有声有色——以人教版二年级下册"小水滴的诉说"为例[J].安徽教育科研，2019（14）：83—85.

[318] 杨今宁.品德与社会（生活）课程社会化教育功能强化的路径探索[J].课程·教材·教法，2012（4）：56—59.

[319] 杨金泉.发掘教材内在因素，进行政治思想教育[J].江西教育，1991（1）：40.

[320] 杨婧.贴近童心，融入童趣——浅谈《品德与社会》中史地题材的兴趣教学[J].湖北教育（教育教学），2015（10）：12—13.

[321] 杨家稳.加强联系，加深理解——小学地理教学的一点体会[J].小学教学研究，1994（10）：35—40.

[322] 杨莉娟.促进综合社会课程对学生的有效评价——来自美国国家社会科课程标准的启示[J].教育科学研究，2009（9）：76—80.

[323] 杨婷婷.中小学德育校本课程开发初探[J].广西大学梧州分校学报，2005（01）：54—56.

[324] 杨印斌.爱国主义教育——思想品德课教学的主旋律[J].小学德育,1995(3):15—30.

[325] 杨勇,张诗亚.小学德育课程的校本建设[J].课程.教材.教法,2006(12):49—53.

[326] 姚传丙.重视历史教学在精神文明建设中的作用[J].安徽教育,1987(2):31—32.

[327] 姚瀛艇.关于小学教师如何进修"历史"问题的一些意见[J].新史学通讯,1956(9):22—23.

[328] 叶立群.中小学地理课的教学内容[J].课程·教材·教法,1983(1):16—19.

[329] 易美媛.小学品德与社会学科中传统文化教育的有效落实[J].基础教育论坛,2019(8):27—29.

[330] 殷宇.试论小学社会教师的素质[J].江苏教育,2000(11):42—43.

[331] 于康平.中国《品德与社会》与俄亥俄《社会研究》课程标准之比较[J].现代教育论丛,2008(01):41—43.

[332] 于魁荣.小学历史如何进行爱国主义教育[J].小学教学研究,1985(1):41—42.

[333] 于丽.《品德与社会》教学现状的几点困惑[J].山东教育,2009(28):47.

[334] 于沛.应该恢复小学历史课[J].北京教育,1980(6):42—43.

[335] 虞天意,马志强,周文叶.基于证据的课程与教学研究范式转型[J].全球教育展望,2017(2):122—128.

[336] 俞晓英.小学思品教学如何培养学生的自主学习能力[J].学园,2017(30):110.

[337] 袁冬生.小学历史教学与改革开放教育[J].江苏教育,1993(15):43.

[338] 袁来红.充实内容,改进方法,提高历史教学水平[J].江苏教育(小学版),1985(1):65—95.

[339] 袁来红.历史课上的地理知识教学[J].小学教学研究.1990(1).40.

[340] 臧嵘.处理小学历史教材中应注意的几个问题[J].历史教学问题,1982(6):49—51.

[341] 曾文婕,郑航.不同课程形态下德育教材的编写特性及其启示——基于中外、海内外小学德育教材之比较分析[J].中小学德育,2012(02):18—23.

[342] 查永军.追寻中澳小学社会科教材的"中间地带"——读《中澳小学社会科教材比较研究》［J］.盐城工学院学报（社会科学版），201831（02）：66.

[343] 战芳.低年级学生品德与生活学习兴趣培养的探索［J］.辽宁教育，2013（15）：94.

[344] 章乐.引导儿童生活的建构：小学《道德与法治》教材对教学的引领［J］.中国教育学刊，2018（01）：9—14.

[345] 张爱真.体验性教学方法在品德与生活课程中的运用［J］.文教资料，2008（17）：105—106.

[346] 张北迎.地理教学与兴趣培养［J］.小学教学研究，1994（11）：33—37.

[347] 张北迎.课堂提问与小学生地理思维力的培养［J］.小学教学研究，1994（1）：34.

[348] 张博.中日小学道德教育教材比较研究——以浙教版和日本文部科学省版教材为例［J］.宁波教育学院学报，2018（02）：90—95.

[349] 张丹华，缴润凯.俄罗斯小学人文社会课程教育标准介评［J］.外国教育研究，1998（05）：32—35.

[350] 张福佑.增强学生对社会生活的适应能力——小学思想品德教育的思考［J］.云南教育（基础教育版），1995（12）：23—24.

[351] 张洪彬.小学地理课的时事教学法［J］.齐齐哈尔教育学院学报（综合版），1992（1）：74—98.

[352] 张海源，施承祖.运用乡土教材进行教学的体会［J］.历史教学问题，1982（2）：57—58.

[353] 张雷鸣.基于小学道德与法治课与法治教育融合的思考［J］.基础教育研究，2017（11）：71—72.

[354] 张茂聪等.倡导教育新理念，力求德育教学有效性——谈《品德与生活》课程开发与教材建设［J］.山东教育，2003（C1）：103—105.

[355] 张茂聪等.《品德与社会》倡导哪些新的课程理念——学习《义务教育品德与社会课程标准》（实验稿）的体会［J］.山东教育科研，2002（11）：42—44.

[356] 张茂聪.品德与社会课堂教学建构的几个核心问题［J］.课程·教材·教法，2007（7）：50—54.

[357] 张维和.谈谈小学历史教学改革的几个问题［J］.历史教学问题，1984（5）：

52—53.

[358] 张星明.我在小学地理教学中的一些体会［J］.教育半月刊,1956（11）：12—22.

[359] 张月华.浅谈市场经济条件下思想品德课教学观念上的转变［J］.上海教育,1994（10）：28—29.

[360] 张肇丰.中小学社会学科综合课程研究（下）［J］.课程·教材·教法,1999（5）：10—16.

[361] 张志学.谈品德心理的结构［J］.教育研究,1990（7）：37—42.

[362] 赵妙娟.小学社会课教学方法初探［J］.上海教育科研,1997（4）：43—44.

[363] 赵青.浅谈小学地理教学中的爱国主义教育［J］.青海教育,1996（C2）：62.

[364] 赵淑媛.小学地理教学要充分运用地图［J］.辽宁教育,1994（4）：22.

[365] 赵淑媛.在小学地理教学中如何启发学生思维［J］.辽宁教育,1996（3）：42—43.

[366] 赵卫菊."爱心行动"和"爱与关心"比较——基于苏教版《品德与生活》和澳大利亚《〈社会与环境〉练习教材》的分析［J］.湖南师范大学教育科学学报,2012（06）：41—45.

[367] 赵文奎.浅谈小学思想品德整体教育［J］.天津教育,1987（5）：6—8.

[368] 赵新亮,陈国明.浅谈小学历史教学中的美育渗透［J］.江西教育,1991（C1）：87—88.

[369] 赵亚夫.品德与社会课的教学单元设计［J］.学科教育,2003（5）：1—10.

[370] 赵亚夫.试析"社会"综合课的课程理念与内容设计方法［J］.首都师范大学学报（社会科学版）,2000（4）：106—112.

[371] 赵亚夫.我国社会课的终结与再生［J］.首都师范大学学报,2004（1）：101—107.

[372] 赵亚夫.为了学生的健康成长——《义务教育品德与社会课程标准》（2011版）修订说明［J］.中小学德育,2012（04）：25—28.

[373] 赵亚夫.试论社会课程的基本理念与知识整合原理［J］.首都师范大学学报（社会科学版）,2002（S1）：13—18.

[374] 赵志毅.思想品德三环结构理论初探［J］.教育研究,1987（6）：46—49.

[375] 赵志毅等.从多元争鸣到综合融通——品德结构研究回顾与展望［J］.杭州师范

大学学报（社会科学版），2011（4）：101—110.

[376] 郑航.校本德育课程开发：特征、目标与策略［J］.教育科学研究，2006（11）：32—35.

[377] 郑璐.生命历程法下社会科课程实施的个体探索——对一位加拿大小学教师的教学实践研究［J］.比较教育研究，2019（3）：93—100.

[378] 郑素丽.巧用现代化教学资源激发小学高年级学生的爱国情怀——小学高年级《品德与社会》教学初探［J］.考试周刊，2019（4）：122.

[379] 郑三元，庞丽娟.美国儿童教育中的"社会学习"课程运动述评［J.比较教育研究，2000（4）：23—27.

[380] 郑晓锋，江根祥.农村小学品德教学课前调查的困境与出路［J］.中小学德育，2012（8）：26—28.

[381] 钟培言."四要"与"四不要"——如何避免品德与生活课程资源开发与利用的盲目性［J］.贵州教育，2007（23）：36—37.

[382] 周吉群.贴近儿童生活：品德与社会课教学的基本要求［J］.中小学教材教学，2003（22）：13—14.

[383] 周建忠..总有一个视角可以拨动学生的心弦——基于浙教版《品德与生活》、《品德与社会》教学目标优化教学设计例谈［J］.基础教育课程，2007（3）：26—28.

[384] 周娟娟，吴亚林.咸安区小学《品德与社会》课程实施状况调查报告［J］.咸宁学院学报，2011（07）：93—96.

[385] 周文敏，朱建平.地理备课略谈［J］.小学教学研究，1991（8）：36.

[386] 朱美芳，陈连玉.通过小学历史课进行政治思想教育的几点体会［J］.史学月刊，1965（5）：40—41.

[387] 朱美芳.通过小学历史课进行政治思想教育的几点体会［J］.史学月刊，1965（5）：40—41.

[388] 朱勇，罗霞.道德与法治实践类作业的设计［J］.思想政治课教学，2022（07）：75—78.

[389] 庄丽荣.关于小学品德与社会学科教学现状的调查与分析［J］考试周刊，2016（14）：173.

[390] 庄妍，张典兵.论中小学德育课程实施的两个基本问题［J］.教学与管理，2015（8）：92—94.

[391] 庄永敏.在《品德与生活》中凸显中华优秀传统文化教育 [J].基础教育课程，2015（1）：58—59.

[392] 宗伯敬，徐祯祥.简介我们编写高小历史乡土教材的步骤和作法 [J].四川教育，1959（03）：17—18.

[393] 宗引囡.品德与生活课程育人功能的有效落实 [J].教育科研论坛（教师版），2005（6）：30—31.

[394] 邹席.从儿童真实生活出发——小学道德与法治课中公共参与素养培育的策略例谈 [J].湖南教育（A版）2021（13）：52—53.

[395] 邹月华.小学思想品德教育系列化、层次化的作法与体会 [J].教育研究与实验，1986（2）：37—41.

[396] 左璜等.对现行八套品德与生活教材编写理念与价值体系渗透的比较研究 [J].中小学德育，2012（02）：12—17.

[397] 左其沛.品德心理的发生发展与成长期的德育 [J].教育研究，1990（7）：28—37.

三、其他

[1] 中华人民共和国教育部.义务教育品德与社会课程标准（2011年版）[S] 北京：北京师范大学出版社，2011.